中外经济特区比较研究

A COMPARATIVE STUDY OF SPECIAL ECONOMIC ZONES AMONG CHINA AND FOREIGN COUNTRIES

刘伟丽 著

社会科学文献出版社
SOCIAL SCIENCES ACADEMIC PRESS (CHINA)

摘 要

本书立足于中国经济特区在改革开放中的功能定位，对中外经济特区的发展历史和现状进行比较，全面科学地总结了经济特区对中国特色社会主义建设的重大实践意义及其内在逻辑。本书以中外经济特区的内涵与外延、理论与实践的范式选择、演进与路径选择的研判为基础，对中外经济特区的产生背景、发展情况、类型与模式、典型案例、功能与使命进行了系统比较，并构建了评价指标体系进行建设绩效评估，从而对经济特区政策支持体系和制度创新体系进行深入研究，对中国经济特区的演进机理和发展问题进行重点研究。以此为基础，本书从发挥改革开放优势、高质量发展、溢出与示范效应、营商环境建设制度化等方面提出了中国特色经济特区的发展路径选择。

为了清晰梳理中国经济特区发展的历史进程和内在经济逻辑，充分凸显中国特色经济特区建设的制度优势，对中国特色社会主义经济特区深化改革开放、创新体制机制产生启发，本书从制度演进视角和动态研究视角，将主流经济学理论与各国经济实践进行有机结合，全方位归纳和比较了中外经济特区在内涵与功能定位、理论与实践的范式选择、演进机理与路径选择、产生背景、建设和发展状况等方面的差异，并构建了涵盖创新发展、协调发展、绿色发展、开放发展、共享发展五大领域的经济特区质量评价指标体系。研究发现，中国特色经济特区建设遵循世界经济特区发展的一般规律，但在发展背景、建设基础、历史使命等方面具有特殊性，这些特殊性和差异符合中国国情和中国特色社会主义建设需要，凸显了中国经济特区发展的科学性和重要意义。

同时，本书基于对中国特色经济特区的演进机理与潜在发展问题的综合研究，以宏观层面的新时代中国特色社会主义建设总体目标和现实需求为视角，从充分发挥改革开放的竞争优势、探索高质量发展的实践模式、持续放大溢出与示范效应、推进营商环境建设制度化方面提出中国特色经济特区发展的路径选择，以此丰富世界开放型经济构建中的中国样本，丰富中国特色社会主义的经济内涵，并为后续社会各界对中国特色经济特区的发展研究提供借鉴。

第一部分研究了中外经济特区的内涵与外延、理论与实践的范式选择、演进与路径选择。经济特区是指位于主权领土上一国海关边界以外的地区，具有明确划定的地理区域和地方管理，具有独特的利益、单独的海关、相对独立的行政程序，在监管和激励框架、基础设施服务、边界划分方面与国内其他地方有所不同。同时具有推动区域发展和经济增长、改善全球贸易关系和创造就业岗位的经济功能。其存在性和设立目标是中国经济研究的热点，主要涉及外商直接投资、减少失业、溢出效应等方面的影响。

中外经济特区的外延主要指其不同的类型以及功能定位。随着世界经济的发展和贸易全球化的兴起，经济特区的类型日渐丰富。国外的经济特区类型主要包括自由贸易区、出口加工区、自由港、企业区、单一工厂出口加工区等，具有物流中心、多活动型经济特区、专业型经济特区、创新驱动型经济特区、广域区、对外直接投资和跨境开发区等多样化的功能定位。

中外经济特区所依托的理论主要包括新古典主义理论、不平衡增长理论和全球价值链理论。新古典主义理论认为，经济特区本质上是一种导致不公平竞争的扭曲战略，是一个具有较少经济贡献的生产飞地。不平衡增长理论认为，经济特区通过后向联系对经济产生催化效应。全球价值链理论认为，经济特区改变了发展中国家在全球价值链中的地位。在中外经济特区研究的实践范式中，分别对比了发达国家美国和韩国，以及发展中国家俄罗斯和印度的实践情况。

中外经济特区的演进主要表现为经济特区数量持续增加、空间选择依托港口优势和模式向综合型发展等一般趋势。影响演进的要素可以从政府、企业、中介和环境等角度考虑。演进机理主要包括政府与企业间的博弈、各要素间的协同演化和区域非均衡到均衡的倒"U"形发展等。演进路径大体上按空间选择向协调式、模式选择向综合型和制度选择向开放型三个方向发展。

第二部分研究了中外经济特区的产生背景、发展情况、类型与模式、典型案例、功能与使命。中外经济特区的发展先后经历了初创探索时期、发展时期和深化拓展期。西方的经济特区设立时间比我国早得多，于16世纪就出现了经济特区的萌芽，而我国则直到20世纪80年代才设立经济特区。中外经济特区建立背景的共同特征是参与全球竞争和资源分配、推动区域协调发展、地缘政治与历史使命、承接产业转移和作为对外开放的试验田等。通过对比中外经济特区发展情况，可以得知差异主要来源于区位、产业政策和历史文化等方面。未来经济特区的发展应专注于全面深化改革、兼顾效率和公平、优化发展模式和联动发展等方面。

中外经济特区的功能和使命有所不同，主要集中在制度环境、功能与范围、地缘考虑等方面。新时代的经济特区具有对外开放窗口和引进、示范带动、引领创新驱动、"走出去"、维护和实现国家统一等功能，肩负着成为更广泛的经济改革和新制度试验场、引领世界经济绿色低碳发展和实现数字经济时代新发展的使命。

第三部分研究了中外经济特区的质量评价指标体系构建与测度、建设绩效评估。测度中外经济特区发展质量，对于准确评估国内外经济特区的发展情况具有重要意义。经济特区质量评价指标体系包含创新发展、协调发展、绿色发展、开放发展和共享发展等5个一级指标。其中创新发展指标包含创新能力、创新投入和创新环境等3个二级指标。协调发展则包含政府引导与市场机制相协调、经济与法治协调发展、经济结构协调发展、城乡协调发展以及物质文明和精神文明协调发展等5个二级指标。绿色发展则包含资源利用效率、生态环境保护、绿色生活环境等3个二级指标。开放发展则包含对外开放规模、对外开放竞争力和对外开放结构等3个二级指标。共享发展涵盖基本医疗卫生公共服务水平、劳动就业保障、公共文化与体育、居民生活水平、居民生活压力和基础设施建设等6个二级指标。各个二级指标的权重可通过熵值法计算确定。同时从宏观和微观角度对比国内外经济特区发展情况，论证我国经济特区建设的成效。

第四部分研究了中外经济特区的政策支持体系、制度创新体系。中外经济特区的政策支持体系主要涉及税收优惠政策、财政政策、金融管理政策、产业政策等方面。税收优惠政策方面，主要集中于进出口税收、税费减免、税收缴纳期限等方面的政策支持。财政政策方面，新型基础设施建设、专项资金是重要的政策支持内容。金融管理政策方面，金融专项发展基金、金融创新奖、金融总部经济、互联网金融等都是特区金融管理支持政策的重要内容。产业政策方面，产业倾斜政策、重点产品发展政策、国家战略结合政策等是主要内容。

中外经济特区的制度创新方面，主要针对政府管理制度、社会服务制度、经济制度等方面的创新进行研究。其中，政府管理制度的创新主要包括行政管理制度、海关监管制度和法律制度的创新。社会服务制度的创新则主要涵盖教育制度、旅游服务制度、生态环保制度和人才引进制度的创新。经济制度创新包含金融管理制度、贸易制度和税收制度的创新。

第五部分研究了中国特色经济特区的演进机理与路径选择。中国特色经济特区的演进机理主要包括经济增长极到均衡发展、开放型经济导向等内容。其潜在的问题有资源约束趋紧、外贸依存度较高和投资增速与消费增速的差距拉大等。中外经济特区的发展路径选择，主要涉及改革开放的竞争优势、高质量发展的实践模式、溢出与示范效应、制度创新和营商环境建设、"双循环"引擎和文化建设等方面。

目 录

第一章 中外经济特区的内涵与外延 / 001
    第一节 中外经济特区的不同内涵 / 001
    第二节 中外经济特区的不同类型 / 007
    第三节 中外经济特区的不同功能定位 / 015

第二章 中外经济特区理论与实践的范式选择 / 023
    第一节 中外经济特区研究的理论范式 / 023
    第二节 中外经济特区研究的实践范式 / 029

第三章 中外经济特区的演进与路径选择 / 051
    第一节 中外经济特区的历史演进 / 051
    第二节 中外经济特区的一般发展趋势 / 059
    第三节 中外经济特区的演进要素与动力 / 062
    第四节 中外经济特区的演进机理 / 066
    第五节 中外经济特区的演进路径 / 069

第四章 中外经济特区产生背景的比较研究 / 074
    第一节 中外经济特区产生的背景和历程 / 075
    第二节 中外经济特区建立背景的共同特征 / 093

第五章　中外经济特区发展情况比较研究 / 098

　　第一节　中国经济特区的发展情况 / 098

　　第二节　国外经济特区的发展情况 / 106

　　第三节　中外经济特区发展差异的因素研究 / 114

　　第四节　未来经济特区发展的政策建议 / 118

第六章　中外经济特区类型与模式的比较研究 / 121

　　第一节　经济特区发展模式特点 / 122

　　第二节　各国经济特区比较研究 / 128

第七章　中外经济特区典型案例研究 / 148

　　第一节　亚洲经济特区典型案例 / 148

　　第二节　欧洲经济特区典型案例 / 158

　　第三节　美洲经济特区典型案例 / 161

　　第四节　中东和非洲经济特区典型案例 / 168

第八章　中外经济特区功能与使命比较研究 / 173

　　第一节　中外经济特区功能比较研究 / 174

　　第二节　新时代经济特区的功能 / 176

　　第三节　新时代经济特区的新使命 / 185

第九章　中外经济特区的质量评价指标体系构建与测度研究 / 192

　　第一节　中外经济特区质量评价指标体系构建的必要性和综述 / 192

　　第二节　中外经济特区质量评价指标体系的构建 / 195

　　第三节　中外经济特区质量评价测度方法 / 204

第十章　中外经济特区建设绩效评估研究 / 206

　　第一节　中外经济特区绩效评估研究综述 / 206

　　第二节　中外经济特区建设的成效与不足 / 210

第十一章　中外经济特区政策支持体系研究 / 225

　　第一节　税收优惠政策支持体系 / 226

　　第二节　财政政策支持体系 / 238

　　第三节　金融管理政策支持体系 / 242

　　第四节　产业政策支持体系 / 249

第十二章　中外经济特区制度创新体系研究 / 253

　　第一节　政府管理制度创新体系 / 254

　　第二节　社会服务制度创新体系 / 266

　　第三节　经济制度创新体系 / 272

第十三章　中国特色经济特区的演进机理与路径选择 / 282

　　第一节　中国特色经济特区的演进机理与潜在发展问题 / 282

　　第二节　中国特色经济特区的发展路径选择 / 286

参考文献 / 292

后　记 / 320

第一章
中外经济特区的内涵与外延

第一节 中外经济特区的不同内涵

一 经济特区的理论内涵

(一)概念界定

经济特区(Special Economic Zones)的研究通常被视为国际贸易领域中的一个创新话题。国外学者总结经济特区的广义概念,认为其是位于主权领土上一国海关边界以外的地区,是明确界定的免税飞地。这些区域可提供促进贸易和金融自由化、提高资源利用效率、促进经济增长和结构变革的政策手段(Ge,1999)。而中国特色经济特区是在改革开放的时代背景下孕育而生的,是通过实行特殊经济政策和经济体制实现吸引外资、引进先进技术、走向国际市场的一个特殊经济区域。从借鉴试验到自我探索,从以进出口贸易为主到全方位高水平对外开放,中国特色经济特区被赋予改革开放的重要窗口、试验平台、开拓者以及实干家的新的历史使命(习近平,2018),诠释中国道路的重要内涵。

自20世纪80年代中期以来，世界经济特区，尤其是发展中国家的经济特区，在数量上急速增加，当前已有近3/4的国家设有经济特区（Grant，2020）。尽管经济特区在学术领域中仍被部分学者界定为一个有争议的政策工具，但决策者们似乎越来越关注和重视经济特区的建立、发展历程以及学习借鉴经济特区的成功经验。本书以动态视角描绘经济特区的演进机理与演进路径，为寻找经济特区的普遍发展规律与更好地发挥中国特色经济特区的制度优势提供参考。

从目的论角度来看，自20世纪60年代以来，经济特区常被认为是跨越全球商品链的制造、装配和包装的核心地点。Ong（2006）以新自由主义的重塑来解释经济特区。新自由主义通常被视为一种试图限制政府经济干预范围的经济学说。但Ong在其《作为例外的新自由主义：公民身份和主权的突变》一书中，提出了关于新自由主义的独特观点：新自由主义是一种非常具有可塑性的治理技术，由不同政权以不同的方式使用，各种新自由主义的治理战略正在重新设计政治空间和人口迁移模式。他追溯中国在社会主义经济中建立特殊市场的试验——经济特区，认为其为私营企业提供了不受管制的环境。广义来说，经济特区是位于主权领土上一国海关边界以外的地区，是明确界定的免税飞地，这些区域可提供促进贸易和金融自由化、提高资源利用效率、促进经济增长和结构变革的政策手段（Ge，1999）。具体来看，其政策手段除了关税削减外，还包括一系列其他政策，如更低的企业所得税收、更好的公共基础设施、限制性较小的土地和劳动力市场法规。

从过程论角度来看，Zeng（2010）指出经济特区描述着传统商业区的变化，通过总结中国经济特区30年的发展经验，Zeng将其概括为：具有试验方法的渐进主义，坚定承诺，积极务实地促进国家发展。经济特区也随着时间的流逝而演变，形成了多种区域类型，也因不同国家的具体背景和政策而存在差异。参考Akinci和Crittle（2008）对世界典型经济特区的分类分别进行描述：首先，自由贸易区的普遍形态，绝大多数位于一国入境口岸，主要提供住房和仓储贸易、转运和转口等业务，代表是巴拿马的科隆自由贸易区和太平洋特别经济区；其次，出口加工区，基本发展模式是为工业区提供特殊的激励措施、设施制造和相关活动，吸引外商投资建厂，区内企业主要针对出口市场进行全过程的产品生产，例如中国台湾的高雄出口加工区，其出口加工模式的成功主要在于通过财政激励措施使中小企业和轻工业落地蓬勃发展；再次，自由港，绝大多数商品在自由港可以免除关税和自由进出口，早期主要位于西欧、北欧和北美的发达国家；最后，综合型经济特区，一般从开始创建就给予其综合型的定位和发展方向，涉及多行业、多功能、多种经营活动，例如中国的经济特区。

（二）主要特点

经济特区的"特"主要体现在区别于其他经济区域上，其具有明确划定的地理区域和地方管理、独特的利益以及单独的海关和行政程序（Grant，2018），主要体现在资金来源以外资为主、经营形式以企业为主体和产品市场以外销为主上。在政策上给予税收减免、金融优惠、土地使用以及出入境管理等方面的优惠。比较来看，Farole 和 Akinci（2011）、Asian Development Bank（2015）指出，大多数经济特区具有如下特点：①它们通常具有不同于本国其他地区的监管和激励框架；②它们倾向于提供专门的基础设施服务；③它们的活动领域被物理边界明确划定。然而，不同区域在这些功能的应用上差别很大，这意味着世界各地会出现各种各样的经济特区。即使在国家内部，不同形式的经济特区也很少共存，每个经济特区都有不同的激励计划、服务、行业和目标市场（Frick and Rodríguez-Pose，2019）。

（三）作用及意义

传统上，经济特区有助于区域发展和经济增长。在国家视野上，经济特区的推广是试图解决基础设施缺陷、程序复杂、官僚主义危害，以及货币、贸易、财政、税收、关税和劳工政策带来的壁垒等问题。这些结构性问题通过增加生产和交易成本对投资环境产生不利影响。由于在全国铺开基础设施的建设费用昂贵，且社会经济和政治机构实施结构改革需要时间，所以建立工业飞地（经济特区或出口加工区）被视为加快国家工业化进程的重要战略工具（Aggarwal，2006）。在全球视野上，它们的发展改善了全球贸易关系，创造了就业岗位，提高了工人的收入水平与能力（Wang，2013），是世界寻求经济增长的关键（Fingar，2013）。经济特区常被作为发展的潜在"催化剂"（Simon et al.，2016），已有研究表明，经济特区是中国经济从计划经济向市场经济转变的"催化剂"（Fu，2004）。经济特区因为在全球价值链中也发挥重要作用，所以逐渐受到关注（Johnson，2017）。此外，发达国家经济特区的早期成就，以及世界上部分国家和地区的经济特区成功案例，有助于提高经济特区作为发展工具对较不发达地区和各国决策者的吸引力（Frick and Rodríguez-Pose，2019）。中国经济特区成功引起了发展中国家的注意，例如，墨西哥、毛里求斯、印度等。

二 经济特区的相关讨论

（一）经济特区的存在性讨论

为什么经济特区会存在？相关学者结合福利和关税给出了解释。一方面，关于建立经济特区是否会增加福利，学者们有一定的分歧。Hamada（1974）关于标准双因素、两商品贸易模式的研究表明，在没有外国投资的情况下，以保护进口关税的形式建立免税区不会影响生产。此外，在免税区增加外国投资不一定能改善发展中国家的消费问题。随后，Hamilton 和 Svennson（1982）研究扩展并纠正了 Hamada 早期的研究。他们的研究结果表明，资本流入自由贸易区或东道国会减少东道国福利，而流入自由贸易区后福利的降低幅度相对更大。随后Miyagiwa（1986）建立了关于自由贸易区的福利模型，强调在一定条件下建立自由贸易区可以增加福利，并且区域内的相对要素强度是区域经济增长和外国投资后福利变化的重要影响因素。然而，Devereux和Chen（1995）进一步发现，出口区的福利效应可以分为贸易效应和要素贸易条件效应两种类型。其中，要素贸易条件效应增加了福利，而贸易效应对福利的影响不确定，取决于经济中受保护部门的要素强度。早期的相关文献忽视了要素贸易条件效应，但要素贸易条件效应的影响相当重要，可能会改善出口区的福利。

另一方面，Schweinberger（2003）从帕累托改进的角度，为建立经济特区提供了充分的理论依据，即如果在经济特区的形成过程中对经济特区要素征收适当的税收，政府就可以赚取更多的税收，即使外国投资具有福利恶化效应，也可以使经济特区的设立成为可取的策略。此外，Grant（2020）指出关税是以牺牲消费者利益为代价提高国内生产者收益的价格，并认为经济特区可以影响政府对关税的选择。这些变化可能会产生巨大的福利，因为经济特区可能会改变中间关税水平，并使一些用户免受中间关税扭曲的影响（Grant，2020）。

（二）经济特区的设立目标

相关学者对经济特区的设立目标进行了讨论，本书总结出以下几个主要目标。

1. 吸引外商直接投资，通过工业化或现有产业升级促进出口（Sosnovskikh，2017）

几十年来，许多国家采用工业发展计划来促进它们的经济增长，"亚洲四小龙"的成功就是典型事例。为了实现经济增长这一目标，指定工业发展区域的经济特区战略被提出，然而这一目标是否能够成功实现在不同的国家结果有所不同。Khan和Anwar（2017）对巴基斯坦和中国的经济特区进行比较研究，发现中国经济特区的外商直接投资（FDI）和出口分别占全国外商直接投资和出口的46%和60%。巴基斯坦同其他国家一样，也在努力建设发展经济特区，以促进国内工业发展和吸引外商直接投资，然而并没有像中国和"亚洲四小龙"那样取得成功。Khan和Anwar将失败的主要原因归结为产业阶级的寻租和治理不善等行为。不管是传统的出口加工区还是综合型经济特区，吸引外商直接投资都是被首要考虑的区域计划目标之一。

2. 减少偏远和落后地区的失业（Dorożyński et al., 2018）

突尼斯和多米尼加的经济特区经常被认为仍属于飞地，并且实施急剧的结构性改革的经济转型计划，但是持续创造就业机会的计划却很少（Farole and Akinci, 2011）。Janjua等（2017）基于协同可持续发展的视角指出，由于巴基斯坦经济不稳定，中巴经济走廊（CPEC）将提供解决就业问题的办法，并通过改善大众的社会经济环境和社会地位，释放增长和扩张的潜能。巴基斯坦开始在偏远地区，例如开伯尔-普什图省、旁遮普省、俾路支省等地，开发各种独特的经济特区。因此减少偏远和落后地区的失业也是部分经济特区短期内需要实现的目标。

3. 产生溢出效应（Crane et al., 2018）

Litwack和Qian（1998）指出，经济特区设立需解决两个关键问题：一是为满足某些社会支出要求的政治压力问题，二是国家征用制度缺乏限制的问题。他们对经济转型理论进行拓展，提出有利于经济特区的不平衡发展战略作为对两个关键问题的回应，即促进某些地区资源集中，可以避免低均衡陷阱，同时可能实现对欠发达地区的溢出效应。Alder等（2016）收集了中国地级市的数据进行研究，结果表明，经济特区对邻近地区或城市有显著的正向溢出效应。

4. 支持经济政策或受益于各国之间的双边经济接触（Mahmood, 2019）

为了支持更广泛和开放型的经济改革战略，经济特区被赋予在出口上除特定管制货物外更大范围自由出口和发展出口贸易的权利。经济特区一方面减少了反出口偏见，另一方面也保持了保护性壁垒。Pakdeenurit等（2017）建议在经济特区内建立国际投资激励机制以降低税率，并放松一些规则和法规，如在转移公司的收入、贸易、劳动力等方面。

5. 作为试验场所，应用某些新的方法和政策（原倩，2018）

大部分经济特区项目的结构设计最初是为投资者建造基础设施，然后试图通过这一点吸引它们进入经济特区。在其他国家，特别是东南亚国家，经济特区通常是在吸引投资者之前就已经准备完毕（Sosnovskikh，2017）。对于中国的经济特区，外商直接投资、土地、劳动力甚至价格政策在特区内扩展，然后再延伸到其他经济体（Farole and Akinci，2011）。

6. 开发一个提高总体质量的监测系统（Jankowska，2016）

Jankowska（2016）将研究重点放在波兰集群业务的国际化上，特别是经济特区出口和外商直接投资方面，指出为了进一步便利化，建立可靠的监测系统至关重要。这种监测不仅有助于提升集群业务的国际化水平，而且能够满足集群公司、集群管理人员和公共行政部门的需要。集群公司将有机会观察集群组织的国际化效力如何促进其绩效提升，这是业务实体的首要任务；集群管理人员也将得到其国际化活动的反馈；公共行政部门可以利用监测数据，及时提供促进国际化的措施。

第二节　中外经济特区的不同类型

自第一个"现代区"于 1959 年在爱尔兰建立后，世界经济特区开始出现多种名目。世界银行将各国经济特区大致划分为以下 6 种类型：自由贸易区、传统出口加工区、混合出口加工区、自由港、企业区、单一工厂出口加工区（见表 1-1）。

表 1-1 经济特区的不同类型

类型	发展目标	规模配置	典型位置	符合标准的活动	市场	典型区域
自由贸易区	支持贸易	<50公顷	入境口岸	转口贸易及贸易	国内市场、再出口	巴拿马科隆自由贸易区
传统出口加工区	制造业出口	<100公顷 全部地区均被指定为出口加工区	无	制造、其他加工	出口市场	巴基斯坦卡拉奇出口加工区
混合出口加工区	制造业出口	<100公顷 只有部分地区被指定为出口加工区	无	制造、其他加工	出口和国内市场	泰国曼谷拉卡邦工业区
自由港	集成发展	>10000公顷	无	多用途	国内、内部和出口市场	约旦亚喀巴经济特区
企业区	城市振兴	<50公顷	贫困的城市/农村地区	多用途	国内市场	芝加哥授权区
单一工厂出口加工区	制造业出口	对个体企业指定	全国范围	制造、其他加工	出口市场	毛里求斯马达加斯加

资料来源：Akinci 和 Crittle（2008）。

一 自由贸易区

以大卫·李嘉图的比较优势理论为前提，国家的出口战略应该集中在具有相对优势的产品上，进口战略应该集中在具有相对劣势的产品上，并且应该取消进出口的限制，形成自由竞争的国际市场环境。那么所谓的自由贸易就可以理解为：所有的贸易或商业活动都应该在没有进口关税、出口补贴、国内生产补贴、贸易配额或进口许可证等因素的限制的环境中进行。

然而基于利益分配角度的考量，在实践中完全实行自由贸易政策的国家是不存在的。从全球范围来看，与自由贸易相对的贸易保护主义政策的实施更胜以往。保护贸易概括来说就是利用关税壁垒和非关税壁垒等措施保护本国市场和产业。近年来，美国贸易保护主义集团试图在"萨缪尔森之忧"与"金德尔伯格陷阱"相关理论上进行曲解，据此提出中美自由贸易可能会导致美国长期利益损失的逆全球化言论（陈乔之，1994）。在全球经济增长放缓以及金融危机的影响下，尤其随着新冠疫情的出现，单边主义和贸易保护主义进一步抬头，这会阻碍要素流动，不利于全球化下的国际分工、资源配置以及创新。

对于自由贸易区（Free Trade Zone, FTZ），各国有不同的称呼，也称其为商业自由区以及对外贸易区，虽然名称不同，但性质基本相同（原倩，2018）。自由贸易区简单来看是一个实行自由贸易政策的区域，有广义和狭义之分（见图1-1）。广义的自由贸易区通常由具有双边或多边关系的国家或地区所组成，在贸易区内交易的绝大多数产品实行零关税。世界银行给出的自由贸易区的狭义定义是，具有围栏的免税区，为贸易、转运和再出口业务提供仓储物流和配送设施（Akinci and Crittle，2018）。

国外的自由贸易区由来已久，其初始形态是在13世纪出现的自由贸易制度引领下的法国马赛港。随着时间的推移，部分欧洲国家在意大利里窝那港建设后，也开始逐步在其港口城市推行自由贸易政策，促使贸易往来更加密切。美国自20世纪50年代初允许在自由贸易区内进行出口加工后，制造业开始在区内集聚，并凭借其成功的发展经验带动一些发展中国家相继设立出口加工区。20世纪80年代，随着科技的迅猛发展，全球范围内大多数国家的自由贸易区逐渐向科技型自由贸易区转型发展。中国第一个广义自由贸易区和狭义自由贸易区分别是在2010年启动的中国-东盟自

```
                    自由贸易区
                   /          \
          广义自由贸易区      狭义自由贸易区
```

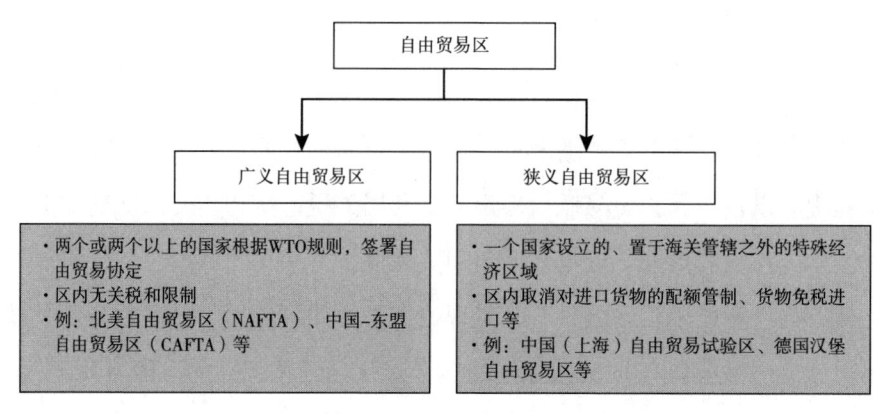

- 两个或两个以上的国家根据WTO规则，签署自由贸易协定
- 区内无关税和限制
- 例：北美自由贸易区（NAFTA）、中国-东盟自由贸易区（CAFTA）等

- 一个国家设立的、置于海关管辖之外的特殊经济区域
- 区内取消对进口货物的配额管制、货物免税进口等
- 例：中国（上海）自由贸易试验区、德国汉堡自由贸易区等

图 1-1 自由贸易区分类

资料来源：笔者整理。

由贸易区和在 2013 年设立的中国（上海）自由贸易试验区。1990 年 6 月经国务院批准设立的上海外高桥保税区的官方英文翻译被确定为 Shanghai Waigaoqiao Free Trade Zone（《迎潮而立》编委会，2020），但上海外高桥保税区并不完全符合当前对于自由贸易区的主流定义。2020 年 9 月 24 日，随着中国（北京）自由贸易试验区、中国（湖南）自由贸易试验区、中国（安徽）自由贸易试验区 3 个自由贸易试验区正式揭牌，我国的自由贸易试验区已达到 21 个。①

二 出口加工区

出口加工区（Export Processing Zone, EPZ）是以吸引外商前来投资设厂、拓展国际市场为主要目标，发展面向出口的加工制造业的地区（《迎潮而立》编委会，2020），通常有传统出口加工区和混合出口加工区两种模式：在传统出口加工区模式下，整个区域都是专属于出

---

① 《新设 3 个、扩展 1 个，中国自贸试验区达到 21 个——再扩容，新一批自贸区看点多》，中国政府网，http://www.gov.cn/xinwen/2020-09/29/content_5548079.htm。

口加工区体制下的出口企业的；相比之下，混合出口加工区通常细分为对所有行业开放的一般区域和为出口导向型出口加工区注册企业保留的单独区域（Akinci and Crittle，2008）。例如在泰国和菲律宾，混合区域内的出口加工区要求用围栏围起来。相反，在哥斯达黎加和墨西哥等国，允许在出口加工区注册的企业与在其他制度下注册的企业处于同一区域。普遍地建立出口加工区会带来贸易流动份额的增加和越来越多的工人被雇用等好处。

中国沿海的大部分经济特区都是在出口加工基础上逐渐兴起的。1979年，邓小平同志认可出口加工模式对加快对外开放和经济建设的积极作用，并建议出口加工区可以叫"特区"（中共中央文献研究室，2004）。20世纪80年代中期，马来西亚、菲律宾、印度尼西亚等国的部分出口加工区成效显著。2000年，为了规范加工贸易管理和扩大外贸出口，国务院正式批准在国内部分已建成的开发区内设立出口加工区，并积极将加工贸易从分散型向相对集中型管理转变，试图通过出口加工区的开放功能带动原材料、零配件的出口。[①]

三 自由港

自由港（Freeport），又称"自由口岸"，其概念较为宽泛，通常是设在一个国家或地区的境内关外，是具有较高开放度的一种经济特区类型（陈乔之，1994）。它们容纳适应多种类型的活动，包括旅游和零售等，允许现场居住，并提供绝大多数商品免征关税的优惠以及在货物、资金、人员等方面的更广泛的激励和福利（Akinci and Crittle，2008）。全球著名的自由港有迪拜、香港、新加坡等，这些地区拥有十分利好的贸易政策以及

[①] 《中国出口加工区简介》，商务部网站，http://www.mofcom.gov.cn/aarticle/bg/200207/20020700032783.html。

更加简化的办事流程。如今,自由港的设立目的已由最开始主要发展边界贸易和扩大港口吞吐量向建设多功能和高质量的区域合作贸易枢纽中心转变(刘伟丽、方晓萌,2020)。

具体来看,新加坡具有营商环境方面的巨大优势;迪拜的空港一体化优势十分明显;中国香港也是一个典型的自由港,其拥有世界三大天然良港之一的维多利亚港,包括众多客运码头、货运码头和中流作业区,并凭借其自由的贸易制度和金融制度从最初的转口贸易港不断发展成为综合型自由港(胡方,2019)。近年来,中国的自由港建设步伐不断加快,1988年4月,海南建省并建立海南经济特区,初期由于聚焦产业结构调整未能发挥其特区优势。随后海南国际旅游岛建设上升为国家战略,并于2010年开始正式推进建设。海南积极把握历史机遇,进一步提升自身发展优势,到2018年中央把海南未来发展定位为全球规模最大的自贸港。近年来,海南凭借其开放模式进一步加快了自身自由港的建设进程以及作为"泛南海经济合作"中心枢纽的建设步伐。此外,港口经济也在不断创新,欧洲的先驱港口,如鹿特丹和安特卫普,以及亚洲的新加坡,正以不同的方式积极建设"绿色港口"(Lam and Notteboom,2004)。

四 企业区

初期制订"企业区"(Enterprise Zone, EZ)计划的目的是利用税收优惠和财政补助振兴陷入困境的城市或农村地区。20世纪80年代初期英国开始制定实施类似的经济发展政策,企业区政策作为地理目标政策出现。位于伦敦东区范围内的道格斯岛是最早的企业区之一(高雅、杨兵,2020)。尽管南非也在发展类似的企业区,但大多数企业区位于发达国家,例如英国与美国。以美国为例,为了应对国家内部许多城市和农村地区经济日益低迷的问题，绝大多数州[①]，例如新泽西州与加利福尼亚州都提供了税收和其他商业激励措施，旨在鼓励企业迁往（或避免离开）贫困地区（Bondonio and Engberg，2000）。

美国新泽西州实施的"城市企业园区"（Urban Enterprise Zone，UEZ）计划涵盖30多个园区，范围包括州内37个郡市。UEZ计划的主要目的是振兴特定城市社区的经济、鼓励企业发展、创造私人部门的就业机会、通过公共和私人投资刺激地区发展。其中部分园区提供减免税或延期纳税等优惠政策。[②] 美国加利福尼亚州的"企业区"计划具有多个目标，如创造就业和吸引企业、减少贫困和失业、提高目标地区的收入以及改善居民环境等。该计划旨在通过向指定地区的企业提供各种税收优惠来实现这些目标，鼓励雇用经济上处于不利地位的工人，并刺激企业的发展。其中，最大的激励手段是对雇用"弱势"雇员的税收抵免。美国加利福尼亚州"企业区"计划颁布的法律法规主要是《企业区法》和《就业和经济激励法》。

随着美国企业区的兴起，企业区作为经济发展工具的有效性开始被广泛探讨。然而，相关学者对1982~1990年新泽西州"城市企业园区"计划的数据进行研究后指出：没有证据表明新泽西州的"城市企业园区"计划对城市总就业、各部门的就业、市政财产价值产生了积极影响（Neumark and Kolko，2010）。此外，Neumark和Kolko（2010）的研究也没有发现就业向加利福尼亚州企业区的低工资工人转移，指出该计划在实现其主要目标方面是无效的。

---

① 在美国，企业区政策是由一些州而不是联邦政府自主发起的，到联邦政府实施（1994年初）空间目标经济发展政策（被称为"授权区"计划或"企业社区"计划）时，已有近40个州通过了各自版本的"企业区"计划。

② 美国新泽西州城市企业区管理局官方网站，https://www.nj.gov/dca/uez/about/about-uez/。

五 单一工厂出口加工区

"单一工厂出口加工区"（Single Factory Export Processing Zone）计划为不同地点的个体企业提供激励，并且工厂不必位于指定区域内即可获得奖励和特权。依赖"单一工厂出口加工区"计划的国家主要是一些非洲国家，如毛里求斯、马达加斯加、埃及、肯尼亚等。

虽然毛里求斯在建立单一工厂出口加工区上取得了显著的成果（Woolfrey，2013），但大多数早期的非洲区域方案都未能达到其预期效果。其失败的原因是出现治理不善、缺乏充分的体制框架、政治承诺和执行能力薄弱以及缺乏适当的监测和评价机制等。此外，有许多非洲国家建立经济特区是受到毛里求斯和其他发展中国家的影响。东南亚和中亚的经济特区计划于20世纪90年代或21世纪初才正式开始实施，并开始利用建立经济特区将经济从进口替代转向出口导向。近年来，非洲国家对作为发展工具的经济特区的热情只增不减，但大多数仍是作为出口加工区开发商许可的单一工厂，只拥有自己的业务（Woolfrey，2013）。

六 与我国经济特区类型的比较

1980年，我国开始进入经济体制转型的探索阶段。党中央、国务院通过在深圳、珠海、汕头、厦门四市设立经济特区的方式寻求区域经济增长动力，1988年设立海南经济特区。为形成西部地区增长极和西部朝向其余国家的开放窗口，利用边境口岸优势，我国于2010年在中央新疆工作座谈会上批准在新疆霍尔果斯和喀什两地分别设立经济特区。近年来，我国逐步建立经济特区、国家级高新区、国家级新区、自由贸易试验区、自由贸易港等，已形成全方位、多层次的开放格局。从我国经济特区的发展实践中不难发现：经济特区是开启改革开放的突破口，依托其独特的历史使命促进世界经济特区类型不断拓展，并且为世界经济特区发展贡献中国道路的历史智慧（陶一桃，2020）。

我国的经济特区定义与国外的定义有所不同。张岚和魏龙（2008）以时间发展顺序为依据，梳理出国外经济特区主要包括自由贸易区、出口加工区、科技型经济特区、综合型经济特区和高端服务型经济特区五种类型。何勇钦（2012）认为，我国的经济特区是综合功能区，涉及经济、政治、社会和文化等领域；外国的经济特区则分为自由贸易区、自由贸易港、科技工业园区、出口加工区、高新技术园区等。陶一桃（2018c）提出，无论是从起因、功能、地位还是从概念来看，中国经济特区与国外经济特区都不是一个意义上的特区。Aiyer（2017）指出，经济特区是一个金融基础设施理念，是检验资本市场整合项目有效性的理想试验。Barone（2020）认为，经济特区是指一个国家内，与其他地区相比受不同经济法规约束的区域，其法规往往有利于吸收外商直接投资。国外的经济特区主要以保税区、自由贸易区、自由贸易港的形式出现。

第三节 中外经济特区的不同功能定位

联合国贸易和发展会议（UNCTAD）结合两大组织原则，即专业化、设计和治理，梳理出了经济特区的功能分类。其中，若以专业化（区域活动的重点）作为划分依据，各国经济特区可分为物流中心（自由贸易区）、多活动型经济特区、专业型经济特区、创新驱动型经济特区等四种类型；若以设计和治理的组织原则作为划分依据，各国经济特区可分为广域区、对外直接投资/官方发展援助驱动型特区、跨境/区域开发区等三种类型。

一 物流中心

物流中心（Logistics Center），即纯粹的自由贸易区，重点是提供商业、仓储和物流服务。具体来看，是提供在机场、海港、边境的转运和再出口贸易便利化服务。新兴物流中心在基础设施投资、支持贸易的政策、制造业中心和不断增加的消费者群体的互动体系的基础上吸引众多公司入驻。这是全球制造业供应链和分销网络系统的重要一环。物流中心在发达经济体中设立较多，例如韩国与美国。

在韩国，促进自贸区发展的因素有很多。相关学者通过对有关人员的调研发现：最成功的因素是吸引更多的外商直接投资，所占比例为25%；其次是培育港口和机场腹地，占比为17%；再次是充足的机场和港口设施，占比为15%；最后是中央政府的行政和财政支持，占比为12%（Bang and Park，2005）。这一结果意味着对于自贸区发展的众多促进因素，大多数受访者考虑最多的是交通枢纽因素（总占比为32%）。

在美国，近年来，经济特区是否发挥物流中心功能通常被作为首要考量因素。2019年，全球领先的物流企业美国联合包裹运送服务公司（UPS）已将4个航空枢纽转换为外贸区。4个航空枢纽分别是芝加哥奥黑尔国际机场、纽约肯尼迪国际机场、达拉斯-沃斯堡国际机场和洛杉矶国际机场。通过自贸区进口可以节省大量资金，其贸易解决方案具有降低成本和复杂性的优势。

二 多活动型经济特区

大多数经济特区是多活动型经济特区（Multi-activity SEZs），但目前学术界还未形成统一的称谓。有的称其为工业区，这在转型经济中更为常见；有的将其归纳为兼具自由贸易区和出口加工区所有特征的综合型经济特区。多活动型经济特区不是商贸与工贸的简单叠加，而是横跨生产与流通，产业结构多元、功能多元，并具有不同技术层次的大型特殊经济活动区域（陈乔之，1994）。典型案例有中国的深圳经济特区、印度尼西亚的巴淡经济特区、巴西的马瑙斯自由贸易区。

巴淡经济特区最早建于1970年，当时被称为巴淡自贸区。其早期的发展并不理想，后于2016年3月更名为巴淡经济特区。随后凭借较低的人力成本、优越的地理区位、政府的有力规划等吸引新加坡、马来西亚、中国等国家的企业进行投资，逐渐形成集旅游商业、石化工业、转口贸易等于一体的多活动型经济特区。[①] 此外，位于亚马孙腹地的马瑙斯自由贸易区于1967年设立，是拉美大陆最大的自由贸易区之一，同时也是集聚工业区、免税就业中心和农牧发展区，吸引了本田、雅马哈、LG、三星等跨国企业建设工厂，中国的格力也在其设有装配工厂，并已在巴西全国建立起了分销网络[②]。

三 专业型经济特区

专业型经济特区（Specialized SEZs），顾名思义表示经济特区的业务效能显著，具有专业化特征。专业型经济特区有三种不同的功能定位：一是专注于部门，例如服务、资源或农业等；二是专注于行业，例如汽车、电子、服装等；三是专注于全球价值链活动，例如业务流程外包、呼叫中心、研发中心等。

[①] 《印度尼西亚巴淡市》，中共深圳市委外事工作委员会办公室网站，http://fao.sz.gov.cn/ztzl/yhjlcs/content/post_11346.html。
[②] 《通讯：格力空调深耕巴西市场》，新华网，http://www.xinhuanet.com/world/2017-05/09/c_1120942700.htm。

专业型经济特区较多聚焦于特定行业。举例来看，丹吉尔自由区被认为是摩洛哥北部最强大的经济极之一，凭借法国制造商雷诺在非洲最大的装配运营站点，在汽车制造领域占据世界领先地位。除了强大的工业基地之外，丹吉尔自由区还将自身定位为一个真正的区域中枢，负责将当地组装好的汽车出口到埃及、突尼斯、欧洲等。雷诺项目计划在该区创造3.6万个直接和间接工作岗位（胡英华，2009）。

四　创新驱动型经济特区

创新驱动型经济特区（Innovation-driven SEZs）专注于产业升级和新兴产业，例如高新区、生物技术区、生态区等，在亚洲较发达的新兴市场最为常见。创新驱动型经济特区的发展是一个长期演进和转型升级的过程，大体可将其发展划分为萌芽起步期、快速成长期、成熟稳定期三个阶段（见图1-2）。

图1-2　创新驱动型经济特区不同发展阶段的驱动条件

资料来源：笔者整理。

处于萌芽起步期的创新驱动型经济特区以生产要素驱动为主，形式上表现为单一产业功能区或工业区，主要利用工业适宜的自然资源、劳动力以及政府政策支持进行发展。特区内的企业创新模式以满足周边区域市场的流程创新为主，通过加工制造与贸易往来推动单一领域的技术引进与消化吸收。

处于快速成长期的创新驱动型经济特区以投资驱动为主。由于该阶段强调新生产要素的创造功能，个体和企业的研发投资急剧增加。技术密集型为主的企业逐步占据主导地位，并且开始兴起一些金融、贸易等支撑性服务业。政策方面主要支持共性技术研发、强化专利保护、完善市场竞争规则，孵化器以及技术服务中介通过这些政府政策的实施得以引导创新。代表性的区域一般为新兴经济体地区，如中国台湾新竹科技园区、俄罗斯技术创新经济特区等。以俄罗斯为例，其在2005~2015年建立的6个技术创新经济特区，是较为成功的经济特区功能范式（Kuznetsov and Kuznetsova, 2019）。其中，莫斯科的斯科尔科沃创新中心是根据2010年的一项独立法律设立的一个高科技商务区，享有与经济特区类似的税收优惠。该中心不仅服务于先进微电子、纳米技术和其他科学领域的公司，还旨在通过从可再生能源和建筑中获取至少一半的能源，引领可持续"中性能源"建筑。

处于成熟稳定期的创新驱动型经济特区，具有创新性、主导性、示范性、集成性、全球性等特征，贸易更加自由化、便利化，并聚集高水平大学和研究机构，高素质人才持续流入。以知识密集型产业为主，创新贯穿产业链始末，更加专注于基础研发与商业化的协同。政府政策很少直接干预创新，注重教育、信息、居住环境等基础设施以及制度环境等的持续改善。

五 广域区

广域区（Wide-area Zones）又被称为大型综合区，通常与地方行政区域同时出现，或作为具有居住区和便利设施的城镇而建造。广域区的设立初衷是试点经济改革，中国深圳经济特区和印度的多个经济特区均可被称为广域区，但其是否成为地方决策的成功范例却有显著差异。

中国深圳经济特区的经验证据表明，中国经济特区是政策试验的关键（Zeng，2011）。作为地方政策的经济特区成功地为经济特区所在的地理区域带来了好处，当然这些好处也得益于经济特区周边地区广泛的基础设施，包括道路、水、电和电话连接等基础设施。与中国相比，印度经济特区虽然在吸引外商直接投资上有贡献，但总体来看潜在效力并没有充分发挥。其原因主要在于国有开发公司和地方政治的腐败（Alkon，2018），在印度获得土地的难度相较中国大得多（Zheng，2015）。其政治激励往往促使政治家推行优先考虑租金提取的战略，而不是考虑经济特区的长期发展。对比来看，中国地方官员的政治激励在很大程度上是由 GDP 增长和经济发展推动的。就经济特区而言，这种政治权威在决策中的集中，促进了中国政策试验和创新的快速发展，也解释了经济特区模式的变化和进行政策试验的原因（Heilmann，2008）。

六　对外直接投资/官方发展援助驱动型特区

对外直接投资/官方发展援助驱动型特区（OFDI/ODA-driven Zones）这个概念最早源自新加坡政府推行的在境外建设或参与建设经济特区的"区域化 2000"计划（陈伟等，2020）。对外直接投资/官方发展援助驱动型特区通过经济特区的建设，在资本输出经济体和低收入经济体之间建立伙伴关系。例如，1998 年丰田在印度的工业园区中建立了供应链网络，1999 年世界银行、美国国际开发署和欧洲投资银行一道为加沙工业区的建立提供支持，三星于 2016 年在越南的工业园区中开发了自己的大型工业园区，等等。

中国一直积极与非洲国家分享经济特区建设经验，早在 1994 年，中国政府就接到埃及政府关于援助苏伊士地区建立经济特区的请求。随着中国于 2001 年加入世界贸易组织，为了迎合"走出去"外向型政策，江铃集团在阿尔及利亚奥兰市建立汽车装配园区。2009 年埃塞俄比亚东部工业区正式启动,中国鞋类制造商华建集团入驻,利用该区为美国和欧洲市场生产鞋类商品。埃塞俄比亚政府的目标是利用其廉价劳动力吸引企业投资,对经济特区采取渐进的方式,希望从以农业为基础的经济向工业化的经济发展,同时中国企业也希望凭借海外经济特区的发展在贸易网络领域获得竞争优势。

七 跨境/区域开发区

发展新兴的跨境/区域开发区(Cross-border/Regional Development Zones)既是一种手段,也是一种战略,在振兴地区经济的基础上,更深层次地促进一体化边界地区发展(Krainara and Routray,2015)。从实践经验来看,跨境经济区的发展充满挑战,其成功的关键在于两边政府的政治支持以及州和地方各级的密切协调。近年来,越来越多的国家试图将其经济特区战略与区域合作结合起来。例如,马来西亚设立依斯干达经济特区,该经济特区靠近新加坡,通过更加自由的贸易政策实现东盟经济共同体这一愿景(Teangsompong and Sirisunhirun,2018);泰国于2013年制定相关经济特区实施条例,旨在发展与其邻国的跨境国际贸易[1]。此外,南非的穆西纳-马哈多经济特区位于通往南部非洲发展共同体的南北主要路线上,靠近南非和津巴布韦的边界,旨在吸引国内外直接投资和创造更多的就业机会。

就中国跨境经济区而言,横跨中国和哈萨克斯坦的中哈霍尔果斯国际边境合作中心,旨在成为贸易、娱乐和文化交流的枢纽。自2012年开放运营起,来自中国、中亚、欧洲、俄罗斯和土耳其的商人和游客可以在这里进行贸易洽谈与交流并可以获得30天免签停留。[2] 此外,对于中国和老挝

---

[1] http://www.ratchakitcha.soc.go.th/DATA/PDF/2558/E/347/1.PDF。

[2] 新疆·霍尔果斯市人民政府网站,http://www.xjhegs.gov.cn。

之间的磨憨—磨丁经济合作区，位于中国一侧的磨憨经济特区成立于2001年，是一个边境贸易区；位于老挝一侧的磨丁区于2003年被开发为一个仓库、旅游和贸易中心。自2015年两国政府提出共建中老磨憨—磨丁经济合作区并签署建设方案以来，合作区综合功能不断拓展。[①]

此外，中国企业越来越多地参与国外的经济特区开发，例如吉利公司在墨西哥阿瓜斯卡连特斯建立汽车装配园区（Bräutigam and Tang，2014）。同时，中国企业也积极并持续参与共建"一带一路"国家境外经济特区的建设（叶尔肯·吾扎提等，2017）。例如，投资建设俄罗斯、印度的农业产业合作区；在泰国建设以轻工业为主导的工业园；在越南建设以重工业为主导的工业园；以及分别与尼日利亚、赞比亚开发建设涉及仓储物流、生产加工制造、科技产业、配套服务等多领域的多功能综合经贸合作区；等等。

---

① 西双版纳傣族自治州人民政府网站，https://www.xsbn.gov.cn。

第二章
中外经济特区理论与实践的范式选择

第一节 中外经济特区研究的理论范式

在谈到经济特区发展背后的理由时,许多学者声称,发展中国家和发达国家发展经济特区的经济理由不同(Akinci and Crittle,2008),从而研究经济特区的理论范式也有所不同。归纳总结国内外相关文献,发现经济特区发展背后的主要理论依据侧重于不平衡增长理论与全球价值链理论。基于不平衡增长理论的核心观点强调,经济特区是通过吸引外来投资解决严重的局部问题,促进区域发展;基于全球价值链理论的核心观点强调,经济特区是通过摆脱贸易限制或封闭经济,吸引外商直接投资和产生出口,实现对国际市场的开放。近年来,相关学者的研究开始从不平衡增长理论过渡到全球价值链理论。

一 新古典主义理论

最早关于经济特区运作的理论借鉴了新古典主义理论,并对区域的政策持有普遍的负面看法。经济特区被视为一种昂贵的扭曲战略或扭曲贸易工具，导致地方和地区企业之间的不公平竞争，是一个具有较少经济贡献的生产飞地。Hamada（1974）在这个理论基础之上提供了较为全面的创新思路，得出结论：经济特区的好处最多是既定的税收和基础设施支出，不利的情况是阻碍东道国的经济发展。这个论点可以归结为：由于取消了关税保护，该地区的最终优惠价格将会更低，这将致使国内"受保护"的非经济特区部门的资本回报率高于该地区，从而阻碍外商直接投资，并在一定程度上使东道国的经济形势恶化。

新古典主义理论的主要缺点是将一个经济特区的创建解释为最初以出口为导向增长的封闭经济体的"次优选择"（Graham，2004）。这种逻辑也出现在相关文献中，例如，Madani（1999）认为，最好的经济政策是经济全面自由化。值得注意的是，经济特区在这种情况下的作用是相当消极的。经济特区作为一种扭曲的贸易工具要想发挥作用，就必须成为过渡性因素，"以最少的政府干预促进经济从进口替代制度向自由贸易制度过渡"（Aggarwal，2010）。当然，近年来，相关学者进一步发展新古典主义关税扭曲理论，最新的研究是在局部均衡框架下构建关税歧视模型，探讨经济特区的存在性（Grant，2020）。虽然新古典主义理论认为经济特区具有静态的增长潜力，然而在过去经济特区的成功经验中，人们似乎越来越意识到经济特区可以是一个动态的发展工具。

二 不平衡增长理论

（一）基本学说思想

从理论上讲，经济特区的建立源于西方的不平衡增长理论（The Unbalanced Growth Theory）（He，2019）。1958年，Hirschman提出了他的不平衡增长理论，对平衡增长战略是发展中国家最合适的发展战略进行批判（Hirschman，1958）。他认为，发展战略的任务应该是鼓励利润和投资的不平衡而不是消除，因为正是这些不平衡使经济得以增长，主导部门的不平衡发展往往为快速增长创造条件。他提出，同时鼓励所有经济部门是不可行的，特别是在资源稀缺的发展中国家，发展战略应该以某些部门为目标。他主张利用有限资源先发展少数重要的经济部门或地区，进而带动其他部门或地区发展（Hirschman，1958）。优先发展"领先部门"与经济特区战略的基本逻辑相同，即经济特区战略特别强调该区域经济增长本身。因此，在目前的研究中，经济特区被视为一种不平衡增长的策略，与Hirschman的论点相一致。

Hirschman同时指出，从理论上看，一国经济发展要求国民经济诸部门平衡发展，但最不发达国家（LDCs）工业化普遍面临严重的资源短缺问题，致使推动国民经济各个部门实现齐头并进式发展时所需要的最小临界投资量往往很难得到满足。那么此时就有必要选择和安排好各个部门的发展顺序。Hirschman进一步提出了实施不平衡增长战略的两种不同的措施，并将社会生产部门分为两大类："社会分摊资本"（Social Overhead Capital，SOC）和"直接生产活动"（Directive Production Action，DPA），后者也被称作"私人资本"。其中，SOC主要指的是基础设施，这些基础设施由国家提供，既是为了促进社会福利增加，也是为了鼓励DPA，如发展重工业与轻工业、商业、贸易等，而私人资本直接投资于工农业能迅速产生效益。在Hirschman的规划中，有两条发展路径：第一条路径（从SOC到DPA）被指定为"通过过剩产能进行开发"，而第二条路径（从DPA到SOC）则被指定为"通过短缺进行开发"。这两条路径都为发展创造了所需的诱因和压力，决策者应该采用哪条路径可以用图2-1来判断。

其中，凸向原点 O 的曲线 Q_1、Q_2、Q_3 是代表DPA投资不断增加而产生的不同DPA输出水平的等量曲线，从 Q_1 到 Q_3 产出水平依次递增。将

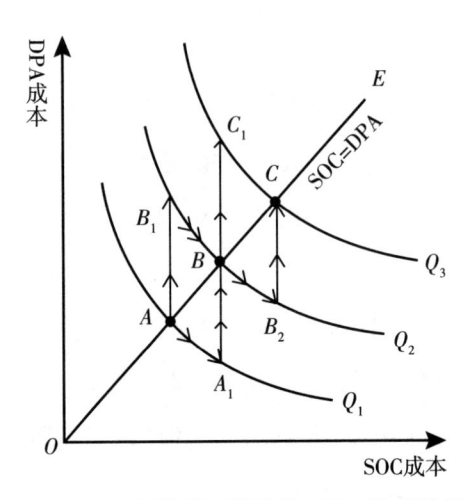

图 2-1　不平衡增长理论的两条可选择路径

资料来源：Hirschman（1958）。

最佳点连接绘制成 OE 线，这种有效的扩展路径（A→B→C）描述了 SOC 和 DPA 之间的不平衡增长路径。

Hirschman 的不平衡增长理论认为，SOC 和 DPA 不能同时开发。如果国家选择"通过过剩产能进行开发"的发展道路（即优先选择 SOC 而不是 DPA），则经济发展路径为 A→A_1→B→B_2→C。当 SOC 投资由 A 增加到 A_1 时，会引起对 DPA 的投资，诱导 DPA 的投资增加到 B，即 SOC 和 DPA 之间的平衡恢复。与此同时，经济处于更高的增长轨道上。现在 SOC 进一步增加到 B_2，这会导致对 DPA 的进一步投资，直到在 C 处恢复平衡。

相反，如果国家选择"通过短缺进行开发"的发展道路，即对 DPA 的投资多于 SOC，则发展道路为 A→B_1→B→C_1→C。当 DPA 投资增加到 B_1 时，会对 SOC 的投资产生压力，诱导 SOC 的投资增加到 B。当 DPA 的投资进一步增加到 C_1 时，会再次对 SOC 的投资产生压力，直到在 C 处恢复平衡。

通过对不平衡增长理论的两条可选择路径进行研究，Hirschman 进一步指出：由于"直接生产活动"能使"引致投资最大化"（Induced

Investment Maximization），所以在部门发展顺序决策中，应优先发展 DPA。而且 Hirschman 强调联系对发展的贡献，指出在 DPA 各行业中，应优先发展"联系效应"较大的部门。Hirschman 引入了前向联系和后向联系的概念，为了将增长从一个部门传递到另一个部门，各部门之间需要有较强的前后联系。前向联系鼓励后续生产阶段的投资，如果一个产业利用其产出促进新产业建立，则该产业具有前向联系效应。例如，钢厂的设立带动了汽车、自行车等多种用钢产业的扩张。后向联系则鼓励早期生产阶段的投资，例如，建立钢厂将产生对煤炭、铁矿石和高炉的需求。通常，消费品行业的前向联系较弱，而农业则有某种后向联系，中间产业的联系最多。Hirschman 进一步指出，后向联系比前向联系更重要，因为具有较强的后向联系的部门会自动产生输入需求。例如，对皮革产品行业的投资将增加对牛的需求，但对牛的投资不会直接增加对皮革产品的需求。由于大多数经济特区关注出口，所以 Hirschman 对后向联系的强调将保留在相关经济特区的研究中。

（二）经济特区的催化效应

在早期，经济特区的大部分理论试图证明经济特区是一种政策替代品。随后，经济特区理论研究的重点开始转移到联系、技术和技能转移等次要影响上。Miyagiwa（1986）根据发展过程来解释自由贸易区，发现它们可以为工业化过程中的国家创造福利；Johansson（1994）基于 Romer（1993）关于发展中国家"概念差距"的理论，提出用"催化"一词来表示经济特区的次要效应。催化效应是经济特区的间接影响，超出了经济特区内的直接影响。进一步地，Johansson 和 Nilsson（1997）试图开发一个对二元变量进行显著性测试的重力模型。基于马来西亚的经验，该模型通过分析该地区边界以外的动态经济，显示了经济特区对经济产生催化作用的潜力。随后，学术研究领域认识区域催化效应的实践取得了进展（Litwack and Qian，1998；O'Flaherty，2008；Din，1994），开始将催化效应纳入将经济特区视为发展工具的解释框架（Aggarwal，2007，2010；Cheesman，2012）。近年来，关于经济特区的催化效应，各国重点关注经济特区形成的工业溢出和对落后地区的"涓滴效应"，通过培训和示范提升国内活动的实践能力和技术能力，实现人力资本升级和技术转让（Omar and Stoever，2008；陶一桃，2020）。从长期看，经济特区发挥"涓滴效应"，但缩小区域差距仍需要政府干预作为前提（张培刚、张建华，2018）。

三 全球价值链理论

世界银行的研究指出，大多数发达国家创建的经济特区是振兴本国经济困难地区的"增长支柱"（Akinci and Crittle，2008）。然而，Cling 和 Letilly（2001）的研究将促进区域发展与实现对国际市场的开放这两种现象的融合作为一个前提，认为：所有发展中国家转向出口导向的增长政策，是刺激就业和有利于融入全球经济的最佳政策；同时，随着国际竞争的加剧，劳动密集型产品的生产向发展中国家转移的趋势越来越明显，这些劳动密集型产品的生产企业直接投资有盈余、低劳动力成本的国家，并采用诸如适用于环保企业的优惠制度，这在经济理论中被概念化为全球价值链（GVCs）方法。全球价值链的扩散为发展中国家开辟了工业发展的新道路，使发展中国家可以加入现有供应链并进行工业能力的升级（Baldwin，2013）。这一机会在发展中国家之间引发了激烈的竞争，发展中国家利用各种政策工具吸引与 GVCs 相关的投资。其中，经济特区被认为是在这一竞争中最强大的政策工具。

随着经济全球化的深入发展，商品生产可被划分为多个阶段，每个阶段都在更具有成本效益的地点进行（Aggarwal，2010），据此全球价值链得到了发展。融入全球价值链可以为一个国家提供重要的发展机会。Dinh

等（2012）指出了经济体提升其在全球市场上的地位对促进发展的重要性，Aggarwal（2010）将进入全球价值链看作增强当地企业竞争力和提高其能力的一种方式。引进外商直接投资可以极大地促进一个国家加入全球价值链，因为外商直接投资使其能够获得新的技术、技能和资本。由于经济特区可以通过创建一个有利的商业环境来提升对外商直接投资的吸引力，所以经济特区有潜力进入全球价值链。McMillan 和 Rodrik（2011）在探索各种类型的外商直接投资时发现，制造业是最理想的外商直接投资行业，因为它创造了更多的就业机会，促进了提高生产力的结构变化。

中国在全球低技能制造业工作岗位中占最大份额，但随着中国在全球价值链上向上攀升，这些工作岗位的全球构成将发生改变。林毅夫估计，中国的转型将释放近 1 亿个制造业就业岗位——是当今发展中国家制造业就业岗位的两倍多（Lin，2011）。对于印度、中国和墨西哥等发展中国家来说，创建经济特区对开放国际市场相对有效。印度是亚洲最早承认出口加工区模式在促进出口方面的有效性的国家之一（Dhingra et al.，2009）。

第二节　中外经济特区研究的实践范式

近几十年来，经济特区遍布全球，数量、类型和人口等均在快速增加。经济特区的基本理念源于这样一个事实，即虽然整体经济的基础设施和商业环境很难快速大幅改善，但经济特区可以在短时间内建成。然而，随着贸易量下降、大宗商品价格波动以及工业经济体持续缓慢增长，加上自身面临不平等程度高和社会流动性低等问题，诸多发展中国家推动发展的新工具——经济特区，似乎很难实现其目标。就深圳而言，其在不到 30 年的时间里，就从中国东南部的一个渔村迈上中国特色社会主义先行示范区、全球标杆城市的探索之路。深圳的成功案例不仅在中国，而且在世界各地激发起建设经济特区的热情。也有很多经济特区，承诺发展工业和提供良好的就业机会，但因税收减免力度过大和治理不善等问题未见成效。许多地区并不能像深圳那样促进产业集群的发展，而是成为与国内经济联系很少的飞地。一些经济学家考虑到其风险可能大于回报，因此建议避开经济特区，而把注意力集中在扭曲较少的国内改革上。

虽然主流经济发展仍然侧重于建设和维护基础设施、提供更好的公共服务和创造良好的商业环境，但诸多国家，包括韩国、日本、印度等，已认识到，与经济发展战略的明确联系增加了经济特区在全国范围内产生广泛影响的可能性，并重新将经济特区作为其发展战略的核心要素。为此，本节旨在通过比较各国经济特区的建立原因、战略政策、发展问题与发展方向等，给世界各国经济特区发展提供一种可供选择的模式。

一 中外经济特区建立原因的比较

（一）发达国家经济特区的建立原因

作为发达国家的代表，美国与经济特区有着漫长而纠结的过去。美国的经济特区被称为对外贸易区（Foreign Tade Zone，FTZ），由对外贸易区理事会管理，该理事会是政府行政部门的一个政治机构。美国经济特区是特别管辖区演变的成果。在初期，美国政治家提出了各种计划，以鼓励萧条地区的经济增长，为企业提供税收优惠和赠款，但随后形成的企业区并没有获得广泛成功。相比之下，美国的对外贸易区计划有着长期的成功纪录，主要帮助当地公司管理关税和消费税，使其尽可能逃避国家和地方从价税，从而降低经营和商业活动成本（Bell，2016）。在美国，2014年所有进口商品价值的近1/8和所有应税进口商品的28%以上通过经济特区进入该国。经济特区中拥有众多活跃的制造商，其制造业产量占美国总产量的15%以上，制造业增加值占总增加值近18%。2011~2015年，美国经济特区免除或推迟了171亿美元的关税（Grant，2020）。

韩国经济特区建立的初衷是通过扩充工业部门和创造就业机会来吸收闲暇劳动力。设置一个作为出口加工区的特定地区，给予到这个特定地区来投资的外国企业各种优惠，并且通过它们经营出口产业，从而创造就业机会，这可以解决部分失业问题（朴贞东，1993）。1970年，马山出口加工区作为基于出口的对国外企业开放的工业基地正式设立，在此之后，韩国相继设立了数个专门吸引外商直接投资的自由贸易区或经济自由区。自2003年仁川自由经济区落成以来，韩国已新建了多个自由贸易区，比较有代表性的已运营的自由贸易区已增至7个（见表2-1），分别是仁川自由经济区（Incheon Free Economic Zone，IFEZ）、釜山镇海经济自由区（Busan-Jinhae Free Economic Zone，BJFEZ）、光阳湾圈经济自由区（Gwangyang Bay Area Free Economic Zone，GFEZ）、大邱庆北经济自由区（Daegu-Gyeongbuk Free Economic Zone，DGFEZ）、京畿道经济自由区（Gyeonggi Free Economic Zone，GGFEZ）、东海岸圈经济自由区（East Coast Free Economic Zone，EFEZ）和忠北经济自由区（Chungbuk Free Economic Zone，CBFEZ）。以上这些地区在设立经济特区之前的产业结构较为单一，主要是农业、渔业、采矿业和畜牧业，在某些地区往往只有少数几个小型制造工厂在运营。截至2018年，韩国自由贸易区的外商直接投资累计达到1780亿美元，运营着5250家公司，其中包括美国通用电气公司（GE）和宝马公司（BMW）等跨国公司。韩国正逐步开拓市场，以期成为世界上富有吸引力的商业中心，它也是第一个与欧盟（2011年）、美国（2012年）和中国（2015年）缔结自由贸易协定的亚洲国家。

表 2-1　韩国七大自由贸易区基本情况

单位：km²

名称简写	面积	设立时间	基本计划下的主要产业
IFEZ	209.38	2003 年 8 月	国际贸易、金融、物流、商住、旅游
BJFEZ	51.06	2004 年 3 月	复杂的物流、高科技、新型城市、齐全的休闲度假设施
GFEZ	59.80	2004 年 3 月	物流、制造业、离岸贸易、旅游和休闲
GGFEZ	5.24	2008 年 7 月	汽车零部件、半导体和液晶显示器、钢和石化
DGFEZ	18.45	2008 年 8 月	运输组件、IT、医疗
EFEZ	4.44	2013 年 7 月	高科技部件和材料、物流、新 IT、旅游和休闲
CBFEZ	4.96	2013 年 4 月	BIO 航空、空气机、新 IT、旅游和休闲、汽车配件

资料来源：Korean Free Economic Zones, http://fez.go.kr/global/en/index.do；《中国在韩投资增势缓慢 韩自由经济区"突围"吸金》，第一财经网，https://www.yicai.com/news/3103210.html。

与韩国同处于亚洲的发达国家日本，其经济特区已被安倍政府上升至国家战略。安倍政府宣称"国家战略特区"是经济增长战略的主要支柱之一，于 2014 年 5 月宣布成立 6 个经济特区。日本经济特区背后的理念是突破既得利益和官僚烦琐手续的瓶颈，这些官僚作风在过去阻碍了创新。经济特区建立的原因是实现快速批准，以及在三年内取得具体成果并在全国应用。经济特区创造的积极循环被日本视为改变经济和社会的机会，帮助其缓解通货紧缩。[1]

（二）发展中国家经济特区的建立原因

欧盟作为世界上地区一体化程度最高的集团，只有少数成员国拥有经济特区，如波兰与立陶宛。其中，波兰经济特区的建立原因主要有四个：加快区域经济发展、管理后工业产权和基础设施、创造新的就业机会以及

---

[1] "Is Japan Losing Focus on Special Economic Zones?", Japan Today, https://japantoday.com/category/business/is-japan-losing-focus-on-special-economic-zones.

吸引外国投资者到波兰（KPMG，2014）。

20世纪80年代俄罗斯提出建立自由贸易区、自由经济区计划，并于1990年依托纳霍德卡市的港口优势在该地区建立了第一个自由经济区，后因建设成本大于投资回报，多数的经济特区被依法撤除。2005年，俄罗斯总统普京再次提出经济特区战略，试图通过简化各项法规来吸引外商，特别是海外侨胞前来投资建厂，致力于通过对外开放的经济发展模式促进俄罗斯经济的振兴，经济特区的计划数目跃升至15个，规划版图几乎横跨整个俄罗斯。随后在税收与土地方面的优惠政策进一步放开，经济特区数量一度增至2016年的33个，但因投资回报十分有限以及政府预算资金使用效率低，经济特区再热后进行战略调整，叫停10个经济特区的建设工作。截至2020年底，俄罗斯共有38个经济特区，现阶段其经济特区的发展主要聚焦于基建、能源开发与旅游方面。

与其他发展中国家的经济特区不同，印度经济特区具有浓厚的南亚地区经济色彩，即希望利用经济特区扩大与周边区域的经济合作。1965年1月1日，印度和亚洲第一个出口加工区在印度库奇的坎德拉港成立，旨在促进出口。到1978年，印度在孟买、钦奈、诺伊达和法尔塔又建立了四个出口加工区。2000年，印度首次宣布实施经济特区政策，以克服企业面临的障碍：企业在创业之前，需要进行多次许可；基础设施质量较低，远低于世界标准；财政制度不稳定。经济特区在印度经济中开始发挥基础性作用，提供具有竞争力的环境；鼓励外商直接投资，提高国内生产总值；增加在全球出口中的份额；经济特区出口占印度出口总额比例开始上升。截至2020年末，约64%的经济特区集中在五个州，这五个州位于印度的南部地区。其中，具有优越地理位置的泰米尔纳德邦的经济特区数量最多，其余四个州为工业友好型的特伦甘纳邦、科技集群的卡纳塔克邦、具有劳动力资源优势的安得拉邦以及具有经济优势的马哈拉施特拉邦。已获批准的经济特区有425个，265个经济特区在该国运作。

（三）与我国经济特区建立原因的比较

发达国家如美国、韩国的经济特区建立往往是与地区产业挂钩，为地区就业服务。在发展初期，我国经济特区建立原因与印度、波兰等国类似，具有一般发展中国家的特质，即促进出口、增加就业等。但也有不同，我国在发展过程中始终坚持走改革开放道路，强调技术创新与"窗口"作用（陶一桃，2010）。1978年，我国实行改革开放政策，实现了自由贸易区概念上的突破。此后在东部沿海地区深圳、珠海、汕头、厦门四市，最南端的海南，以及西北地区的新疆设立了7个经济特区。相关学者将1984年作为中国经济特区建立原因变化的重要节点（朴贞东，1993）。在此之前，在各种各样的目的之中，技术引进、获得外汇、创造就业机会等被特别强调。而1984年2月，邓小平在同中央领导者的座谈会上，谈到特区的作用主要是充当技术、管理、知识以及对外政策的窗口（中共广东省委办公厅，1986）。在邓小平的"窗口论"影响下，我国经济特区开始由原来强调增加就业、获取外汇等转变为强调吸收先进技术或学习先进的经营管理经验等。

迄今为止，关于经济特区的建立原因还没有形成统一定论，但可以确定的是，不论是发达国家还是发展中国家，经济特区建立的原因都是会随着国家或区域经济发展过程动态调整的。在发展初期，西方国家建立经济特区的原因是加快落后地区的经济发展，重点关注较贫穷、欠发达、投资者绕过、受高失业率影响的地区；相较于西方国家的经济特区，亚洲国家初期阶段主要强调其"出口加工区"的性质。而在技术进步的推进下，中国逐步强调其"窗口"作用。在此基础上，近年来，我国经济特区开始聚焦"先行示范""制度创新""高水平开放"领域。例如，2019年8月18日，中央提出了深圳经济特区作为全球标杆城市的未来定位；2020年，建立开放型经济新体制成为海南自由港战略中的重要一环；

前海自贸区、横琴自贸区、平潭综合实验区的新定位将加深与港澳台的交流合作。

二 中外经济特区战略政策的比较

（一）印度经济特区的战略政策

印度议会经过多次协商和审议，在 2005 年通过了国内首部较为全面的指导经济特区的《经济特区法》。它被定义为一项法案，规定经济特区的建立、发展和管理，以促进出口，并规定与经济特区有关的事项，和出台的《经济特区规则》一起于 2006 年正式生效。从表 2-2 印度《经济特区法》与《经济特区规则》主要目标对比来看，《经济特区规则》主要目标更加细致，主要强调在经济特区内开办企业，开展经济活动，对于吸引外资的要求不高，对于不同类别的经济特区实行不同的土地政策。事实上，2000~2006 年印度经济特区主要根据外贸政策运作。

表 2-2　印度《经济特区法》与《经济特区规则》主要目标对比

《经济特区法》	《经济特区规则》
创造更多的经济活动	简化经济特区的开发、运营和维护程序，并在经济特区开办企业，开展业务
促进商品和服务出口	单窗口通关，并在经济特区开办企业
创造就业机会	对与中央和州政府有关的事项进行单窗口清理
促进国内外投资	简化合规程序和文档，重点是自我认证
发展基础设施	同类别的经济特区的最低土地要求不同

资料来源：笔者整理。

印度经济特区是一个指定的免税飞地，从贸易和关税角度看，可被视为"外国领土"。印度经济特区的最大特点是不需要进口许可证，但企业必须在 3 年内成为净外汇收入者。政府为在经济特区开办的企业提供了许多激励措施。首先，根据《所得税法》，经济特区内的企业在运营前5年出口利润免征100%所得税，此后5年的税收优惠力度较前5年有所减小。其次，经济特区内企业免征最低替代税（MAT）。根据2017年《IGST法案》，对经济特区内的企业的消费性服务税给予免征。此外，中央和州级审批实行单一窗口审批，无须导入许可证。最后，在制造业，除少数部门，100%的外商直接投资是被允许的，赚取的利润可以自由汇回，无须任何股息平衡，只需单独的海关和进出口政策文件。

（二）波兰经济特区的战略政策

波兰的经济特区是该国领土的行政区域，它们的主要任务是促进经济低迷地区的经济发展。截至2020年末，波兰共有14个经济特区，每个经济特区都由位于不同地点的多个子区域组成，各子区域彼此不一定相邻。经济活动可以按照《经济特区法》和部长理事会规定的关于经济特区的优惠条件进行。设在经济特区内的企业可享受免税形式的公共援助。2018年6月，新条例——《支持新投资法》生效，主要用于奖励对区域经济的竞争力和创新产生影响的项目，包括知识转让、开展研发活动和集群开发，进而对波兰的经济发展产生影响。该条例完全背离领土限制，旨在以所得税豁免的形式提供支持，这实际上意味着将经济特区规则用于全国。

在波兰经济特区进行投资具有如下优势（Lichota，2016）。一是有可能获得由企业所得税（CIT）免税组成的免税额。2020年波兰的企业所得税率为19%，最高所得税免税额与个人投资者可获得的国家援助价值或在该区域进行的投资相关。其额度取决于投资地点、企业规模和投资支出金额。二是在波兰经济特区投资的公司可以获得包括所得税免税在内的公共帮助。获得公共帮助的企业，在运营年限、许可证方面具有较为严格的限制。

经济特区是刺激投资和劳动力市场发展的主要因素。在投资方面，2019 年，波兰经济特区累计投资额超过 300 亿欧元，比 2018 年增长 10.74%（Bondonio and Greenbaum，2007）。在劳动力市场方面，截至 2019 年底，在经济特区经营的投资者雇用了 38.8 万人，2018 年为 36.2 万人，2017 年为 36.7 万人，但与前几年相比，就业增长的动力明显下降（陈浪南等，2005）。然而，波兰经济特区的存在使整个区域竞争力得到提高。以波兰喀尔巴阡山省热舒夫市的"航空谷"为例，在那里形成了一个与航空工业有关的高科技集群。自 2018 年初以来，卡托维兹经济特区已实施多达 66 个新项目，并拨款 11.4 亿欧元用于各个部门（包括汽车、冶金、化工、塑料和食品加工）的新投资。

（三）日本与印度尼西亚经济特区的战略政策

2013 年，安倍政府以"日本回来了"为口号起草了经济特区的初步提案，同年 12 月通过了《国家战略特区法》。经济特区的大胆改革建议激发了日本各地区发挥新技术和新思想的"试验床"作用，这些新技术和新思想被认为远远领先于国家监管。2014 年 5 月，安倍政府宣布设立 6 个经济特区，将在东京和关西地区、冲绳县、新潟市、福冈市、雅布市批准 68 个项目。

东京拥有 27 个项目，在吸引那些在首都中心或海滨设立亚洲总部的公司方面具有独特优势。政府甚至允许当地医院雇用非日本医生。新潟市有 14 个项目，以农业为中心，其中包括允许公司控制农田的尝试，例如，允许超市就种植什么向农民提供建议。迄今为止，这一直是中央农业合作社联盟（JA-Zenchu）的特权，它是一个在日本主导农业实践的强大机构。该市也在寻找将分散的农田结合起来的方法，使种植和收获更加机械化。冲绳县希望利用其靠近韩国和中国的地方，吸引两国不断增长的中产阶级人口。拥有 6 个项目的福冈市计划放宽对非日本劳工的签证限制。这对日本来说可能至关重要，因为日本的劳动人口持续减少，年轻人不太可能克服他们对体力劳动的厌恶。与新潟市一样，雅布市的目标是振兴其农业。除了以公司为基础的举措外，雅布市还试图修复废弃的农田，使其恢复生产。此外，关西地区，包括大阪、京都和兵库县，已经建立了与制药和医疗器械行业的传统联系。

与日本经济特区类似，印度尼西亚的每个经济特区都是为特定部门开发的。印度尼西亚现已开发10余个经济特区，现有的经济特区主要聚焦于工业与旅游，典型特区如下：北苏门答腊省的塞芒吉（Sei Mangkei），用于原油（CPO）和橡胶工业、化肥工业、物流和旅游业；南苏门答腊省的丹戎阿比阿比（Tanjung Api-Api），用于原油、橡胶和石化工业；万丹省的丹戎勒松（Tanjung Lesung），用于旅游；马洛伊巴图塔（Maloy Batuta）在东加里曼丹省，用于原油、煤炭和矿产工业；北苏拉威西省的比通（Bitung），主要从事椰子和渔业处理、粮食工业、物流业和药业；帕卢（Palu）在中苏拉威西省，用于冶炼业、农业、工业和物流业；曼达利卡（Mandalika）在西努沙登加拉省，用于旅游业；马鲁古省的莫罗泰（Morotai），主要聚焦旅游业的发展，并形成了一定的商业与配套住宅。除此之外，印度尼西亚政府为经济特区的工业提供额外的财政和非财政设施。在一定标准下，25年以下的免税额为20%~100%。政府还为原材料的进口提供免费的增值税。此外，经济特区的外国投资者有资格拥有房产并获得居住许可证。

（四）韩国经济特区的战略政策

2002年12月30日，韩国通过《自由贸易区的指定和管理特别法》（2003年7月1日生效）。该法律促进了外商投资，提升了国家竞争力，平衡了区域增长。老城区的农业和渔业被尖端的工业园区、全球性的教育机构以及文化和休闲设施所取代，为城市真正实现全球化做好准备。近年来，韩国自由贸易区的业务持续发生变化，7个自由贸易区致力于改善外商投资企业的营商环境和员工的生活条件。作为国际商业中心，它们将促进全球资本和信息的大规模交换。

韩国自由贸易区主要有以下几个方面的激励措施。①税收减免。根据《自由贸易区的指定和管理特别法》和《特别税收限制法》，为自由贸易区内外国居民企业和开发商提供关税、购置税和财产税减免。②财政支持。依据《自由贸易区的指定和管理特别法》和《外国投资促进法》，在当地法令的政策指导下，用现金补助土地和建筑物购置成本，提供建筑成本和就业补助的财政支持。③放宽限制。通过放宽法规来支持外商投资企业的活动。例如，允许无薪休假；增加工作类型，改善派遣工人的工作条件等。④政务支持。提供"一站式"服务，以及为每个自由贸易区都指定业务咨询和法律、会计、税收管理等方面行政支持的项目经理，以简化业务的行政程序，辅助投资商实现快速有效的决策。⑤其他方面。优化国际教育环境、提供更高级的医疗服务、推进文化基础设施建设等。

在相关战略政策的推动下，近年来，韩国自由贸易区的公司数量和销售、就业等业务绩效指标呈上升趋势（见表2-3）。然而，韩国的自由贸易区目前仅实施对外国投资企业提供投资激励的措施，将重点放在自由贸易区的发展和吸引外国投资上。与外商投资企业和外包企业不同，自由贸易区中的国内企业不会获得任何投资激励。政府放宽了对自由贸易区的监管以促进其发展，但并未实施监管改革以振兴新兴产业。因此，当前的自由贸易区体系无法正确反映全球商业环境的变化，带头发展新兴产业。政府需要为自由贸易区创造新的增长引擎，并支持自由贸易区的发展。其中，致力于鼓励外商投资的韩国贸易、工业和能源部（MOTIE）基于以上问题的考量，制定并推行"自由经济区2.0：2030年愿景和战略"，为自由贸易区设定了新的方向，提供对国内企业的投资激励措施，并为促进新兴产业的监管创新奠定基础。

表 2-3 2016 年和 2018 年韩国自贸区企业的部分统计数据

统计指标	2016 年	2018 年	年均增长率
常驻企业数（家）	4656	5761	11.2%
居民企业的销售额（万亿韩元）	71.1	102.6	20.1%
投资额（万亿韩元）	4.2	5.0	9.1%
职位数量（万个）	13.2	16.7	12.5%

资料来源：Korean Free Economic Zones，http://fez.go.kr/global/en/index.do。

韩国自贸区的进一步战略是根据建立"引领创新增长的全球新产业基地"这一愿景着手实施新计划。未来主要策略如下：一是夯实自由贸易区全球新兴产业发展的基础，根据每个自由贸易区的特点和条件选择关键战略产业；二是对自由贸易区内的高新技术产业和重点战略产业加大在自主创新方面的基金扶持力度；三是为监管创新奠定基础，以促进对新兴产业的投资；四是加强创新基础设施建立以支持创新增长；五是加强治理以创新自由贸易区。

（五）俄罗斯经济特区的战略政策

俄罗斯借鉴中国经济特区，尤其是深圳经济特区的发展经验，提出在俄罗斯联邦领土范围内建立提供有力度的税收减免和"一站式"服务的经济特区发展新机制（见表 2-4），把基础设施建设作为先决条件，直接对接入驻企业，节省入驻企业在正式经营前期的准备费用，简化手续流程。具有吸引力的一点是俄罗斯联邦政府预算中承担了经济特区企业运营过程中利用基础设施，例如办公楼、水电气、交通等产生的管理费用。此外，俄罗斯各个经济特区把发展重心放在了特定行业与领域，例如高科技行业、旅游业以及港口建设领域等。

表 2-4 俄罗斯经济特区内外企业享受的主要税收优惠对比

税收项目	经济特区内的企业	俄境内其他企业
所得税	0%~13.5%	20%
财产税	0%（10 年）	2.2%
土地税	0%（5 年）	1.5%
交通税	0%（10 年）	1 马力：10~150 卢布
保险税	14%（科技研发特区的投资方，北高加索旅行休闲集群的投资方，工业生产特区的科技研发企业）	34%
外国商品进口	免缴海关税和增值税	缴纳海关税和增值税
俄国商品出口	免缴海关税和返还增值税	缴纳海关税和增值税
"一站式"服务	提供海关、税务、移民注册等相关服务	—

资料来源：《俄罗斯联邦经济特区简介》，俄罗斯联邦驻中华人民共和国商务代表处网站，http://www.russchinatrade.ru/assets/files/cn-invest-in-russia/2013_SEZ_text.pdf。

在俄罗斯经济特区战略与政策的支持下，2020 年，全俄的 38 个经济特区共入驻企业 875 家，创造就业岗位 4.4 万个，累计投资约 75.1 亿美元。[①] 在俄境内的经济特区以功能划分主要有四种类型：一是工业生产型经济特区，主要聚集在俄罗斯境内的经济发展水平相对较高的地区，代表有与中日韩东北亚国家进行贸易往来和合作交流的符拉迪沃斯托克经济特区，以及从事家电生产制造的利佩茨克经济特区；二是科技研发型经济特区，主要设立在莫斯科和圣彼得堡这些拥有大学、科研院所、创新企业的智力资源集聚区；三是旅游休闲型经济特区，其中规划中的贝加尔湖畔经济特区，已吸引一批中国投资商开发建设旅游项目，此外还有阿尔泰边疆区经济特区，主要开展自然观光、疗养服务、户外探险等旅游业务；四是港口型经济特区，主要有服务于航运物流业的苏维埃港口经济特区，以及围绕机场空港与边境海湾建设的经济特区。

[①] 《俄经济发展部公布 2020 年俄经济特区报告》，商务部网站，http://ru.mofcom.gov.cn/article/jmxw/202107/20210703176522.shtml。

（六）与我国经济特区的战略政策比较

1980 年，我国的经济特区伴随着《广东省经济特区条例》的批准通过正式成立（钟坚，2010）。条例中伴随的还有特区企业所得税税率为 15% 等针对特区企业和客商的数条税收优惠政策。与国外经济特区相关政策法规出台的背景不同，我国经济特区政策的制定与实施已具备一定基础。我国在实行改革开放两年多时间里出台的各项吸引外商直接投资和促进经济发展的政策，为经济特区的成立以及后续"两免三减半"等各类减、免征和退税优惠政策在经济特区形成税收政策"洼地"，吸引外资快速进入特区推动产业发展打下了基础。

从我国经济特区当时的激励手段来看，在进出口税收减免上与国外经济特区类似，在货物进口方面，对规定的进口机器设备以及生产原料免征关税；在货物出口方面，对特区产品免征出口税。我国经济特区企业所得税按 15% 计征，虽然比非特区合营企业低一半，但与国外经济特区实行分时间段减免的企业所得税激励手段相比不占优势，特区内企业在前几年将承担更大的风险。在土地优惠政策方面，特区政府有关部门负责土地征用并实现"三通一平"，在土地出让金上予以投资商返还或减免政策，土地出让所得也将纳入特区财政预算再应用于特区建设中。

从我国经济特区内各主体享受优惠政策的前提条件来看：首先，在企业类型上，优惠政策更倾向于投资额较高与技术性较强的企业；其次，在鼓励客商重复投资方面，实施再投资退税优惠政策，例如可以申请再投资部分的所得税减免，但需要保证一定的再投资年限，通常最低门槛为 5 年；最后，在外汇管理方面，特区内外商、外籍或华侨职工以及港澳职工的正当收入所得纳税后的利润或工资正常汇出，但需要满足特区外汇管理办法的有关规定。对比国外经济特区，我国经济特区内各主体享受优惠政策的前提条件较为宽松，具有可行性。在这些政策法规支持下，经济特区开始进入增长期,"三来一补"经营方式快速展开,外商独资、中外合资企业纷纷入驻。

当前,我国由于各经济特区的实际发展情况具有很大的异质性,虽然没有像国外典型经济特区那样出台统一的《经济特区法》,但可由人大授权经济特区所在地的市级政府,结合自身实际情况与发展需求制定法规,具有很大的变通性与自主权。以深圳经济特区为例,近年来接连发布涉及科技创新、优化营商环境、绿色金融、城市更新等的政策条例。深圳经济特区政策体系不断完善,从"市场经济的先行示范区"向"中国特色社会主义先行示范区"不断迈进。

三 中外经济特区发展的潜在问题比较

(一)资源环境的制约

随着科学技术的迅猛发展和经济规模的不断扩大,资源消耗激增以及水污染、空气污染情况持续恶化等资源环境问题日益突出。人们越来越意识到,促进经济特区发展不能以国家农业损失为代价,也不应对环境产生不利影响。首先,以印度经济特区为例,其基于西方模式或中国经济特区经验,凭借熟练劳动力和相对较低的劳动力成本、庞大的以英语为口语的人口规模、发达的制药制造业与较强的研发能力等在全球市场获得优势,但也面临基础设施条件较差、机构支持不足、政治变革等诸多问题。其中,需要值得重视的是,印度经济特区当前面临的资源环境制约问题尤为明显。由于经济特区提供广泛的激励措施和税收优惠,许多现有的印度国内公司可能只是将基地转移到经济特区。人们担心,经济特区的推广可能以影响粮食安全、财政收入损失和增长不平衡为代价。除此之外,由于经济特区改水以及未经处理的污水的排放,水安全也会受到影响。例如,古吉拉特邦的红树林遭到严重破坏,影响渔业和奶制品部门。

（二）劳工权益保护的制约

在波兰，通过经济特区创建的工作场所多年来一直没有良好的声誉。在许多情况下，它们是由非欧洲公司创建的，这些公司不用遵守劳动法，而且根据工会的说法，这些公司致力于"剥削工人"（Maciejewska，2012）。但当局仍很少关注就业的稳定性，因为提供税收优惠才能保证外国投资者留在特区内。当涉及企业家进入该经济特区时，国家援助机制承担税收减免，但只有在投资完成之后，并且往往需要几年时间才返还税收减免部分。它使经济实力较强的企业处于更高的地位，因为它们能够履行在一定时期内保持就业水平的义务。对于规模较小的企业来说，由于其经营规模较小，在经济特区的业务可能难以展开。从宏观经济角度看，经济特区的活动并没有缩小国家区域发展的差距，因为具有普遍吸引力的地区也将吸引更多的外国投资。

（三）缺乏统筹管理的制约

俄罗斯经济特区发展缓慢的一个很重要的原因是缺乏统筹管理。一是经济特区规划数量过多。全面运营的仅有加里宁格勒经济特区和马加丹经济特区两个特区。2005~2016年数量逐渐增加，顶峰时期有33个，有限的资源在各个经济特区间对接协调，并且国内有限的资金无法完全支撑所有经济特区的前期发展。二是经济特区的私人投资不足。主要原因是政府在战略定位上试图吸引海外侨胞的直接投资，但没有考虑整体上海外侨胞经济能力不足。在所有的经济特区中，只有少数几个区域的私人投资数额超过公共投资建设成本。三是经济特区内存在严重的腐败和避税问题。俄罗斯社会存在权利与资源挂钩的现象，必然滋生腐败，阻碍市场潜力的释放。另外，还存在金融系统不透明问题，例如其不公开法人信息。

（四）难以放松管制的制约

在日本，2003 年，小泉政府提出推进结构改革的构想，开始系统地使用特区的概念，关于特区的提案不断得到批复。"国际战略综合特区"是安倍经济战略的重要一环，安倍政府一揽子计划包括建立 6 个国家战略特区。其中，集聚跨国公司、打造"亚洲总部特区"成为东京特区的未来发展目标。虽然日本有些特区的表现比其他特区好，但即使是成功的特区对日本经济的影响也非常有限，而且绝大多数特区没有产生应有的影响，因为利用特区的条件很难实现以及当局监管避重就轻。例如，在案例 1 中，在面对新技术提供的潜在商业机会与微乎其微的政治安全选择时，日本当局显然选择了后者。

案例 1：日本经济特区无人机低成本解决方案

日本无人机提供了可实现的经济利益，可以帮助开发人口稀少和老化的村庄，以及与大陆交通联系有限的近海岛屿。如果让外界知道当地居民同时拥有互联网和与外界的具体联系，那么精明的都市人有可能更愿意加入他们三四十年前离开的村庄，或者改变生活方式，搬到农村去。此外，无人机可以被用来将新鲜农产品从交通瓶颈地区运向城市地区的商店和餐馆。无人机也有可能被用来帮助提供公共服务，例如将官方文件和图书馆书籍从官方机构运送到偏僻的村庄。

技术显然是帮助经济特区实现转型的一种方式。成田市提议利用成田国际机场的夜间禁飞时间进行无人机的实地测试。但仅仅五天后，一架无人驾驶飞机降落在首相官邸的屋顶上。一夜之间，一个关键的技术机会被视为一种威胁。因此，日本对无人机问题采取了低成本解决方案，将无人机和无线电遥控直升机等技术的使用强行纳入严格的监管范围。

为什么即使在特区，日本政府也未能大幅放松监管？很大原因是既得利益者的反对使得监管难以大幅放松。例如，案例2中如果允许外国医生进入经济特区，本地医生中的大多数将缺乏竞争力。此外，政府的冷淡态度也是特区没有像广告宣传的那样运作的原因。例如，东京特区公司的特殊税收待遇没有任何公司适用，主要是因为这些条件的设定恰恰是为了限制可以适用的公司。同样，政府也愿意增加目前提议的特区内外国医生的配额，可能是因为政府知道这种变化不会使在日本执业的外国医生人数增加。就像过去名义上允许一家公司经营诊所的情况一样，但实际上对它附加严格的条件。

案例2：日本经济特区增加外国医生的配额措施

目前提出的增加外国医生配额的措施不太可能增加在东京的外国医生人数，即使有规定，美国、英国、法国和新加坡的医生，如果通过医学英语水平考试，也可向外国病人提供医疗服务。英国的医生配额为7人，法国为1人，新加坡为9人，美国没有配额。但截至2013年5月，只有7名医生和牙医使用过该系统。配额不是限制因素，在日本的外国医生人数很少，不是因为配额，而是因为其他原因。例如，他们必须在日本参加考试，且希望接受这些外国医生治疗的患者不被允许使用日本医疗保险。就目前情况而言，即使政府增加了外国医生的配额，如果其他条件不变，外国医生的数量也不太可能会增加。

（五）政局不稳定的制约

由于中国在成立深圳等经济特区以开放中国经济方面取得了成功，所以朝鲜一直渴望学习和遵循中国的经济特区模式（李猛，2014）。1984年，朝鲜颁布了《合营法》，以吸引外资，但未能成功（李海燕、蔡永浩，2015）。

1991年12月，朝鲜将罗先设立为首个经济特区。尽管朝鲜当局允许在罗先地区建立一部分市场经济体制，但罗先经济特区未能吸引外国投资者。2002年9月，朝鲜根据有关经济特区法案设立了新义州经济特区，但其发起人杨斌因大量逃税被中国逮捕，新义州经济特区陷入僵局。

随后，韩国公司建造的金刚山旅游区和盖松工业区建成，这两个经济特区通过吸引来自韩国的投资者和游客的稳定硬通货现金流，为朝鲜经济做出了贡献。但2008年7月一名韩国游客被一名朝鲜士兵开枪打死后，金刚山旅游区突然关闭，但盖松工业区在一些地缘政治问题上幸存了下来。截至2012年9月，共有121家韩国公司投入运营，雇用了5.3万多名朝鲜劳工。2012年初，位于新义州附近的鸭绿江区被指定为专门面向中国投资者的新经济特区。

2013年3月，朝鲜开始推动设立基于旅游的专业化经济特区。随后，又发挥部分行政区的地域与产业优势相继设立多个经济开发区，致力于外商投资领域，但缺乏持续发展的动力。朝鲜经济特区长期进展不顺的主要原因是，政策规划水平的落后和执意坚持核导战略导致外部发展环境紧缩（权哲男，2018）。2017年12月，朝鲜决定在平壤市江南郡古邑里部分地区设立江南经济开发区。

尽管朝鲜经济特区的特点是在外部资本和资源的帮助下建立社会间接资本，但与中国的先例相比，朝鲜经济特区能否在一定程度上吸收外部投资还有待观察。朝鲜经济特区能否成功，取决于该行政机构能否在自我监管的基础上运作，以满足朝鲜当局所需的投资效率与韩国投资者的高度预期收入。经济特区的基础设施必须井然有序，包括具有公平性和透明度的相关法律法规，确保外国投资者的安全投资和运营。朝鲜经济特区能够运行的一个重要因素是平壤市对朝鲜半岛无核化的承诺。就金正恩坚持自己的核计划而言，围绕朝鲜的国际环境恶化，导致朝鲜经济特区招商引资困难（权哲男、李宜珍，2015）。

（六）与我国经济特区发展的潜在问题比较

我国的经济特区是面向瞬息万变世界的窗口，也是国外资本与技术以及当地劳动力和资源相结合的试验场。结合我国经济特区发展现实，不难发现我国也存在上述国外典型经济特区发展问题，如面临资源环境、劳工权益保护、缺乏统筹管理的制约。我国经济特区发展在很大程度上依靠国家政策，示范作用难以发挥。近年来，我国经济特区间的不平衡发展问题也日益突出。如表2-5所示，2020年深圳经济特区的GDP约为厦门经济特区的4.3倍，财政收入更是远超其他经济特区。政策红利背后，展现出深圳经济特区的强劲发展动力。但经济增长仍需要较大的要素投入来拉动，经济特区亟须提高产业生产的附加值（Akinci and Crittle，2008）。我国各个经济特区应互学互鉴成功的建设经验，联合营造一流的营商环境。

表2-5 2020年中国经济特区比较

指标	深圳	珠海	汕头	厦门	海南
设立时间	1980年	1980年	1980年	1980年	1988年
面积（平方公里）	1997.47	1736.46	2199.15	1700.61	35191.00
常住人口（万人）	1763.38	244.96	550.37	518.00	1012.34
GDP（亿元）	27670.24	3481.94	2730.58	6384.02	5532.39
人均GDP（元）	159369	145645	49661	123962	55131
社会消费品零售总额（亿元）	8664.83	921.26	1417.06	2293.87	1974.63
实际利用外资（亿美元）	86.83	25.56	0.31	24.07	30.33
财政收入（亿元）	3857.46	379.13	143.47	1351.32	816.06

续表

指标	深圳	珠海	汕头	厦门	海南
进出口总额（亿美元）	4408.07	394.62	98.08	1002.63	935.14
三次产业比重	0.1:37.8:62.1	1.7:43.4:54.9	4.5:47.7:47.8	0.4:39.5:60.1	20.5:19.1:60.4

注：由于厦门市自2018年后的对外经济数据统计变更为人民币口径，表内厦门市相关数据为使用其2020年人民币口径原始数据与中国外汇交易中心公布的2020年美元兑人民币年平均汇率6.8976计算得来。

资料来源：相关地区2021年统计年鉴。

四 中外经济特区的未来发展方向

精准把握经济特区的未来发展方向，首先需要正视经济特区在实践过程中面临的障碍。总结来看，长期以来经济特区实践道路上的常见障碍有：①特区位置差，涉及巨额资本支出；②主要依靠税收、劳工政策以及业绩预期差，缺乏竞争力；③区域规划差，设施设备维护不当；④程序不完善；⑤地区管理差和冗长；⑥各部门之间缺乏协调。另外，相关学者也指出了经济特区面临的具体问题。例如，Liuhto（2005）总结出加里宁格勒经济特区面临的阻碍是，没有对经济特区进行立法、行政障碍和投资环境恶劣。Sosnovskikh（2017）对俄罗斯经济特区和工业园区的开发过程进行了调查，发现潜在的问题是，大多数地方政府仍然难以吸引投资者和有效地发展其经济特区。管理公司和地方政府官员都试图拒绝与经济特区和该地区现有公司在同一行业经营的投资者，这意味着国家会对业务流程进行干预，进而会阻碍健康的竞争和协作。这种做法不会产生创新，意味着经济特区无法实现其预期目标。健康的竞争和协作才是成功建立产业集群模式的关键。Ng（2011）对深圳经济特区总体规划进行研究，认为：因为深圳与香港两地之间存在体制、政治和文化的差异，所以促进两地"人、资、商贸、信息、服务的无障碍交流"具有难度。此外，在数以百万计的"流动人口"居住的"城中村"的非法建筑中居住密度增加，可能是威胁深圳和谐社会发展的潜在"炸弹"。没有真正的区域合作和空间结构调整，经济结构的升级就会变得困难。

未来，经济特区的进一步发展需要采用更灵活的方法。从解决现实发展难题来看，需要从传统的依赖观念转变为财政激励和工资限制。另外要专注于创造更有效的商业环境，以提升企业层面的竞争力、促进地方经济一体化、增强创新以及社会和环境的可持续性。具体来看，经济特区的未来发展方向应关注以下几个方面。一是增强法律约束。可借鉴印度经济特区经验，为了给经济特区这项政策提供重要推动力量，印度政府颁布的《经济特区法》已于2006年2月正式生效。它提供了一个全面的经济特区政策框架，以满足经济特区内主要利益攸关方的要求（Chaudhuri and Yabuuchi，2010）。此外，它声称提供迅速且单一的窗口清关机制，促进和确保经济特区有序发展，以及提供明确的财政激励一揽子计划。二是多样化发展。每个地区都在某些类型的工业上具有某种竞争优势（Piersiala，2018），成功的经济特区不应该专门从事一个或两个部门，而是从事多个行业（Böhmer and Farid，2009）。三是增强溢出效应。在本国不同地区设立新的经济特区，以刺激投资，缩小区域经济差距（Crane，et al.，2018）；尝试在别国的欠发达地区建立更多的经济特区，以进一步刺激本国经济（Bräutigam and Tang，2014）。四是坚持创新驱动。从长远来看，实现经济特区效益提升的关键在于塑造现有机构，使企业向技术升级方向发展（Aggarwal，2006）。五是关注环境可持续性。基于环境可持续性的经济增长主要涵盖企业孵化器、科技园、高技能劳动力设施和先进绿色生产的生态工业园等（Kechichian，2016）。

第三章
中外经济特区的演进与路径选择

中国特色经济特区作为中国改革的"试验田"和对外开放的"窗口",以实行特定经济政策和经济体制来达到建设经济增长极的目的,并通过组织间的博弈解决制度演进中的兼容性问题,从整体的非均衡到均衡发展中克服路径依赖,形成不断演化发展的政策制度优势。本章从制度演进视角和动态研究视角,梳理世界经济特区的历史演进,发现:中国特色经济特区遵循世界经济特区发展的一般规律,但在发展背景、建设基础、历史使命等方面具有特殊性。同时结合中国特色经济特区的演进机理与潜在发展问题,从充分发挥改革开放的竞争优势、探索高质量发展的实践模式、持续放大溢出与示范效应、推进营商环境建设制度化方面提出中国特色经济特区发展的路径选择,以此丰富世界开放型经济构建中的中国样本。

第一节 中外经济特区的历史演进

根据中外经济特区发展经验来看,基于主导对象不同可将经济特区划分为以下几种类型：一是自由贸易制度引领的经济特区，被称为商贸型经济特区，以新加坡自由港、巴拿马科隆自由贸易区为典型；二是以面向出口的加工制造业为主体，并辅之以贸易和转口贸易功能的出口加工区，例如中国台湾设立的高雄出口加工区；三是试图提高产品国际竞争力，以科学技术引领的科学工业园区、高新技术开发区等，例如全球知名的科技园区——法国索菲亚·安蒂波里斯技术城，以及集产学研为一体的日本筑波科学城；四是以综合发展为定位的综合型经济特区，例如中国深圳经济特区、巴西玛瑙斯经济特区（Akinci and Crittle，2008）。

一 中外经济特区的演进阶段

世界经济特区在其历史演进中呈现出明显的阶段性特征，在不同的演进阶段，具有其特殊的内涵。世界经济特区演进的初始阶段为 13 世纪至 20 世纪 40 年代，以自由港和早期自由贸易区为主，表现为主权国家自由贸易制度引领下的一种贸易促进政策工具，其雏形是在地中海沿岸出现的一种可自由通行和豁免关税的自由港口（Free Harbors）。例如 1228 年在法国南部建立的马赛自由贸易港口和 1547 年被正式命名为自由港的意大利热那亚湾的雷格亨自由港等（陈乔之，1994）。18~19 世纪，在直布罗陀、新加坡、中国香港、亚丁、吉布提等全球重要节点开辟自由港被包含在英法殖民扩张行为中，这一行为也助推了经济全球化起步（Easterling，2012）。随后，以自由港为基础，纽约自由贸易区和科隆自由贸易区等早期自由贸易区开始建立发展。

资本输出成为常态带动了经济特区新形式的产生和产业结构的调整，20 世纪 50 年代至 70 年代出口加工区逐步兴起，且大多是以出口加工为主的具有特殊税收优惠的制造业园区。美国于 1950 年修订《对外贸易区法》，允许在自由贸易区内进行制造活动，这也使其被认为是出口加工区模式的先行者。此外，欧洲的香农出口加工区和亚洲的高雄与马山出口加工区的成功案例证明，出口加工区是促进地区经济发展的可行政策工具。随后，东南亚国家设立的出口加工区也验证了出口可以增加外汇，更重要的是廉价劳动力过剩的国家或地区可以利用出口加工区来增加就业和吸引外商直接投资。但随着出口加工区逐步兴起，其弊端也逐渐凸显。例如在菲律宾，出口加工区内基础设施成本过高且已大于其收益。此外，剥削女工和侵犯劳工权利的事实也使印度的经济特区饱受争议（Chhachhi，1999）。

20世纪80年代至90年代，随着新科技革命步入发展阶段，世界经济特区由来料出口加工模式向科技工业模式转型，试图通过科技和制造相结合的方式达到"升级"效果。科技型经济特区成为出口加工区的2.0版本。

21世纪以来，世界经济特区在全球经济和国际政治形势发生重大变化的背景下焕发出强大活力，外商直接投资、土地、劳动力甚至价格政策在经济特区内扩展，经济特区开始步入贸易、金融、技术、管理和沟通交互的综合发展阶段（Farole and Akinci，2011）。巴西玛瑙斯综合型经济特区的发展最开始得益于以电子产品的低成本吸引劳动力进入该区，随后发展成为以工业为中心，由商业、工业和农业三个经济中心组成的综合型经济特区，区内实行税收减免，并为特定领域的投资项目提供经济优惠政策（Guilherme，2016）。而俄罗斯的综合型经济特区很多未能启动，主要原因是在经济特区集群化发展过程中，俄罗斯没有将经济特区与区域发展计划相结合，经济特区的发展没有建立在资源共享和整合的基础上（Sosnovskikh，2017）。

纵观世界经济特区的历史演进可以发现，世界经济特区的发展可以被描述为一种渐进的演变。建立经济特区已成为众多国家经济发展的关键战略，其结果是，一些国家获得了好处，一些国家遇到了经济特区建立带来的问题，如面临建设资本支出高但业绩预期差、劳工权益保护限制以及缺乏统筹管理等常见障碍。

（一）13世纪至20世纪40年代：自由港、自由贸易区初步形成

世界经济特区在演进早期，主要表现为主权国家自由贸易制度引领下的一种贸易促进政策工具，其雏形是在地中海沿岸出现的一种可自由通行和豁免关税的自由港口，例如1228年法国南部建立的马赛自由贸易港口。波罗的海城镇建立的"自由城市"商业网络形成了真正的13世纪的自由贸易制度，最具代表性的是以汉堡、不来梅、吕贝克为核心的汉萨联盟。然而，世界上第一个经济特区是意大利热那亚湾的雷格亨自由港，它于1547年被正式命名为自由港（Akinci and Crittle，2008）。

随着自由资本主义的发展，法国国内"自由放任"的思想盛行。1669年，主张"自由放任"的法国财政大臣柯尔贝尔在马赛建立了一个自由港，为亚美尼亚裔商人在法国提供贸易特权。18~19世纪英法的殖民扩张行为中，包含在全球重要节点开辟自由港，例如直布罗陀（1704年）、新加坡（1819年）、中国香港（1841年）、吉布提（1859年）和亚丁（1853年），这一行为也助推了经济全球化起步（Easterling，2012）。1860年，法国上萨瓦（Haute-Savoie）承诺与瑞士共建自由贸易区，此时正处于自由资本主义鼎盛时期，也是世界商品市场的形成时期。随着资本主义从自由竞争过渡到垄断，资本输出成为一种普遍现象，形成了完整意义上的世界商品市场和资本市场，也带动了经济特区新形式产生和产业结构调整。1934年，为促进美国本土对外贸易的《对外贸易区法》由国会审议通过，提出创建自贸区，旨在以免税、延期关税、减征关税、减免商品加工费、物流流程化等政策手段，更好地满足美国公司在全球经济中的需求，提高美国自贸区的竞争力，以及创造或保留就业和鼓励投资。1936年1月，美国在纽约地区设立国内第一个自贸区。"二战"期间，该自贸区承担了提供给日内瓦的国际红十字会有关食品、香烟和其他用品的标记、重新包装和运输等任务。

从 13 世纪开始，早期的经济特区多为具有优越的地理位置和港口条件的主权国家实行自由贸易制度的场所，主要形式是具有栅栏的、可供外国商品自由进出的码头；随后经历殖民扩张和世界市场形成阶段，自由港和自由贸易区主要从事转口贸易和转运业务。"二战"结束后的几年，众多国家开始进行战后的经济恢复。1947 年关贸总协定的建立，为自由港、自由贸易区的重建和新建创造了一个自由贸易的环境。1948 年巴拿马科隆自贸区设立，但仍主要发挥商品集散功能。

（二）20 世纪 50 年代至 70 年代：出口加工区逐步兴起

美国于 1950 年总结 10 多年来的自由贸易区发展的实践经验，进一步修订了《对外贸易区法》，允许在自由贸易区内进行制造活动，这也使其被认为是出口加工区模式的先行者。1952 年，为了提供更加便利的商业环境，美国理事会颁布条例，授权在与现有自由贸易区分开的区域设立用于储存、操纵、制造或展示货物的一个或多个"专门用途区"或"子区"。这种"通用区（主区）+ 专门用途区（子区）"的空间结构，吸引了大批制造业项目，也提升了美国制造业的承载能力；与此同时，美国实行"内需与外需并重"的功能创新政策，进一步丰富了本土产业的门类，提高了本土制造业的竞争力。

在欧洲，早期香农机场基于为跨大西洋航班提供中转加油服务得以发展。但随着航空技术的进步，香农的区位优势开始丧失。为了进一步提高香农机场的航空货运竞争力，1959 年香农机场董事提议经政府批准，在香农建立与空港配套的以出口加工为主的具有特殊税收优惠的制造业园区。

在亚洲，高雄出口加工区、马山出口加工区的成功案例也间接证明，出口加工区是促进发展中国家或地区经济发展的可行政策工具。20 世纪 60 年代，韩国、中国台湾开始发展出口加工模式，初期目的是利用区内特殊的税收、行政手续、工厂用地购置等方面的优惠待遇吸引新加坡和日本的企业前来设立工厂。在中国台湾，由于工业化滞后，1966 年在高雄正式成立的出口加工区主要是进行轻工业产品的生产加工。1970 年，韩国马山出口加工区的建区宗旨是，利用优惠政策吸引外商直接投资，并建立出口商品基地，这使区域经济快速增长，劳动生产率有了很大提高。随后东南亚国家设立的出口加工区也验证了出口可以增加外汇，更重要的是廉价劳动力过剩的国家或地区可以利用出口加工区来增加就业和吸引外商直接投资。但随着出口加工区逐步兴起，其弊端也逐渐凸显。例如在菲律宾，出口加工区内基础设施成本过高且已大于其收益，更重要的一点是，区内劳工权利得不到保障；在孟加拉国，为了建设出口加工区，工人遭遇不安全的工作条件，政府禁止工会的政策在建筑物倒塌造成 1100 多名工人死亡后才有所软化。此外，剥削女工和侵犯劳工权利的事实也使印度的经济特区饱受争议（Chhachhi，1999）。

（三）20 世纪 80 年代至 90 年代：科技型经济特区迅速崛起

20 世纪 80 年代新科技革命步入发展阶段，世界经济特区由来料出口加工模式向科技工业模式转型，试图通过科技和制造相结合的方式达到"升级"效果。科技型经济特区成为出口加工区的 2.0 版本。1980 年，中国首批经济特区（深圳、厦门、汕头、珠海）成立，这些区域作为社会主义市场经济改革的试验区，发挥了经济"催化剂"的作用，通过众多利好政策吸引外商投资，促进城市或地区的整体经济增长。为了更好地引进先进技术和利用外资，中国首批 14 个经济技术开发区于 1984 年批准成立，这些经济技术开发区都位于中国的沿海城市，为探索中国工业现代化服务。

20 世纪 80 年代末，美国得克萨斯州奥斯汀的相关人员意识到应发展以技术为导向的经济，吸引大型科技公司入驻才能摆脱地区经济低迷状态。1989 年，奥斯汀技术孵化器成立，致力于链接资本，并支持高增长技术企业进入该地区。1991年，印度软件技术园成立，其是印度电子和信息技术部下属的一个政府部门，主要是为促进软件出口和中小企业以及初创企业提供法定服务、孵化设施、数据通信服务。

（四）21世纪初至今：经济特区综合发展

20世纪90年代，经历了冷战结束、1993年欧共体更名为欧盟以及世贸组织（WTO）正式取代关贸总协定（GATT）等历史节点后，各国开始发展本国优势，推进国家经济体制改革，积极融入世界经济体系，使得各国的相互依存度大幅提升，经济全球化快速发展演化。21世纪以来，世界经济特区在全球经济和国际政治形势发生重大变化的背景下焕发出强大活力，外商直接投资、土地、劳动力甚至价格政策在经济特区内扩展，经济特区开始步入贸易、金融、管理和沟通交互的综合发展阶段（Farole and Akinci，2011）。中国经济特区在推动工业化和促进经济结构转型上的成功，使东南亚和非洲国家加快了经济特区立法和建设的步伐：加蓬（2001年）、贝宁（2005年）、柬埔寨（2005年）、莫桑比克（2007年）、安哥拉（2009年）、塞拉利昂（2010年）、老挝（2010年）、缅甸（2011年）、几内亚（2017年）、斯威士兰（2018年）（UNCTAD，2019）。

作为经济特区开放发展典型类型的自由贸易区和自由港，也在发达国家中不断创新与演进。近年来，欧美国家经济特区的建设旨在建成更大范围的自由贸易区。2018年，美国与欧盟发布了关于建设零关税自由贸易区的联合声明。同年，日本与欧盟签署的经济伙伴关系协定中提出，打造最大限度取消关税的自由贸易区。此外，英国政府在2019~2021年设立多个自由港，以保护其退出欧盟后的贸易联系。作为欧洲先驱港口的鹿特丹和安特卫普，以及亚洲的新加坡，也正以不同的方式积极建设"绿色港口"（Lam and Notteboom，2004）。2021年7月，俄罗斯政府计划在南千岛群岛设立自由贸易区，这也使自由贸易区计划在维护国家领土安全上发挥作用。

二 与中国特色经济特区建立与发展的比较

中国特色经济特区与世界经济特区具有紧密的联系。在发展初期，中国特色经济特区继承了出口加工区的一些基本特征，即致力于打造从事商品制造、加工、装备和出口的基地，并且基本目标与一般发展中国家经济特区类似，即提供必备的建设条件，采用更加开放的政策，以实现吸引外资、增加就业、拓展对外贸易等目标。中国特色经济特区是世界经济特区的重要组成部分，中国特色经济特区在推动工业化和促进经济结构转型上的成功，也使东南亚和非洲国家加快了经济特区立法和建设的步伐（UNCTAD，2019）。

世界经济特区与中国特色经济特区具有如下区别。①发展背景不同。中国特色经济特区兴办于20世纪70年代末至80年代初，与早期发挥商品集散功能的自由港相差几个世纪，且与早期出口加工区相比也延迟了20多年，在其发展初期面临更加激烈的竞争环境。而且当时世界经济受到两次石油危机的影响，投资环境与贸易条件不利于发展中国家。②建设基础不同。与大多数发展中国家建立经济特区时处于工业化起步阶段相比，中国特色经济特区建设是基于相对完整的产业结构和工业体系，并且依托国家相关技术引进与技术转移政策，经济特区的发展与首批14个经济技术开发区齐头并进，为探索中国工业现代化服务。③历史使命不同。中国特色经济特区的发展演进强调与中国特色社会主义道路相结合，承担着政策创新和试验的责任（Simon et al.，2016），肩负着探索社会主义市场经济、推进改革开放和社会主义现代化的历史使命。

中国经济特区继承了出口加工区的一些基本特征，随着时代的发展，中国关于经济特区的发展演进有了新思考，更加强调将经济特区与中国特色社会主义道路相结合，承担着政策创新和试验的责任（Simon et al.，2016）。2018年4月以来，海南出台了多项关于推进自身自由贸易试验区和中国特色自由贸易港建设的举措，在引资引智、项目推进、园区建设、国际合作方面推进海南经济特区的高质量发展（刘伟丽、方晓萌，2020）。此外，深圳经济特区自改革开放以来，在"试验田"的功能定位基础上探索"示范区"的综合改革，不仅为经济发展提供建设经验，而且在"五位一体"和"四个全面"上协同发展并发挥效能。

第二节 中外经济特区的一般发展趋势

事实上，世界经济特区的形态日益复杂，其发展路径会随着国家或区域经济发展过程动态调整。但从世界经济特区的历史演进中不难发现，世界经济特区的发展在数量、空间和模式选择上呈现出一般规律，这也为中国特色经济特区的发展提供基本方向与建设经验。

一 经济特区数量持续增加

如图3-1所示，1997~2002年全球经济特区数量增幅明显，由1997年的845个增加到2002年的3000个。步入21世纪后，在2002~2016年十余年间，全球经济特区数量与外商直接投资流入额整体保持上升趋势。截至2018年末，在全球147个国家及地区内已有5400个经济特区。近年来，全球外商直接投资流入额呈现下降趋势，但各国仍积极通过建设经济特区来试图吸引外资。

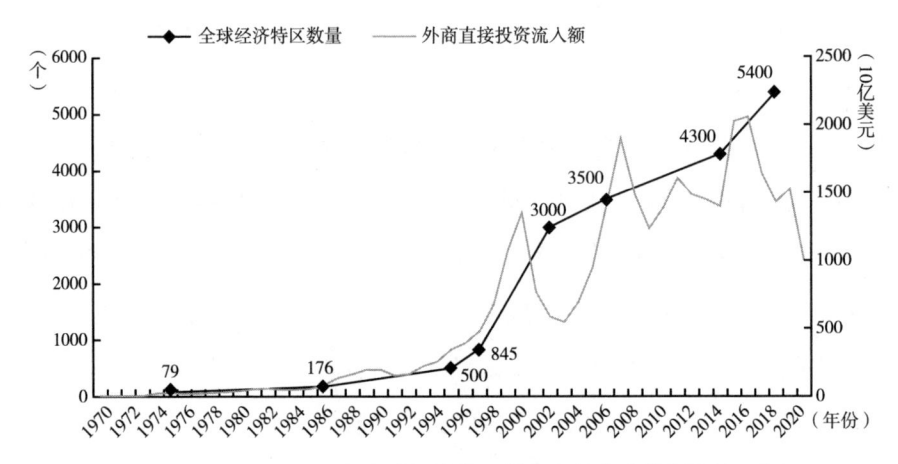

图 3-1　1970~2020 年全球经济特区数量与外商直接投资流入额

资料来源：根据联合国贸易和发展会议官网（https://unctad.org/）数据与《世界投资报告 2019：经济特区》（UNCTAD，2019）整理得到。

二　空间选择依托港口优势

港口是经济特区在空间区位上的优先选择（Madani，1999）。自 20 世纪 60 年代，"亚洲四小龙"迅速发展，其很大程度上是依靠港口起步；英国政府在 2019~2021 年设立多个自由港，以保护其退出欧盟后的贸易联系。近年来，经济特区在充分发挥港口优势上更加强调协调发展与绿色发展。从全球来看，各国积极打造海运中心，作为促进经济社会发展的战略基地，逐渐形成了全球港口网络。例如，中国已在海外租用数十个港口，将在很大程度上节约运输成本；此外，粤港澳大湾区的建设对于中国参与境外经贸合作、打造世界级城市群以及形成新时期全面开放新格局具有重要意义（余淼杰、梁庆丰，2019）。其"大湾区组合港"模式也是协调发展的成功案例，例如货物在各码头直接水路调拨，并且企业只需申报一次与被查验一次。此外，作为欧洲先驱港口的鹿特丹和安特卫普、亚洲的新加坡，以及中国的天津港与厦门港，也正以不同的方式积极建设"绿色港口"（Lam and Notteboom，2004）。

三 模式选择：综合型经济特区

从功能角度看，综合型经济特区的发展是由核心功能带动的集加工工业、转口贸易、商贸服务、金融保险、旅游、文教科技等于一体的多功能发展模式。此外，综合型经济特区往往是一个大型区域，较大的区域尺寸在增长潜力方面具有优势（Frick et al.，2019）。如表3-1所示，从全球来看，涉及多种活动的综合型经济特区最多，创新驱动型经济特区最少。发展中经济体给予经济特区更多的发展任务，其中在非洲地区，综合型经济特区最为常见，占比为89.03%。自贸区、自由港多发挥物流枢纽作用，在发达经济体经济特区中占比为90.64%。在转型经济体中，如俄罗斯、塞尔维亚、哈萨克斯坦等国，以设立聚焦于特定行业的专业型经济特区为主，占比为58.65%，其次为综合型经济特区，占比为34.18%。

表3-1 不同类型经济特区在不同经济体分类下的分布情况（截至2018年末）

单位：%

分类	占比				
	自贸区、自由港	综合型经济特区	专业型经济特区	创新驱动型经济特区
全球经济体	8.39	62.16	24.04	5.41
发达经济体	90.64	8.56	0.80	0.00
发展中经济体	2.24	67.75	24.14	5.87
非洲地区	0.84	89.03	10.13	0.00
亚洲地区	1.53	65.35	26.35	6.77
拉丁美洲和加勒比地区	8.85	77.16	12.76	1.23
转型经济体	2.53	34.18	58.65	4.64

资料来源：根据联合国贸易和发展会议官网（https://unctad.org/）数据整理得到。

第三节 中外经济特区的演进要素与动力

一 中外经济特区的演进要素

虽然各国经济特区的形式有所不同,但经济特区演进的主要模式仍由市场和政府共同决定,只是受到金融与科技水平、发展阶段以及国情差别的影响,各国的经济特区主导力量有所不同。目前中国各级政府在经济特区的演进中扮演着不同的角色,发挥经济特区相关条例制定、规范市场秩序以及对经济特区内资源进行顶层配置与调控的作用。当前,世界范围内经济特区进入快速发展阶段,特区演进中主体与客体的形式、交互方式也不断变化与革新。与普通发展区域演进相比,经济特区中要素的种类以及结构的层次更为复杂。其构成要素主要包括政府、企业、中介以及环境(见图3-2)。

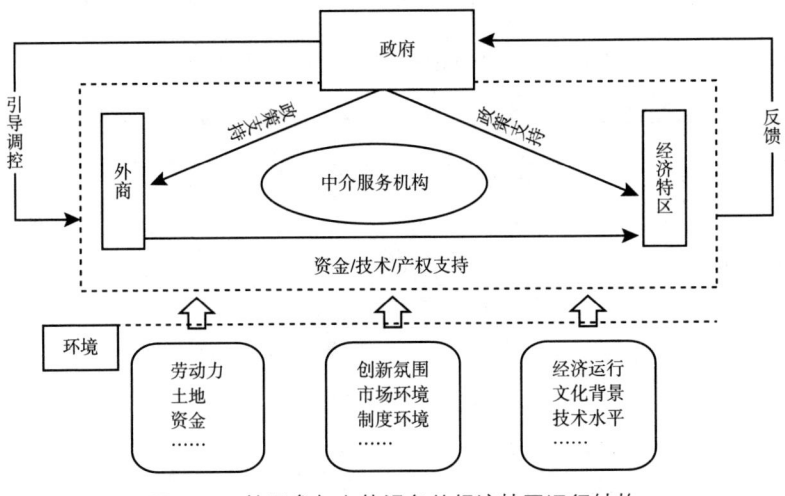

图3-2 基于参与主体视角的经济特区运行结构

资料来源:笔者整理。

（一）政府——政策制度供给与创新

经济特区的演进得益于政府的垂直管理，在合理分权体制下，中央政府充当经济特区政策制度的供给者，地方政府充当经济特区政策制度的创新者。例如在美国，经济特区法案的审议通过是由国会负责，并由商务部下设的对外贸易区委员会指定自由贸易区设立地点和监管区域活动，最后通过在地方设立"被授权组织"来具体督办自由贸易区的建设发展，并且美国海关对于美国自由贸易区的批准设立以及之后的运作也具有监管权力。此外，法国的马赛港实行自治港管理体制，对于港口的财政、职能、投资政策、管理等具有自主权。较为独立的监管机构有助于有效监管经济特区的方案制定和实施情况。而深圳经济特区的身份也在不断演变，从直辖市、副省级市、计划单列市到经济特区、先行示范区，可以看出，国家在很大程度上给予了地方政府自主权，大大降低了制度创新的成本。

此外，从我国特区发展实践来看，政府的合理政策调控可以解决市场在资源配置中存在的固有难题。在经济转型的大背景下，政府在经济特区演进中扮演的角色尤为关键。一方面，政府是经济特区设立的直接推动者，提供多种政策手段进行监管及引导。另一方面，政府也从简政和放权层面优化经济特区发展环境。政府在遵循市场在资源配置中起决定性作用的内在规律下，也负责调控扶持、政策辅助引导以及资金支持。随着经济特区市场经济的深入发展，政府也从制度与规则中逐渐淡出，从直接制定政策转向为企业优化创新环境和分担创新风险，不断强化服务型政府职能。

（二）企业——政策制度需求与优化

企业是经济特区内市场经济运行的主体，在特区政策的指导下，推动产业发展及经济结构调整，是经济特区政策制度的需求方与推进方。首先，企业以追求利润最大化为目的，同时也会考虑最大化降低成本。经济特区为吸引外资企业投资与设厂，将提供较低的税率与地租，由此形成产业集群。

此外，从资本的角度来看，资本的前期垫支也会在经济特区运行良好的情况下带来资本的增值，同时为当地政府提供税收；从技术的角度来看，经济特区通过吸引外企，促进区域技术进步并提高自主创新能力。例如，通过外包业务与当地企业、高校及科研机构合作，交流先进技术和管理经验。最后，企业也将在市场信息的反馈中，推进政策制度的优化。

（三）中介——政策制度协调与规范

中介服务机构通过提供专业化服务整合要素资源，解决经济特区政策制度运行过程中信息不对称的问题。在经济特区演进结构中，中介服务机构主要包括交易、谈判、招标、评估、法务、代理等相关服务机构，确保促进、保护和管理外商投资的各项制度有效实施，是经济特区演进中的协调者与规范者。

其中，经济中介机构的主要业务是为外资企业搭建商业化运作平台；代理机构以知识产权代理为主，为企业提供包括专利代理、商标代理、版权转让、著作权代理等服务；评估机构通过政策调研，帮助政府协调解决外资企业经营中的问题，有利于稳定与提升外资企业的长期投资信心；法务机构为政府部门在监管领域提供帮助，保障监管政策执行的规范性。此外，企业无形资产评估、资信评级、审计等相关服务机构也尤为重要，主要职能是减少外资企业与当地金融服务机构间的信息不对称。

（四）环境——政策制度保障与适应

中外经济特区演进中必不可少的要素是环境要素，环境是决定经济特区生存与发展的物质条件的综合体，除基本的劳动力、土地、资金等资源外，还包括创新氛围、市场环境、制度环境、国内外经济运行状况、地区的文化背景与技术水平等。其效应也具有综合性，好的环境能促进经济特区主体的创新发展与提高联结度，而差的环境会影响经济特区发展，例如可能通过抑制分权制度运行，对经济特区的经济增长产生影响（Weingast，2009）。

二 中外经济特区的演进动力

世界经济特区演进动力主要分为外部原动力和内部原动力。其中，外部原动力主要是政府制定的经济特区相关政策法规的拉动力。其并不是简单的政策扶持或行政命令，而是许多复杂的来自各方的要素凝聚融合、共同作用形成的演进拉动力。从中外经济特区发展经验来看，财政激励一直是经济特区政策的核心，通常包括关税、企业税的减免以及提供明确补贴，被认为是吸引初期投资的经济特区短期发展工具（Sosnovskikh，2017）。此外，经济特区相关法规条例是根据特区的实际发展情况与实际需要制定的，使得先行活动于法有据；另外，经济特区法规条例主要通过规范市场秩序、约束不法行为等方式，为企业创造稳定的外部市场环境，而不直接参与企业内部活动，让经济特区企业在激发国内与国际市场活力中更具主导权。

世界经济特区演进的内部原动力主要是特区内经营主体开放性、市场化的内部经营管理制度的驱动力（Dhingra et al.，2009），这也是决定经济特区长期发展的关键，具体包括企业的经营策略和管理方式两个层面。在经营策略层面，企业把国内市场与国际市场的反应作为发展战略的核心决策依据，重视对竞争资源与各方面能力的投入；在管理方式层面，企业将开放型经济理念融入各部门的工作导向中，把利于应对市场反应的事务作为整个企业实施经济特区对外政策的最高优先级别，与经济特区内其他公司、经济特区外的公司建立联结。

第四节 中外经济特区的演进机理

以动态视角描绘经济特区制度与结构的演进机理，以小明大、见微知著，为寻找经济特区的普遍发展规律提供参考。

一 政府与企业间的博弈

通过政府与企业间的博弈，解决经济特区制度演进中的兼容性问题。外商投资企业的需求与政府的制度演进存在如下关系。

第一，经济特区政府的行政效率影响外商直接投资的区位选择。随着各国在吸引外资方面的竞争不断加剧，经济特区已不再单纯依靠优惠政策，而是更多地依靠改善投资环境来吸引外资。例如，在非经济特区的地区，外商投资企业的设立程序更为复杂，商务备案、工商登记需要填写多套表格，而深圳经济特区构建了线下外资项目专班和线上投资促进服务信息平台，便利化的政府行政服务让更多外商选择投资深圳。自 1981 年中国第一张外资企业营业执照在深圳发出以来，截至 2020 年底，深圳累计批准了 9 万多个外商直接投资项目。

第二，外商直接投资推动经济特区制度变迁。其影响效应首先体现在衍生出多样的企业所有制结构方面，例如中外合资经营企业实际上采取的是一种股权式结构，按照实际出资比例一起分享利润与承担亏损。除了直接投资与并购外，投资性公司这种新的商业模式也逐渐出现，但需要根据国家出台的政策规定予以指导与监督。外商投资股权投资企业模式已在深圳经济特区中的前海设点运营。此外，外商直接投资将促进地区外汇管理制度和劳工用工管理制度等制度创新。其中，外汇管理涉及跨境交易的交易环节与兑汇环节。1984 年的深圳由外汇进口的酒还不能用人民币直接进行支付，出现了依靠出口产品的创汇企业本质上盈利但因较低的银行牌价汇率在结汇时出现亏损的现象，亟须进行外汇制度改革平衡外汇市场。1985年11月，全国范围内首家外汇调剂中心在深圳经济特区内正式挂牌营业，这也是深圳经济特区演进过程中一个成功的金融体制创新案例。此外，在经济特区的劳工用工管理上，深圳经济特区也在满足《劳动合同法》的基础上，尊重企业的用工管理权。

二 各要素间的协同演化

通过各要素间的协同演化，实现经济特区内部要素的系统集成、协同高效发展。经济特区结构演化的网络可以看作一种动态网络。在网络中，在生产、消费、分配、交换各环节，人才、资金、知识、技术、信息等资源集聚整合，互相依存、互相促进，推动经济特区演进。

经济特区的资源循环网络主要包括三大体系。一是供求体系。在供求体系中，政府优惠政策的供给与外资企业的需求对接；外商直接投资的资金、技术、管理的供给与本土企业的需求对接，如中外合资企业发展模式。二是中介服务体系。中介服务包括咨询、评估与担保等专业化服务。中介服务机构为经济特区内的主体提供资产价格评估、资信评级以及信息咨询等服务，降低供需双方由于信息不对称产生的投资、经营风险。三是监管体系。监管部门主要包括政府、企业内部风险监管部门。监管体系主要是通过收集反馈信息实现对经济特区内的政策、资本的监控，并以此降低、分散、补偿和规避风险以及强化管理机制。投资风险的大小会因企业创新的不同阶段而发生改变。例如在中试阶段，需要大量资金投入，投资风险大且回报不确定；而在工业生产阶段，技术风险降低但市场风险增加等。因此，需要政府、外资企业等根据市场运行中的反馈及时调整策略。

经济特区在供求体系、中介服务体系以及监管体系的共同运作下，形成了政府监管与调控，外资企业、本地资源以及中介服务机构共同参与，主体间协同配合的良性互动，在市场的交换、反馈以及政府的监管、调控下，在区内形成区域的可持续发展。长期来看，对于网络联结度较高的经济特区，可能更多往带动国际市场需求的方向发展，即由于自身发展水平在国际市场上领先，所以该经济特区将引领相关行业与市场的发展和需求。而对于网络联结度较低的经济特区而言，则是需要更加适应现有的条件和满足国际市场上明确的需求。

三 区域非均衡到均衡的倒"U"形发展

结合区域经济学相关理论和区域发展实践可以发现，区域发展整体上以短期非均衡发展为基础，以实现长期均衡发展为主要目标。其中，经济特区的演进阶段与区域差异之间往往呈现一种倒"U"形的关系（陶一桃，2018b）。经济特区发展初期，随着外商投资的急速涌入，经济特区与本国其他地区的金融发展水平差距、贫富差距等进一步扩大。但随着经济特区在"量"与"质"上达到较为成熟的发展阶段，其扩散效应与示范效应开始显现，突破倒"U"形的拐点，实现贸易、金融、管理和沟通的动态交汇，从而缩小经济差距实现区域的均衡发展（Crane et al., 2018）。例如在中国开启向第二个百年奋斗目标进军的新征程和"十四五"开篇之年的重要节点上，国家发展改革委于2022年10月发布《关于推广借鉴深圳综合改革试点首批授权事项典型经验和创新举措的通知》，试图鼓励其他地区在自身发展与特色的基础上借鉴深圳经济特区的具体经验，进行经济建设与体制创新。这一举措充分肯定了深圳经济特区40多年来的努力，其也会在未来更具体地发挥示范效应，为实现区域均衡发展做出努力。

第五节　中外经济特区的演进路径

梳理中外经济特区的演绎步履，总结出经济特区在内核、空间和制度层面的演进路径（见图3-3），即内核上遵循"由生产要素投入向创新驱动演进"；空间外延上遵循"依托港口、口岸、边境向协调式发展演进"；制度内源上遵循"外向型经济向综合型、开放型经济演进"。

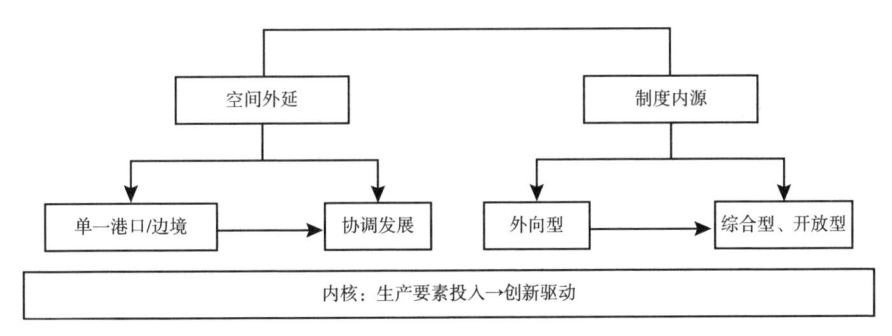

图 3-3　经济特区的演进路径

资料来源：笔者整理。

一　空间选择：协调式发展

港口是经济特区在空间区位上的优先选择（Madani，1999）。自20世纪60年代，"亚洲四小龙"迅速发展，其很大程度上是依靠港口起步。其中，韩国的崛起很大程度上依赖釜山；中国台湾南部的高雄也曾是亚洲著名的港口城市；中国香港是从贸易港起步过渡到制造业中心，再成长为国际金融中心的；位于马六甲海峡北岸的新加坡，仍是全球重要的港口之一。"亚洲四小龙"的成功崛起表明，可以出口为导向，发展劳动密集型的加工产业，以港口贸易、沿岸工业为基础，为进一步实现金融、科技、互联网等新兴产业的壮大提供基础。

近年来，依托港口优势，经济特区在空间选择上更为强调协调发展。从全球来看，各国积极打造海运中心，作为促进经济社会发展的战略基地，逐渐形成了全球港口网络。例如，中国在海外租用了数十个港口：首先，中国在海外租用的缅甸皎漂港使得中国国际货运不必经过狭长的马六甲海峡，并且中缅石油和天然气运输起点马德岛位于离皎漂港不远的东南方，在很大程度上节约了成本；其次，作为欧亚国际贸易与石油运输的重要中转枢纽的斯里兰卡汉班托特港，建港资金很大一部分来源于中国进出口银行提供的买方信贷；最后，还有连接欧亚非三地的埃及苏伊士港、中巴经济走廊的起点瓜达尔港、东非的吉布提港以及澳大利亚的纽卡斯尔港等。

与此同时，经济特区与港口也呈现协调发展态势。从全球港口型经济特区发展经验来看，一方面，港口型经济特区的建立带来了货流集聚效应，吞吐量的日益提升，对港口的自动化程度也有了更高要求；另一方面，港口也为经济特区提供便利化的货物转运条件，港口的建设水平也会影响货物进出口的成本与效率，这也是外商是否在经济特区内进行投资的考虑因素之一。此外，粤港澳大湾区的战略规划也是协调发展的成功案例，例如粤港澳大湾区的"大湾区组合港"模式，货物在各码头直接水路调拨，并且企业只需申报一次与被查验一次。

二 模式选择：综合型发展

从功能角度看，综合型经济特区的发展是由核心功能带动的集加工工业、转口贸易、商贸服务、金融保险、旅游、文教科技等于一体的多功能发展模式，主要体现在强调城市化发展、拥有较为完备的产业体系上，相较于专业型经济特区更具有抗冲击的经济韧性。综合型经济特区往往是一个大型区域，较大的区域尺寸在增长潜力方面具有优势（Frick et al., 2019），在某些情况下，这些区域可以包括整个城市或管辖区。已开展综合型经济特区建设的较为典型的国家有中国、巴西、印度尼西亚、俄罗斯等。

巴西玛瑙斯经济特区的发展最开始得益于以电子产品的低成本吸引劳动力进入该区，随后发展成为以工业为中心，由商业、工业和农业三个经济中心组成的综合型经济特区，区内提供进口税、工业产品税、法人所得税减免，并为促进与旅游和教育有关的活动、巴西进口水平的提升、创造就业等的投资项目提供经济优惠政策（Guilherme，2016）。此外，印度尼西亚巴淡岛经济特区受益于多种优势，如营业税和所得税减免以及特殊投资激励措施。它们还倾向于拥有更高质量的基础设施，并且受益于产业集群。一方面，岛内农萨数字公园由科技园逐渐发展为专注于研发、教育和创意产业，以及现有的科技和旅游产业；另一方面，巴淡航空技术公司由客机的维修和大修扩展到物流和配送、生产和加工以及技术开发。综合来看，巴淡岛经济特区正逐步升级为集数字经济、数据中心、物流、旅游和航空于一体的综合型经济特区。

随着世界贸易增速加快，综合型经济特区也在不断发展演进，不仅仅强调功能上的多样化，更聚焦于多维度、多层次创新的综合性。深圳经济特区由早期的以电子设备制造为主，转变为生产组装中心，拥有完备的工业链，一步步建立起硬件设施，同时完善软件设施，逐步打造自己的品牌，成为全球创新创业中心之一。近年来，深圳依靠完备的产业链与科技创新优势，不断发展综合型经济特区。在发展战略上，结合粤港澳大湾区重要部署与深圳先行示范区战略定位，推进三区交互驱动地区发展。在制度创新上，深圳经济特区在破除社会建设领域固有难题方面积极寻求多方意见，在教育领域拟推行"大学区制"方案，试图实现教育资源共享与推动地区均衡发展。此外通过全国首部综合性数据立法——《深圳经济特区数据条例》，在区政府和市公安局试点首席数据官制度，推进智慧城市建设。2018年8月开始，经过三年的实践建立了"区块链+税务"国际标准，通过推行区块链电子发票，打通全流程，降低成本，并确保发票唯一。在平台建设上，深圳创新创业大赛吸引全球项目参赛，对接中国创新创业大赛，推送优质项目，并且通过项目落地助推产业升级。

从各国综合型经济特区发展实践来看，一味追求大而全往往是不可取的，需要具备一定条件，并经历一定的发展过程（钟坚，1994）。例如，俄罗斯的经济特区很多未能启动，专家指出俄罗斯在经济特区集群化发展过程中，没有将经济特区与区域发展计划相结合，经济特区的发展没有建立在资源共享和整合的基础上（Sosnovskikh，2017）。

三 制度选择：开放型发展

经济特区的成功与开放型经济密不可分。首先，在空间布局上，经济特区是开放活动的场所，维系着开放活动主体之间的契约关系。其次，在开放活动的内容上，经济特区实现了世界范围内商品、要素、服务的流动（裴长洪，2016）。总结和归纳世界经济特区实践背后的一般规律：经济特区是实行开放型经济政策的重要场所，主要聚焦于贸易领域，通过贸易开放促进地区经济增长，以及产业、出口、劳动力市场等的结构调整；此外通过提升产业竞争力，进一步利用比较优势扩大开放，也可能形成与贸易条件或资本空间分配相关的国际外部性（Grant，2020）。

经济特区开放型经济发展的基础是稳定的政治环境，政治环境映射在经济特区的开发建设模式中。在中国，"开放型经济"这一概念最早出现于1993年中央发布的有关建立市场经济的政策文件中。随后中央于2003年和2020年就经济体制改革进一步出台政策文件，其中提出进一步完善市场经济以及新时代的思考。政策的不断出台也带动开放型经济在范围、水平、创新方面不断发展演进，由初步探索开放的外向型经济，向实现对外开放水平的整体全面提高努力，再向体制建设上的更高水平的开放型经济迈进。

近年来，中国经济特区快速发展，例如海南自由贸易试验区和自由港建设，推动跨境贸易更加自由化、便利化；中国经济特区的成功不仅归功于中国整体社会主义现代化建设，也与中国如何与世界其他国家互动紧密相关。在共建"一带一路"倡议背景下，六大经济走廊作为空间发展政策的工具，促进经济发展，成为战略支柱（Albrechts and Tasan-Kok，2020）。其中，中国–东盟自由贸易区不断升级，构建数字经济合作交流平台，实现政策沟通与贸易畅通，推动经济特区企业以开放的姿态打造产业集群，补链、稳链、强链，从而共享"一带一路"建设红利。

第四章
中外经济特区产生背景的比较研究

本章从中外经济特区的建立背景、功能定位、历史使命、发展路径、借鉴意义等角度进行比较研究。在各国新的对外开放和改革发展战略出台背景下,经济特区承载着历史使命的变迁。譬如,中国自由贸易试验区战略和"一带一路"倡议下,自贸区作为经济特区的升级版本,承载着改革开放的新的历史使命,自贸区道路也是中国道路发展的一部分,这条道路也将为世界发展提供一条可供选择的发展路径。首先,通过中外经济特区比较,印证中国道路的正确性。通过经济特区建立背景、功能定位、历史使命、发展路径、借鉴意义等内容的国际比较发现,经济特区作为中国道路的一种必然选择,能够印证中国道路的正确性。其次,通过中外经济特区比较,丰富中国道路内涵。通过对中外经济特区的发展模式的比较研究发现,中国经济特区道路的内涵逐渐丰富,尤其是在中国自由贸易试验区和"一带一路"倡议下,经济特区呈现新的发展模式,这也为中国道路提供新的发展动力。最后,通过中外经济特区比较,为中国道路"走出去"提供理论和实践背书。中外经济特区比较研究的成果能够通过承办和参加国际会议、承接国际项目和发表中外文成果等方式,传播到世界各地,作为中国道路发展模式提供给其他国家参考。追溯经济特区产生和发展的背景可以看出，经济特区从"特殊的海关监管区域"发展为政治经济体制改革的"试验田"，形式不断多样，内涵也逐渐深化，在不同时期被赋予了不同的历史使命。

第一节　中外经济特区产生的背景和历程

一　全球经济特区发展的背景与历程

（一）初创探索时期

经济特区的最初形式是诞生于古希腊时代封建社会后期的自由港和自由贸易区。随着经济不断发展，国际贸易和海外扩张的需求增加，自由港和自由贸易区逐渐成为沿海城市对外开放的重要窗口。其中，最具代表性的是意大利1547年成立的热那亚湾的雷格亨自由港，该自由港通过给予商人进出口关税优惠的方式来吸引商人将此作为商品集散地。这是世界上第一个真正意义上的经济特区，被认为是经济特区发展的蓝本，之后经济特区的内涵和形式不断丰富，肩负着各国对外开放的使命。

17世纪以来，商业资本兴起，由哥伦布、达伽马和麦哲伦引领的三次航海探险使历史走向了地理大发现，进而催生了跨越地理边界的国际商品交换与贸易和社会化大生产。在此条件下，欧洲的一些贸易大国和航海大国先后把条件适合的主要港口和城市宣布为自由港，或划出一部分地区设立为自由贸易区，借此来促进当地经济的发展。亚洲、非洲、美洲开始进入欧洲的商业资本版图。随着资本的扩张和生产力的不断提高，第一次工业革命爆发，它以蒸汽机作为动力机被广泛使用为标志。这次工业革命使欧洲实现了从工场手工业到机器大工业的生产方式转化，生产力获得了空前的高速增长。

第二次工业革命后,人类社会从"蒸汽时代"步入"电气时代",机械化、电气化、半自动化生产成为时代潮流。这一时期主要产生了两方面的变化。一是全球化格局初步形成。交通运输工具的革新加强了世界各地的往来和联系,进一步拓宽和发展了国际市场,促进了国际分工的形成。欧洲的主动开放使其获得了原材料的掠夺权和过剩资本的倾销地,亚非美的被动开放使其由自然经济向商品经济转变。亚非美国家被迫卷入国际化、全球化大生产,在产业链中处于被支配地位。二是产业间贸易逐渐向产业内贸易转变。产业合作从发达国家之间向发达国家与发展中国家之间转变,使得社会分工进一步细化,不平等的国际专业化生产格局逐步形成。随着贸易的迅速发展,商品开始在全球范围内自由流动,加之规模化生产降低了生产成本,人民的生活水平和生活质量有所提升,这为发达国家建立经济特区提供了优越的外部环境(朱禄珍,1997)。

(二)发展时期

从18世纪开始,自由贸易区在全球范围内逐渐兴起。这些自由贸易区大多建立在世界主要贸易通道上,具有转口、储存和无须海关手续的货物再出口等功能。它们通常位于特定的地理区域,如港口(Wong and Chu,1984)。在这种背景下,生产的社会化和国际化达到了一个新的历史高度,也进一步促进了资本主义向全球扩张和国际社会的一体化发展,资本、贸易、技术和管理进一步国际化、全球化,各国的对外开放成为一种历史的必然趋势,而创办经济特区正是一种与此相适应的主动的对外开放的尝试。在这段时期,法国的敦刻尔克和勒阿费尔、葡萄牙的波尔图、德国的汉堡和不来梅、南斯拉夫的飞伊梅、希腊的萨洛尼卡等都是典型的经济特区。

到20世纪中叶,以原子能、电子计算机、航天空间技术等新技术为代表的第三次工业革命再次使全球紧密相连。此次工业革命后，不仅社会化大生产和全球分工合作趋势进一步加强，跨国公司等国际垄断资本形式也开始登上历史舞台，使得技术、市场和管理经验等无形资源开始在全球范围内自由流动，主导全球经济的发展。国家间、地区间出现了新的区域经济、国际经济联合机构和协议，如以欧洲统一大市场为基础的欧盟、北美自由贸易协定、致力于东亚一体化的东盟等。因此，发展外向型经济、对外开放和创办经济特区成为各国经济发展的必由之路，即推动生产、技术、市场、资本和管理经验的高度社会化、国际化。

出现以上发展格局的原因有以下两个。一是全球范围内的资源是稀缺的，各国在全球经贸发展中也建立了比较优势，只有实现资源的自由流动，才能满足各国日益增长的资源需求。进行国际市场交换，可以扬长避短，以自己的优势产品换回在本国生产不合算的产品，从而节约社会劳动和物质消耗，促进劳动生产率提高。二是产业生命周期理论认为，产品在有限的生命周期内创造最大的价值，并增加它的边际价值，需要各国在产品的不同生产阶段进行参与。科学技术和先进的管理经验，是人类社会的共同财富。任何一个国家都不可能靠自己的力量来开发和掌握生产产品所需要的全部先进技术，也没有必要一切从头摸索，完全可以积极地吸收国外的先进科技成果以及管理经验为己所用。

这一时期，自由贸易区开始扩展自身的功能，已经形成了以转口、制造、商业、金融为主体的多元化经济，逐渐发展为出口加工区。与自由贸易区不同，出口加工区不必位于港口附近。联合国工业发展组织将出口加工区定义为"通过向外国和国内企业家提供适当的一揽子投资激励措施，在工业区内建立现代制造工厂"。出口加工区是自由贸易区与工业区的一种结合，具备工业生产和贸易两种功能。其在这一阶段蓬勃发展的原因主要是：第一，发达资本主义国家具备了资本和技术输出的条件；第二，发达资本主义国家需要通过新的方式为资本和技术输出寻找新的出路；第三，发达资本主义国家的部分传统工业部门的衰落以及竞争优势的逐渐丧失；第四，发展落后的国家对资本和技术的需求。

出口加工区首次成功实施是1956年在爱尔兰香农国际机场，这为其他国家寻求类似的发展路线提供了动力。而在这一时期，发展中国家仍采用进口替代战略，这种战略虽然有利于减小发展中国家对发达国家的经济依赖，为其发展国内经济创造条件，但长期来看，有限的国内市场迟早催生产能过剩，对国内产业的保护也不利于产业的国际竞争力提升和产业转型。所以发展中国家纷纷转向出口导向型战略，推动外贸发展，增强出口创汇能力和增加国内资本积累，进而改善国内经济结构，最终推动国民经济快速增长。在这样的背景下，发展中国家开始创办和发展经济特区。印度（1965年）是最早在发展中国家试行出口加工区建设的国家。1966~1970年，中国台湾、菲律宾、多米尼加共和国、墨西哥、巴拿马和巴西紧随其后，出口加工区的数量在1970年后迅速增加，1971~1975年设立了23个，1976~1980年又设立了24个（Sharma，2009）。

（三）深化拓展时期

到20世纪80年代初，经济特区的主要特点是，在科技革命及经济全球化的推动下，开始逐渐向科技型、知识型、综合型转型升级。科技型经济特区的主要目的是依托大学和科研机构的力量，或者通过引进外资或先进技术等方式来研究、生产和出口技术含量较高的商品。此类经济特区的典型形式是科学工业园区。科技型经济特区的代表有美国"硅谷"的前身斯坦福研究公园（1951年）、苏联的新西伯利亚科学城（1957年）、美国的三角研究公园（1959年）、日本的筑波科学城（1961年）、英国的剑桥科学公园（1970年）、法国的索菲亚·安蒂波里斯科学城（1969年）、加拿大渥太华的"北硅谷"（1979年）、中国台湾的新竹科学工业园区

(1980年)、新加坡的肯特岗科学工业园(1984年)等。

除向科技型、知识型和综合型转型升级之外,拓展时期的经济特区还呈现跨境化特点。经济特区的跨境化主要是指由一个关境范围内的自由贸易区延伸或扩大而形成新的经济特区(关税同盟)。其具备两个基本特征:一是经济特区内取消一切内部关税壁垒,即取消关境;二是经济特区对外采取统一的关税壁垒和非关税壁垒。如自20世纪末起出现了欧洲自由贸易区、北美自由贸易区、东盟自由贸易区、美洲自由贸易区、非洲东部自由贸易区、中国与东盟自由贸易区等。中国内地与香港、澳门两个独立关税区也建立了更紧密的经贸关系。

总之,任何国家的经济发展都离不开全球化的发展。一国经济增长在一定程度上受益于全球化的溢出效应,对外开放程度越高,越容易吸引全球优质的投资、技术、人才等资源。每一个国家和地区都必须把自己作为国际交往的窗口或试验场所,发展对外贸易,加强国际交往。同时,每一个国家的社会制度、经济体制和运行机制各不相同,既要把自己纳入整个国际社会均可接受的运行轨道,也必须通过开辟"采取特殊政策和经济体制的区域"即经济特区进行试验摸索,这样才有可能积累经验,实现有序、全方位的对外开放。加上有些国家地大物博、人口众多,地区间和产业间经济发展不平衡,不可能实施同步化的对外开放,必须经过反复试点、摸索、总结、概括,找出一般性、规律性的特征,通过榜样示范效应和政策、体制的改革推动,才能取得对外开放战略的逐步成功。因此,创办经济特区,可以有效加快对外开放的步伐。

二 中国经济特区发展的背景与历程

(一)初创探索时期

20世纪70年代末,中国迫切需要进行政治经济体制改革。1978年,在党的十一届三中全会上，党中央正式启动了经济改革，开始实行对外开放政策。1979年7月，在中央的支持下，广东、福建率先成为改革开放的排头兵，贯彻"特殊政策、灵活措施"的原则，中央开始下放城市体制机制自主权。1980年5月，中共中央和国务院正式决定将深圳、珠海、汕头和厦门这四个城市设立为经济特区，四个经济特区的建立开启了中国经济发展的新篇章。中国经济特区以城市为依托，属于综合型经济特区。它们通过实施特殊的财政、投资和经贸政策来吸引外资和发展对外贸易。外商投资不局限于制造业，还包括房地产开发、旅游、农业和其他服务业。

四个经济特区建立在远离政治权力中心的南部沿海地区，目的也是给予其充分的自主发展空间。这一社会试验，肯定了市场在资源配置中起基础性作用，旨在检验市场导向的经济改革在可控环境下的有效性（Zeng，2012）。由于不知道改革会带来什么结果，中国决定不一次性开放整个经济，而只开放部分领域。用邓小平同志的话说就是"摸着石头过河"。四个经济特区遵循务实和开放的原则，对创新政策率先进行检验。如果政策被证明是成功的，将在全国范围内更广泛地实施，四个经济特区的成功经验也会被复制。同时，四个经济特区也具有重要的战略意义，它们位于广东和福建沿海地区，靠近香港、澳门和台湾，承载着维护国家和平稳定、推动国家完全统一的历史使命。

经济特区的建立对中国的外贸和投资产生了重要影响。1981年，这四个经济特区的外商直接投资额占中国外商直接投资总额的59.8%，其中深圳占50.6%。三年后，这四个经济特区的外商直接投资额仍占中国外商直接投资总额的26%。到1985年底，四个经济特区实现外商直接投资11.7亿美元，约占全国的20%（Zeng，2012）。经济特区的优惠政策和生产要素的合理组合，使中国的经济增长率达到了前所未有的水平。从1980年到1984年，中国GDP的年均增长率约为10%，而深圳GDP的年均增长率高达58%，其次是珠海（32%）、厦门（13%）和汕头（9%）。到1986年，深圳已经在资本、劳动力、土地、技术、通信和其他生产要素领域初步实现了市场化改革，这也给予了中国更多的信心进行更深入的改革开放。

（二）发展时期

1984年，中国在沿海城市设立了14个经济技术开发区。同时，1988年，海南省被确定为第五个综合型经济特区。1992年，国务院又设立了35个经济技术开发区。在此过程中，中国将经济技术开发区从沿海延伸到内陆地区，并将产业发展重点转移到资本和技术密集型产业上来。截至2008年底，全国共有54个国家级经济技术开发区。

随着中国改革开放进入深水区，中国经济增长速度有所放缓，表明体制机制仍需进一步完善。从国内形势来看，过去多年来注重经济增量、忽视社会效益的非综合性改革不仅使经济发展面临转型升级的困境，同时也引发了一系列社会公共问题，对整个社会的稳定发展产生了负面影响。如今，人民对公共产品和服务的要求逐渐提高，更加渴望享受到改革给日常生活带来的红利。但目前政府公共产品提供和服务意识仍明显落后，资源配置也存在诸多不合理之处。因此，亟须打破"一条腿走路"的困境，将改革的步伐从经济领域拓展到政治、文化、民生等领域。从国际形势来看，中国凭借廉价生产要素优势吸纳了大量来自发达国家和地区的产业，随之而来的是资源的浪费和环境的破坏。粗放式的发展模式使得国内发展环境越来越严峻，经济增长动力也随着要素红利的消失而逐渐减弱。中国新一轮改革开放如何兼顾经济效益和环境效益、如何在发展经济的同时提高人民的生活质量将是未来发展要考虑的重点问题之一。国家综合配套改革试验区正是在这样的背景下结合本国国情和各区域的实践特点进行的新一轮的改革开放的制度创新工具。它也将担负着探索建设良好生活环境、促进区域协调发展和探索创新国家治理模式的宏伟使命。

中国的 12 个国家综合配套改革试验区介绍见表 4-1。

表 4-1 中国 12 个国家综合配套改革试验区介绍

名称	设立时间	功能定位
上海浦东新区综合配套改革试验区	2005 年 6 月	主动服务长三角一体化发展国家战略，围绕推进科技创新、开放创新、制度创新，率先在推动土地、劳动力、资本、技术、数据信息等要素市场化、区域一体化配置方面取得突破。完善科技成果转化、运营、保护体系，健全多层次科技金融服务体系。持续深化"放管服"改革，完善市场主体退出制度，完善"六个双"综合监管机制。创新人才发展和服务体制，开展海外人才审批服务改革试点。加大服务业对外开放力度，创新进口贸易和国际服务贸易体制机制，拓展自由贸易账户功能。加快国际贸易"单一窗口"迭代升级，建立长三角区域口岸信息互联互通机制
天津滨海新区综合配套改革试验区	2006 年 5 月	重点围绕京津冀协同发展，推进劳动力、资本、技术、数据信息等要素市场一体化。深化京津创新合作机制，完善科技创新资源对接共享机制，优化"创新券"服务模式，推进科技计划项目管理改革和财政科研项目经费管理改革。深入推进"放管服"改革，开展无障碍、无纸化、无人化和无差别审批制度改革，探索行使市级权力事项的运行机制，加强事中事后监管。扩大服务业对外开放，深化融资租赁创新改革，建设国家租赁创新示范区。加强京津冀港口群合作，建成高水平国际贸易单一窗口
重庆市统筹城乡综合配套改革试验区	2007 年 6 月	以推进城乡土地、劳动力等要素流动和优化配置为重点，健全城乡融合发展体制机制，推进乡村振兴。深化农村集体产权制度改革，推进农村承包地、宅基地"三权"分置改革。完善"地票"制度，探索开展"林票"制度，实现农村集体经营建设用地入市与"地票"制度有机衔接。完善涉农资金统筹整合长效机制，深化财政补助资金股权化改革。健全村级集体经济扶持政策体系。破除妨碍城乡要素自由流动、平等交换的体制机制壁垒，推动资源要素向农村流动。深化户籍制度改革，建立城乡统一的人力资源市场，推动更多农业转移人口落户城市。完善各级各类基本公共服务标准，推进基本公共服务财政事权和支出责任划分改革，构建有利于实现城乡基本公共服务均等化的体制机制

续表

名称	设立时间	功能定位
成都市统筹城乡综合配套改革试验区	2007年6月	以推进城乡土地、劳动力等要素流动和优化配置为重点，健全城乡融合发展体制机制，推进乡村振兴。深化农村承包地"三权"分置改革，理顺"三权"关系。明确农村土地集体所有权的实现形式，稳定并做实承包权，有序赋予经营权流转、抵押担保等权能。推进宅基地"三权"分置改革。深化农村集体资产股份化改革。完善农村产权交易制度和服务体系建设。深化户籍制度改革，建立城乡统一的人力资源市场。完善农村金融制度，打通金融服务"三农"的各个环节。完善乡村规划师制度，构建乡村振兴规划体系
武汉城市圈"两型"社会建设综合配套改革试验区	2007年12月	聚焦落实长江经济带发展战略，坚持"共抓大保护"，着力推进城市圈内生态环境保护一体化发展。统筹城市圈治水治气治土，建立城市圈生态环保一体化机制。建立健全自然资源资产产权制度、自然生态空间用途管制制度、生态环境损害赔偿制度。开展梁子湖横向生态补偿试点，完善重点流域生态补偿的长效机制。加快培育绿色生产方式和生活方式。拓展提升碳排放权交易、再生资源交易等平台功能，以市场化机制激励绿色发展
长株潭城市群"两型"社会建设综合配套改革试验区	2007年12月	聚焦落实长江经济带发展战略，坚持"共抓大保护"，着力推进城市群生态环境保护一体化发展。推动长株潭三市规划、产业和公共服务一体化。优化长株潭生态绿心总规，开展生态补偿探索。完善湘江流域综合治理机制，构建环境第三方治理等污染防治长效机制，强化城市群大气污染联防联控联治。积极开展绿色金融创新。完善生态文明标准认证制度，完善政府绿色采购制度，构建政府为主导、企业为主体、社会组织和公众共同参与的环境治理体系
深圳市综合配套改革试验区	2009年5月	全面落实粤港澳大湾区发展战略，积极推进中国特色社会主义先行示范区建设，努力创建社会主义现代化强国的城市范例。加强深港金融、科技、人才合作，在科研要素流动共享、职业资格准入、标准规则创新、法制协作等方面先行探索。推进前海深港现代服务业合作区建设，更高水平推动金融、贸易、航运开放创新，在促进投资贸易便利、监管高效便捷、法治环境规范等方面形成一批可复制可推广的经验。以混合所有制改革为突破口，协同推进国资国企综合改革。深化"放管服"改革，建设国际一流营商环境。完善创新创业创造生态链，创新科技财政投入和金融支持体制，建设知识产权保护示范区。研究探索综合授权改革

续表

名称	设立时间	功能定位
沈阳经济区新型工业化综合配套改革试验区	2010年4月	以推进国资国企改革和促进民营经济发展为重要抓手，推动产业转型升级和营商环境优化，提升新型工业化发展水平。着力推动沈阳经济区一体化发展，创新土地、劳动力、资本、技术等要素在经济区内畅通流动、高效配置的体制机制。建立制造业技术创新的支持体系，持续推进生产性服务业发展。完善企业为主体的产学研一体化创新机制。以混合所有制改革为突破口，加大国资国企改革力度，提高国有资本效益，加快剥离国企办社会职能，解决国企改革历史遗留问题。完善支持民营经济发展的体制机制，健全政府服务评价机制。推进工程建设项目审批制度改革试点
山西省资源型经济转型综合配套改革试验区	2010年12月	以推动能源革命、深化国有企业改革、提高生态环境质量为重点，不断深化资源型经济转型改革。开展能源革命综合改革试点，在提高能源供给体系质量效益、构建清洁低碳用能模式、推进能源科技创新、深化能源体制改革、扩大能源对外合作等方面取得突破。完善煤层气勘查区块公开竞争出让制度，全面建立煤层气矿业权退出机制。深化电力体制改革，加快输配电价改革。完善国有资本授权经营体制，改革国有资本监督管理体制，调整优化国有资产布局，更大力度推进国有企业混合所有制改革。做好山西转型综改示范区建设，统筹推进开发区创新发展。深化企业投资项目承诺制改革，持续优化营商环境。深化科技体制改革。坚持打好污染防治攻坚战，创新和改进环境治理方式，建立生态环境损害赔偿制度
浙江省义乌市国际贸易综合配套改革试验区	2011年3月	积极推进"一带一路"建设，以互利共赢为理念、以贸易为纽带创新国际合作新模式，完善市场采购贸易方式，推进国际贸易大众化发展。深化市场采购进口贸易机制创新，形成既能降低进口准入门槛又能实施有效溯源的监管机制，完善市场采购出口贸易机制。打造浙江省统一的"义新欧"班列品牌，在共建"一带一路"国家布局建设系列境外合作园区。建设跨境电商综合试验区，探索中小企业和个人贸易者普惠贸易规则。逐步建成内陆新型海关特殊监管区域等开放平台，加快推进义乌与宁波舟山港一体化。创新涉外主体共享共治体系，更好实现寓管理于服务

续表

名称	设立时间	功能定位
厦门市深化两岸交流合作综合配套改革试验区	2011年12月	围绕拓展两岸交流合作广度和深度，实行更高水平的投资贸易自由化、便利化，深化改革试验。完善台商入境商品"源头管理、口岸验放"模式，探索促进两岸服务贸易的机制创新。推进两岸金融市场双向开放，探索建立金融开放创新体系，深化货币市场、多层次资本市场、保险市场等两岸金融平台合作。深化两岸产业、科技合作，完善科技创新服务机制。拓展"一市（厦门市）两标（大陆标准、台湾标准）"机制应用，探索更多领域两岸标准互通。创新两岸交流交往机制，拓展台湾同胞在厦门学习生活、就业创业的便利化机制
黑龙江省"两大平原"现代农业综合配套改革试验区	2013年6月	以推进农业供给侧结构性改革为主线，加快发展现代农业，推进乡村振兴。深化农村集体产权制度改革，推动有条件的村组建股份经济合作社。健全土地承包关系稳定并长久不变的体制机制，妥善解决土地承包存在的问题，做好农村承包地确权登记颁证收尾工作。积极推进农村集体经营性建设用地入市。利用农村土地确权和农业大数据建设成果，推动"农业大数据＋金融科技"的金融支农创新，加快建设农业信贷担保体系，在创新农村金融保险服务上实现新突破。完善财政支农投入机制，健全涉农资金统筹整合长效机制

资料来源：《国家发展改革委关于印发〈2019年国家综合配套改革试验区重点任务〉的通知》，中国政府网，http://www.gov.cn/zhengce/zhengceku/2019-09/29/content_5434824.htm。

（三）深化拓展时期

2013年以来，为维持自身在全球经济规则制定中的主导地位，发达国家主导的双边贸易协定、跨太平洋伙伴关系协定、跨大西洋贸易与投资伙伴协定等区域性自由贸易协定不断涌现，重新构建更高标准、更自由化的投资贸易规则。相比于多边贸易规则，同一区域内各个国家经济条件和需求相似程度更高，以双边协定为主的区域性自由贸易协定更容易实现。于是，越来越多的国家和地区开始通过签署区域性自由贸易协议并设立自由贸易区，加强区域内经济交流，降低贸易和投资门槛，从而降低交易成本，促进经济发展。

从国内来看，中国通过40年的改革开放，凭借人口、政策等红利创造了经济奇迹，经济一直保持高速增长。但近年来，GDP 增速趋缓，过去粗放的经济发展模式逐渐被高质量发展模式取代，目前中国经济正处于转型发展的阵痛期和适应调整期。自由贸易试验区积极创新管理模式，促进贸易投资便利化，探索新途径、积累新经验、深化改革、全面开放，肩负着加快新时代制度创新与治理创新的重要使命，是国家战略需要。各自由贸易区根据不同的地理区位优势、产业发展优势和城市互补优势，制定不同的发展规划，以点连线，以线成面，为全面深化改革和扩大开放探索新途径、积累新经验。

中国改革开放的探索经历了从经济特区到综合配套改革试验区再到自由贸易区的战略递进，具有高度的连续性、系统性和自主性。经济特区改革符合"帕累托改进"的基本含义，即在没有涉及利益关系重构的情况下通过资源重新配置获取新的收益（陈振明、李德国，2008）。如今，经济特区已经历 40 多年洗礼，促进了中国经济的腾飞和持续增长，为其他地区创新经济发展模式提供了宝贵的经验。经济特区在发展了数十年后，不仅没有濒临衰退，还通过自身强大的内生动力带动区域经济发展，为中国下一步改革开放引领方向。

中国的 18 个自由贸易试验区介绍见表 4-2。

表 4-2　中国 18 个自由贸易试验区介绍

单位：平方公里

名称	设立时间	建设面积	功能定位
中国（上海）自由贸易试验区	2013 年 9 月	28.78	经过两至三年的改革试验，加快转变政府职能，积极推进服务业扩大开放和外商投资管理体制改革，大力发展总部经济和新型贸易业态，加快探索资本项目可兑换和金融服务业全面开放，探索建立货物状态分类监管模式，努力形成促进投资和创新的政策支持体系，着力培育国际化和法治化的营商环境，力争建设成为具有国际水准的投资贸易便利、货币兑换自由、监管高效便捷、法制环境规范的自由贸易试验区，为我国扩大开放和深化改革探索新思路和新途径，更好地为全国服务
	2014 年 12 月	120.72	

续表

名称	设立时间	建设面积	功能定位
中国（广东）自由贸易试验区	2015年4月	116.20	依托港澳、服务内地、面向世界，将自贸试验区建设成为粤港澳深度合作示范区、21世纪海上丝绸之路重要枢纽和全国新一轮改革开放先行地
中国（天津）自由贸易试验区	2015年4月	119.90	以制度创新为核心任务，以可复制可推广为基本要求，努力成为京津冀协同发展高水平对外开放平台、全国改革开放先行区和制度创新试验田、面向世界的高水平自由贸易园区
中国（福建）自由贸易试验区	2015年4月	118.04	围绕立足两岸、服务全国、面向世界的战略要求，充分发挥改革先行优势，营造国际化、市场化、法治化营商环境，把自贸试验区建设成为改革创新试验田；充分发挥对台优势，率先推进与台湾地区投资贸易自由化进程，把自贸试验区建设成为深化两岸经济合作的示范区；充分发挥对外开放前沿优势，建设21世纪海上丝绸之路核心区，打造面向21世纪海上丝绸之路沿线国家和地区开放合作新高地
中国（河南）自由贸易试验区	2017年4月	119.77	以制度创新为核心，以可复制可推广为基本要求，加快建设贯通南北、连接东西的现代立体交通体系和现代物流体系，将自贸试验区建设成为服务于"一带一路"建设的现代综合交通枢纽、全面改革开放试验田和内陆开放型经济示范区
中国（湖北）自由贸易试验区	2017年4月	120.00	以制度创新为核心，以可复制可推广为基本要求，立足中部、辐射全国、走向世界，努力成为中部有序承接产业转移示范区、战略性新兴产业和高技术产业集聚区、全面改革开放试验田和内陆对外开放新高地
中国（辽宁）自由贸易试验区	2017年4月	119.89	以制度创新为核心，以可复制可推广为基本要求，加快市场取向体制机制改革、积极推动结构调整，努力将自贸试验区建设成为提升东北老工业基地发展整体竞争力和对外开放水平的新引擎
中国（四川）自由贸易试验区	2017年4月	119.99	以制度创新为核心，以可复制可推广为基本要求，立足内陆、承东启西、服务全国、面向世界，将自贸试验区建设成为西部门户城市开发开放引领区、内陆开放战略支撑带先导区、国际开放通道枢纽区、内陆开放型经济新高地、内陆与沿海沿边沿江协同开放示范区

续表

名称	设立时间	建设面积	功能定位
中国（重庆）自由贸易试验区	2017年4月	119.98	以制度创新为核心，以可复制可推广为基本要求，全面落实党中央、国务院关于发挥重庆战略支点和连接点重要作用、加大西部地区门户城市开放力度的要求，努力将自贸试验区建设成为"一带一路"和长江经济带互联互通重要枢纽、西部大开发战略重要支点
中国（浙江）自由贸易试验区	2017年4月	119.95	以制度创新为核心，以可复制可推广为基本要求，将自贸试验区建设成为东部地区重要海上开放门户示范区、国际大宗商品贸易自由化先导区和具有国际影响力的资源配置基地
中国（陕西）自由贸易试验区	2017年4月	119.95	以制度创新为核心，以可复制可推广为基本要求，全面落实党中央、国务院关于更好发挥"一带一路"建设对西部大开发带动作用、加大西部地区门户城市开放力度的要求，努力将自贸试验区建设成为全面改革开放试验田、内陆型改革开放新高地、"一带一路"经济合作和人文交流重要支点
中国（海南）自由贸易试验区	2018年10月	全岛	发挥海南岛全岛试点的整体优势，紧紧围绕建设全面深化改革开放试验区、国家生态文明试验区、国际旅游消费中心和国家重大战略服务保障区，实行更加积极主动的开放战略，加快构建开放型经济新体制，推动形成全面开放新格局，把海南打造成为我国面向太平洋和印度洋的重要对外开放门户
中国（山东）自由贸易试验区	2019年8月	119.98	以制度创新为核心，以可复制可推广为基本要求，全面落实中央关于增强经济社会发展创新力、转变经济发展方式、建设海洋强国的要求，加快推进新旧发展动能接续转换、发展海洋经济，形成对外开放新高地。经过三至五年改革探索，对标国际先进规则，形成更多有国际竞争力的制度创新成果，推动经济发展质量变革、效率变革、动力变革，努力建成贸易投资便利、金融服务完善、监管安全高效、辐射带动作用突出的高标准高质量自由贸易园区

续表

名称	设立时间	建设面积	功能定位
中国（江苏）自由贸易试验区	2019年8月	119.97	以制度创新为核心，以可复制可推广为基本要求，全面落实中央关于深化产业结构调整、深入实施创新驱动发展战略的要求，推动全方位高水平对外开放，加快"一带一路"交汇点建设，着力打造开放型经济发展先行区、实体经济创新发展和产业转型升级示范区。经过三至五年改革探索，对标国际先进规则，形成更多有国际竞争力的制度创新成果，推动经济发展质量变革、效率变革、动力变革，努力建成贸易投资便利、高端产业集聚、金融服务完善、监管安全高效、辐射带动作用突出的高标准高质量自由贸易园区
中国（广西）自由贸易试验区	2019年8月	119.99	以制度创新为核心，以可复制可推广为基本要求，全面落实中央关于打造西南中南地区开放发展新的战略支点的要求，发挥广西与东盟国家陆海相邻的独特优势，着力建设西南中南西北出海口、面向东盟的国际陆海贸易新通道，形成21世纪海上丝绸之路和丝绸之路经济带有机衔接的重要门户。经过三至五年改革探索，对标国际先进规则，形成更多有国际竞争力的制度创新成果，推动经济发展质量变革、效率变革、动力变革，努力建成贸易投资便利、金融服务完善、监管安全高效、辐射带动作用突出、引领中国－东盟开放合作的高标准高质量自由贸易园区
中国（河北）自由贸易试验区	2019年8月	119.97	以制度创新为核心，以可复制可推广为基本要求，全面落实中央关于京津冀协同发展战略和高标准高质量建设雄安新区要求，积极承接北京非首都功能疏解和京津科技成果转化，着力建设国际商贸物流重要枢纽、新型工业化基地、全球创新高地和开放发展先行区。经过三至五年改革探索，对标国际先进规则，形成更多有国际竞争力的制度创新成果，推动经济发展质量变革、效率变革、动力变革，努力建成贸易投资自由便利、高端高新产业集聚、金融服务开放创新、政府治理包容审慎、区域发展高度协同的高标准高质量自由贸易园区

续表

名称	设立时间	建设面积	功能定位
中国（云南）自由贸易试验区	2019年8月	119.86	以制度创新为核心，以可复制可推广为基本要求，全面落实中央关于加快沿边开放的要求，着力打造"一带一路"和长江经济带互联互通的重要通道，建设连接南亚东南亚大通道的重要节点，推动形成我国面向南亚东南亚辐射中心、开放前沿。经过三至五年改革探索，对标国际先进规则，形成更多有国际竞争力的制度创新成果，推动经济发展质量变革、效率变革、动力变革，努力建成贸易投资便利、交通物流通达、要素流动自由、金融服务创新完善、监管安全高效、生态环境质量一流、辐射带动作用突出的高标准高质量自由贸易园区
中国（黑龙江）自由贸易试验区	2019年8月	119.85	以制度创新为核心，以可复制可推广为基本要求，全面落实中央关于推动东北全面振兴全方位振兴、建成向北开放重要窗口的要求，着力深化产业结构调整，打造对俄罗斯及东北亚区域合作的中心枢纽。经过三至五年改革探索，对标国际先进规则，形成更多有国际竞争力的制度创新成果，推动经济发展质量变革、效率变革、动力变革，努力建成营商环境优良、贸易投资便利、高端产业集聚、服务体系完善、监管安全高效的高标准高质量自由贸易园区

资料来源：根据国务院印发的中国各自由贸易试验区总体方案整理得来。

（四）未来展望

随着新时代的到来，经济特区在成立40年之后如何永葆发展活力，如何在经济从高速增长阶段转向高质量发展阶段后持续产生溢出效应？这将是经济特区在下一个40年需要回答的问题，这也意味着经济特区承担着新的历史使命。

首先，新时代中国经济特区肩负制度创新的顶层革新使命。进入新时代以来，我国社会主要矛盾转变为人民日益增长的美好生活需要和不平衡不充分的发展之间的矛盾，顶层制度的设计和创新为中国实现全面小康和现代化建设提供不竭的发展动力。因此，2019年8月，《中共中央 国务院关于支持深圳建设中国特色社会主义先行示范区的意见》发布，意见明确指出，深圳先行示范区要率先建设体现高质量发展要求的现代化经济体系，加快实施创新驱动发展战略，构建现代产业体系，形成全面改革开放格局；率先营造彰显公平正义的民主法治环境，提升民主法治建设水平，优化政府职能和现代化管理模式；率先塑造展现社会主义文化繁荣兴盛的现代城市文明，推进城市精神文明建设，大力发展文化产业和旅游产业；率先形成共建共治共享共同富裕的民生发展格局，完善医疗和社会保障体系；率先打造人与自然和谐共生的美丽中国典范，大力倡导生态文明建设，构建绿色新发展格局。深圳经济特区的新使命具有更加宏伟的蓝图，更加注重实现人民对美好生活的向往。深圳经济特区先行先试，形成体制机制蓝本，为建设社会主义现代化强国提供源源不断的创新制度。

喀什经济特区也在"一带一路"倡议下的新一轮改革开放中发挥引领作用。在战略上，喀什是中国向西开放的门户。喀什与周边经济体的互补性很强，是进入中亚和南亚市场的最佳入口。喀什建立经济特区对实现全面对外开放、充分发挥区位优势、鼓励内陆产业向西部转移、密切中国与中亚合作等具有重要的战略意义。国家通过给予喀什税收、金融、土地、贸易等方面的优惠来推动东部地区优质生产要素向西转移，并将其作为陆上丝绸之路的重要延伸节点建立"新亚欧大陆桥"，开发能源资源，开拓国际市场。

其次，新时代中国经济特区肩负全面建设社会主义现代化强国的使命，为实现中华民族伟大复兴的中国梦强基固本。中国确定了以国内大循环为主体、国内国际双循环相互促进的新发展格局，经济特区在新时代不仅要在"开放"上起示范作用，在参与内循环上也要继续发挥敢闯敢干、勇往直前的特区精神，积极进行制度创新，推动区域协调发展，为实现共同富裕贡献特区力量。1979年7月，广东省深圳、珠海、汕头三市和福建省厦门市在中央政策支持下成立经济特区。四大经济特区成立伊始，不仅担负着重要的经济使命，而且由于其特殊的地理位置担负着促进祖国完全统一的政治使命。40多年来，经济特区吸引了大量香港、澳门、台湾的外资。

最后，新时代中国经济特区将继续引领改革开放，为世界提供标杆式的中国方案。中国经济特区在创建初期没有足够的经验，主要执行中央改革政策与任务，自治程度较低。然而，中国经济特区发展40多年来，对中国深化改革开放和建设社会主义现代化国家具有重要的制度创新意义和顶层设计价值。中国也与东南亚、南亚、中东、非洲等的发展中国家共享经济特区的发展经验，进一步激发发展中国家对外开放的动力，并促进了其他发展中国家的可持续发展，这充分体现了习近平总书记倡导的人类命运共同体理念，中国经验、中国力量将再次造福世界。

市场经济是建立在规范化和法制化基础上的开放型经济形态。中国坚定落实改革开放的发展战略，社会主义市场经济是中国经济发展的必然选择。党的十一届三中全会确立了改革开放总方针，改变了维持多年的计划经济体制，并在之后的发展中找到了比较科学的社会主义市场经济发展思路，勾勒出社会主义市场经济体制的基本框架，明确了渐进式发展路径：坚决贯彻在制度试验中发现问题，再在新的实践中解决问题，找到新路；行得通再做推广，并在国内制度探索和社会发展的过程中与世界接轨。实践表明，过去40多年经济特区的发展是健康的、有益的、成功的，四个窗口都发挥了重要作用。要认真总结经济特区的经验教训，开展理论研究，在实践中逐步向全国推广成功经验，推动我国形成全面改革开放的典范，尽快融入世界经济发展，全面建设社会主义现代化国家。

第二节　中外经济特区建立背景的共同特征

经济特区在发展初期需要国家投入大量资源，甚至举全国之力支持特区基础设施建设，为其配套前所未有的优惠政策。同时，为给特区提供稳定健康的投资和营商环境，国家和地方在特区法律法规建设方面应该大胆创新，不惜实践成本。这是因为特区建设蕴含鲜明的国家意志，特区的每一次跨越发展都将成为验证改革开放成效的历史节点。这种意志主要体现在以下几个方面。

一　参与全球竞争和资源分配

在世界经济趋向融合和资源全球化流动的背景下，各国均赋予了经济特区参与全球市场竞争和争夺稀缺资源的使命。由于中国香港、新加坡自由贸易区在转口贸易和吸引外资方面取得了巨大成就，韩国在20世纪60年代也开始建立经济特区，开展与亚洲新兴经济体的竞争。近年来，东南亚和非洲国家纷纷建立经济特区以吸引来自中国、日本等国家的资金或技术等资源，进而推动本国基础设施建设和现代工业发展，融入全球市场竞争。尤其在"一带一路"倡议提出后，沿线国家以经济特区作为节点，实现了经济联通，推动了全球化背景下亚欧国家经济合作模式的创新尝试。在这样的背景下，建立经济特区成为各国参与全球竞争和提升全球价值链地位的重要手段。而发展中国家考虑到竞争弱势而设立试点进行先行先试，探索适合本国的开放模式，再将成功范本进行推广，推动国家好而合理地开放和优而有利地参与全球竞争。

二 推动区域协调发展

增长极理论（Growth Pole Theory）在特区理论体系建设中发挥了核心作用。最先提出"增长极"概念的是法国经济学家弗朗索瓦·佩鲁（Francois Perroux），他指出"增长并不一定出现在所有地方，而是以不同强度首先出现在一些增长点或增长极上，再通过不同渠道扩散最终对经济整体产生影响"。在此基础上，卡尔·冈纳·缪尔达尔（Karl Gunnar Myrdal）提出"循环累积因果论"（Cumulative Causation Theory），强调经济发展过程在空间上是非均匀分布的，初始优势明显的地区得到超前发展。循环累积因果过程强化了区域不平衡，导致增长区域和滞后区域之间发生空间相互作用，由此产生两种相反的效应："回流效应"和"扩散效应"。而后法国经济学家雅克·劳尔·布代维尔（Jacques Raoul Boudeville）首先把增长极的概念从产业关系转向地理空间关系，并由此得出区域增长极战略的基本思想（白义霞，2008）。

综合学者对于该理论的研究并结合实践经验，笔者认为，区域经济发展主要依靠条件较好地区先发展起来，进而带动周边地区，使区位特色、优势和互补性进一步显现，促进生产要素在区域内实现多向流动，最大限度地发挥集聚和反馈效应，最终缩小区域间的发展差距，实现共同富裕。深圳在经过政策扶持后，内在潜能被激发，已经探索出一条行之有效的发展道路。近年来，随着粤港澳大湾区战略的推进，深圳作为湾区中坚力量积极推动空间区域结构重组和联动发展，通过技术和人才交流、交通和产业连接使区域间合作更加密切，通过产业梯度转移起到城市系统拓展的效果。世界其他国家经济特区建设同样蕴含着促进区域协调发展的期盼。朝鲜的经济特区分设在国家四角边界，且分领着不同的国家任务。这样的地理分布和发展定位也是为了带动区域内相关产业的发展，形成工业体系完整、产业类型齐全、产业内分工协作的发展格局，最终实现广泛的区域经济一体化（S.H. Lim and K.T. Lim，2006）。但这种区域协调也可能产生副作用，赫希曼就强调了增长极理论的负效应来自"极化效应"，表现为竞争力的差异对周边地区就业等的冲击。

三 地缘政治与历史使命

各经济特区的选址和发展均将地缘政治和历史因素作为必须考虑的因素。中国经济特区作为联结港澳台的政治和经济纽带，最能证明"一国两制"的有效性，其通过对接港澳台，吸引产业和投资，探索市场开放模式，最终加强政治、经济、文化融合，推动两岸关系健康发展。俄罗斯虽然横跨亚欧两大洲，但古往今来都有浓厚的欧洲情结。俄罗斯首批6个经济特区中的5个均分布于俄罗斯的欧洲部分（戚文海，2006）。毛里求斯是印度外资第一来源国，与印度隔海相望，印度建立经济特区也可以吸引当地大量印侨回国投资。

经济特区的历史使命是根据时代发展需求创造制度供给，探索适合本国国情的市场化、开放型道路，这是一种意识创新取代制度束缚的替代效应的发挥。邓小平同志指出："我们建立经济特区，实行开放政策，有个指导思想要明确，就是不是收，而是放。"（《邓小平文选》第3卷，1993：51）如今经济特区走过40多年，伴随着新时代到来，习近平总书记同样强调，经济特区要不忘初心、牢记使命，把握好新的战略定位，继续成为改革开放的重要窗口、改革开放的试验平台、改革开放的开拓者、改革开放的实干家（习近平，2018）。

四 承接产业转移

美国哈佛大学教授弗农·拉坦（Vernon Rutton）的区域经济梯度转移

理论强调，每一个国家或地区都处在一定的经济发展梯度上，世界上每一个新行业、新产品、新技术都会随时间推移而由高梯度区向低梯度区传递，后有人称之为"工业区位向下渗透"。各国经济特区在战略规划上都肩负承接产业转移的使命，从承接国外先进产业到承接国家内部的产业，体现经济发展的不同阶段和水平，也展现了产业链分工的演化路径。

中国经济特区发展的初期是为了承接来自中国香港、中国澳门和东南亚的初级制造业；而韩国和中国台湾地区主要是承接来自美国和日本的轻工业，再到后来的电子产业；印度经济特区在20世纪90年代进行产业结构调整，为承接来自欧美的IT产业提供便利；如今东南亚和非洲也在逐步承接来自中国的产业和资源转移。以上承接行为均属于产业转移的初级阶段，而像中国上海和日本东京都将目标定为世界大型跨国公司的总部集聚地，属于更高级别的产业承接。中国雄安新区确立了分流非首都功能的定位，扮演着承接北京产业转移的角色，属于国家内部的产业梯次转移。

五　作为对外开放的试验田

制度不是一成不变的，需要社会试验体对其不断进行创新以满足社会发展各个阶段的实际需要。而制度试验存在风险，成本较高，需要经历从个体到普遍的过程，所以特区成为最合适的试验体。中国、俄罗斯、印度、朝鲜、东南亚国家纷纷意识到对外开放的重要性，根据发展需求创造制度供给，开始探索适合本国发展的市场化、开放型道路和制度。如20世纪90年代之后，一直以计划经济为主的印度出现了国际收支不平衡和财政困难等经济问题，新一届政府陆续发布了产业、贸易、投资与外汇新政策，取消工业执照管制，逐年调降关税与消除其他进口障碍，希望以自由开放的经济政策与市场机制来带动印度经济的稳定发展。

邓小平同志指出："我们建立经济特区，实行开放政策，有个指导思想要明确，就是不是收，而是放……特区是个窗口，是技术的窗口，管理的窗口，知识的窗口，也是对外政策的窗口。从特区可以引进技术，获得知识，学到管理，管理也是知识。"(《邓小平文选》第3卷，1993：51~52)特区成为开放的基地，不仅在经济方面、培养人才方面使我们得到好处，而且会扩大我国的对外影响。新时代到来，习近平总书记也强调，经济特区要不忘初心、牢记使命，把握好新的战略定位，继续成为改革开放的重要窗口、改革开放的试验平台、改革开放的开拓者、改革开放的实干家（习近平，2018）。

第五章
中外经济特区发展情况比较研究

第一节　中国经济特区的发展情况

中国自 1980 年建立经济特区以来，历经 40 多年的发展，取得了令世界瞩目的成就。深圳作为中国七大经济特区中发展最快的一个，发展速度让世界震惊。2018 年，深圳地区生产总值达到 24221.98 亿元，较 2017 年增长了 7.6%。四大支柱产业中，金融业增加值为 3067.21 亿元，增速最低，较上年仅增长 3.6%；文化及相关产业（规模以上）增加值为 1560.52 亿元，较上年增长 6.3%；物流业增加值为 2541.58 亿元，较上年增长 9.4%；高新技术产业增加值为 8296.63 亿元，较上年增长 12.7%。[①]无论是增加值还是增长速度，高新技术产业都遥遥领先，位居深圳四大支柱产业之首。深圳涌现出众多的以华为、腾讯、万科、比亚迪等为代表的国内行业龙头企业。深圳等经济特区的成功实践，充分证明了中国特色社会主义的正确性和先进性。正如邓小平所说："现在我可以放胆地

[①] 《深圳市 2018 年国民经济和社会发展统计公报》，中国统计信息网，https://www.cnstats.org/tjgb/201904/szsszs-2018-yew_3.html。

说,我们建立经济特区的决定不仅是正确的,而且是成功的。所有的怀疑都可以消除了。"(李伯惟,2012)中国经济特区建设的成功实践,向世界证明,通过主动的改革开放,社会主义国家同样可以创造经济发展奇迹,实现社会主义现代化。

《中共中央 国务院关于支持深圳建设中国特色社会主义先行示范区的意见》,是继习近平总书记在2018年12月对深圳工作做出重要批示以后,中央对深圳工作提出的又一新要求。从"先行先试"到"先行示范",深圳为中国特色社会主义打造一个面向未来的典范,一个可供参考、复制的样板。

一 各类经济开放区的不同

经济特区在广义上是指,在某一国内划定的、在对外经济活动中采取较国内其他地区更加灵活的特殊政策的特定地区(Farole and Akinci, 2011)。不同的国家对其开放地区和城市的叫法也有所不同,如免税区、自由港、自由关税区、自由贸易区、对外贸易区、自由出口区等。这些开放地区虽然叫法不同,但它们都具有较高的开放度和自由度,并都带有特殊的经济使命。通过对国外文献的梳理可以看出,不少国外学者习惯把各种对外开放区和城市统称为经济特区,在一些特殊的情况下,才会对其进行细分。就中国而言,经济特区特指深圳、珠海、汕头、厦门这四个第一批建立的经济特区以及后来又设立的海南、喀什、霍尔果斯这三个经济特区。七大经济特区涵盖东西部多个地区,构成中国对外开放的重要窗口。从最初的"先行先试"对外窗口到"先行示范"高质量现代城市发展标杆,未来中国经济特区将被赋予更多的时代使命(孟广文等,2018)。中国各类经济开放区的汇总见表5-1。

表 5-1 中国各类经济开放区的汇总

单位：个

经济区	概念	数量	代表	特点
经济特区	为了稳妥推进改革，中国一直采取先局部试点再推广经验的渐进式改革策略。改革开放早期，曾设立深圳、珠海等几个经济特区，区内实行特殊的政策。综合改革试验区与特区在性质上比较接近，但"试验"内容更明确。比如，有的针对城乡协调发展问题，有的针对资源环境问题等	7	深圳、珠海、汕头、厦门、海南、喀什、霍尔果斯	有特殊政策、相对独立的经济体
开发区	"经济技术开发区"既着眼于产业发展规律又着眼于区域发展规律。特别是在20世纪八九十年代，不同产业之间的互补、突出产业的集聚优势，都需要政府发挥较大的作用。进入园区的企业享有一定的优惠政策，比如提供工业用地和税收减免	219	江苏省最多，有26个	工业聚集地、有优惠政策
高新区	"高新技术产业开发区"更多的是着眼于产业发展规律。高新技术产业在发展初期需要政府的扶植。科技部对于"高新区"的介入甚至都细化到了产业的指导目录，也就是说，哪个地方的高新区应重点发展何种产业，都有着明确的规定	145	中关村科技园等	侧重特色产业、有优惠政策
国家级新区	国家级新区主要是行政区划调整的一种措施，由中央政府批准设立并拥有相应的配套政策。新区的地理范围比较小，通常是一个市内的某一个区域。国家级新区的布局会更多考虑怎么样通过新区的建设带动区域的发展，以及如何成为一个区域的增长极，改变整个区域的发展态势，具有辐射效应	19	雄安、浦东、滨海等	更突出对区域发展的带动能力
自贸区	自贸区即自由贸易区，园区内的生产、贸易和投资活动适用的关税、审批和管理政策灵活。各种"区"相互之间并不是排斥的，同一个地方可以同时具备多种"区"的身份。比如上海的浦东新区对长三角、东南沿海及沿江的经济增长都有不同程度的带动作用；重庆的两江新区，对重庆整个地方的经济增长和发展的带动作用十分明显	11	上海自贸区等	关税、审批和管理政策灵活

资料来源：根据百度百科资料整理。

二 中国经济特区的发展阶段划分

中国经济特区历经 40 多年的发展，如今以深圳为代表的经济特区已经成为世界上最成功的经济特区之一。回顾中国经济特区 40 多年来的发展历程，可以将中国经济特区的发展大致分为五个阶段，如图 5-1 所示。

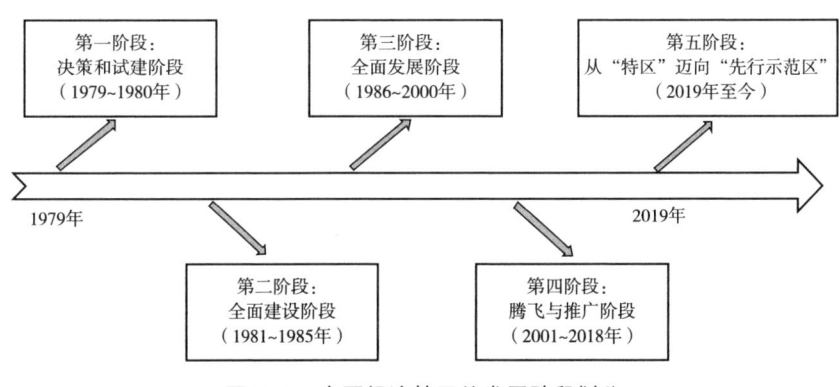

图 5-1 中国经济特区的发展阶段划分

（一）第一阶段：决策和试建阶段（1979~1980 年）

第一阶段的重要标志是，1979 年 4 月在中央工作会议上，广东省委首次提出要在广东建设经济特区的建议，这一设想得到邓小平等中央领导的极力支持。到了 1980 年 8 月，《广东省经济特区条例》颁布，标志着中国经济特区正式诞生。

（二）第二阶段：全面建设阶段（1981~1985 年）

由于经济以及社会环境等条件的不同，经济特区的起步建设时间也有所差异。深圳和珠海率先于 1980 年开始建设经济特区，厦门和汕头紧跟其后，分别于次年 10 月和 11 月启动特区建设项目。经过几年的摸索，中国经济特区取得初步成功，到了 1985 年，四大经济特区的面积规模已经远超预期。

（三）第三阶段：全面发展阶段（1986~2000 年）

经济特区最开始以工业发展为主、对外贸易为辅，取得了良好成效。1988 年 4 月，中央决定将海南省建设成第五个经济特区，这也是唯一一个以省为单位的经济特区，同时也是中国面积最大的经济特区。在此期间，经济特区模式得到了进一步的推广，上海浦东等国家新区的建设，成为中国新一轮改革开放的重要标志。随着国家经济政策的调整，经济特区在创新、改革、对外开放方面获得了巨大成功。

（四）第四阶段：腾飞与推广阶段（2001~2018 年）

经济特区作为中国特色社会主义示范区，是中国推行改革开放以来的一次勇敢尝试，并取得了巨大成功。2010 年，在中央新疆工作座谈会上，中央正式批准霍尔果斯、喀什设立经济特区，这是中国第六、第七个经济特区，也是国家对于经济特区解决区域发展不平衡问题做出的伟大尝试。21 世纪经济特区要继续践行使命，为全面建成社会主义现代化强国、实现中国梦贡献力量，发挥好带头作用。

（五）第五阶段：从"特区"迈向"先行示范区"（2019 年至今）

"先行示范区"源于《中共中央 国务院关于支持深圳建设中国特色社会主义先行示范区的意见》。2019 年 8 月 18 日，《中共中央 国务院关于支持深圳建设中国特色社会主义先行示范区的意见》正式发布，支持深圳高举新时代改革开放旗帜，建设中国特色社会主义先行示范区。意见再次赋予深圳以特殊使命，明确了深圳先行示范区作为高质量发展高地、法治城市示范、城市文明典范、民生幸福标杆、可持续发展先锋的战略定位。

纵观中国经济特区40多年来的建设和发展历程，中国经济特区实际上是在走试验—推广—创新—示范的发展道路。除了经济特区自身的经济和社会发展取得了巨大成功外，更大的意义在于，经济特区在不断发展的过程中，获得的发展经验与进行的有益探索，能够很好地指导中国社会主义现代化建设，对中国其他地区的发展起到良好的辐射和带动作用。

三 中国经济特区的经济社会发展成果

中国七大经济特区由于建立时间、地理位置、社会环境等因素不同，发展水平也存在较大差异。由于喀什、霍尔果斯这两个经济特区于2010年才批准建立，起步较晚，发展水平相对较低，所以主要比较深圳、珠海、汕头、厦门和海南这五个经济特区的发展情况（见表5-2），而不将喀什和霍尔果斯纳入比较范围内。通过比较研究，可以了解五大经济特区的发展水平和差距，并进一步研究产生差异的原因，从而为中国经济特区的进一步发展提供新思路。

表5-2 2018年中国五大经济特区发展情况

指标	深圳	珠海	汕头	厦门	海南
常住人口（万人）	1302.66	189.10	563.85	411.00	934.32
人均GDP（元）	189568（3.2%）	165104（10.7%）	44672（6.3%）	118015（5.2%）	51955（4.8%）
一般公共预算支出（亿元）	4282.54（-6.8%）	572.52（15.9%）	328.66（1.0%）	892.50（12.0%）	1685.44（16.7%）
人均可支配收入（元）	57544（8.7%）	48107（9.2%）	24428（8.5%）	50948（9.3%）	24579（9.0%）
进出口总额（亿元）	29983.74（7.0%）	3246.28（8.5%）	557.71（-4.3%）	6005.31（3.3%）	848.96（20.8%）

续表

指标	深圳	珠海	汕头	厦门	海南
实际利用外资（亿美元）	80.03（10.8%）	23.92（-1.7%）	0.96（-72.9%）	16.21（-32.9%）	7.33（112.7%）

注：括号内为与上年相比的增长情况。
资料来源：各地区统计局。

（一）人口发展情况

从常住人口总数来看，深圳 2018 年常住人口达到 1302.66 万人，较上年增长了 4%，常住人口总数在五大经济特区中排名第一；其次是海南，2018 年常住人口数为 934.32 万人；珠海的常住人口最少，仅为 189.10 万人。由于人口总量和面积等客观条件存在差异，比较各个经济特区的人均 GDP 较能反映经济的发展水平。从人均 GDP 的数据可以看出，2018 年深圳的人均 GDP 高达 189568 元，但增速最慢，仅为 3.2%；而汕头的人均 GDP 最低，仅为 44672 元，深圳的人均 GDP 是汕头的 4.24 倍；珠海虽然常住人口数量最少，但人均 GDP 却达到 165104 元，增速高达 10.7%；厦门人均 GDP 也达到 118015 元，位列第三；而海南虽然常住人口数量跟深圳相差不多，但人均 GDP 却不足深圳的 1/3，仅为 51955 元。2018 年，中国人均 GDP 为 64644 元，海南和汕头的人均 GDP 低于全国水平。

（二）财政支出情况和居民收入水平

地区的财政支出情况和居民收入水平能反映出一个地区的人民的生活质量。在五大经济特区中，深圳 2018 年一般公共预算支出为 4282.54 亿元，较去年下降了 6.8%；其次是海南，2018 年海南一般公共预算支出为 1685.44 亿元，同比增长 16.7%，可见海南政府对于经济发展的财政投入力度也是相当大的；厦门的一般公共预算支出为892.50亿元，同比增长12.0%；珠海和汕头的一般公共预算支出分别为572.52亿元和328.66亿元，位于较靠后的位置，但就增速而言，珠海达到15.9%，仅次于海南。从人均可支配收入来看，深圳的人均可支配收入为57544元，略高于厦门的50948元，依旧位居第一；珠海的人均GDP虽然比厦门高很多，但是人均可支配收入却低于厦门，只有48107元，同比增长9.2%；海南和汕头的人均可支配收入分别为24579元和24428元，而全国人均可支配收入为28228元，可见海南和汕头的经济发展水平与发达城市相比还有很大差距。总体而言，五大经济特区人均可支配收入的增速均在9%左右，增长速度相对较快。

（三）对外贸易和外资利用

通过分析地理位置可以发现，深圳、珠海、汕头、厦门和海南这五大经济特区都位于沿海地区，都有着天然的对外贸易的优势。而事实上，这些沿海城市利用国家鼓励对外开放的优惠政策，取得了长足的发展。2018年深圳的进出口总额高达29983.74亿元，规模仅次于上海，位居中国城市第二。其中出口总额为16274.69亿元，出口规模连续26年位居中国城市第一；进口总额为13709.05亿元，进口规模位居中国城市第三。其次是厦门，进出口总额为6005.31亿元，位居五大经济特区第二。珠海虽然离深圳很近，但2018年全年进出口总额仅为3246.28亿元，增速较快，比2017年增长了8.5%。海南进出口总额为848.96亿元，同比增长20.8%，增速远超其他四个经济特区。汕头的进出口总额为557.71亿元，较去年下降了4.3%。在外资利用方面，2018年深圳实际利用外资总额达到80.03亿美元，同比增长10.8%，增长较为稳定；其次是珠海，2018年实际利用外资23.92亿美元，较2017年有略微的下降；厦门实际利用外资为16.21亿美元，较上年下降了32.9%；实际利用外资增长最快的是海南，2018 年海南实际利用外资 7.33 亿美元，同比增长 112.7%；汕头实际利用外资总额仅为 0.96 亿美元，下降幅度较大，较 2017 年下降了 72.9%。通过对比可以看出，2018 年海南在进出口总额和实际利用外资方面，都有较大幅度的增长；深圳进出口总额和实际利用外资都增长较为平稳；而汕头经济特区在进出口总额和实际利用外资方面都有较大的波动，出现负增长。

第二节　国外经济特区的发展情况

在特定地区建立经济特区，并为之制定特殊的经济政策和管理体系已经被世界各国所采纳，并且取得了大量的成功经验。各国根据地方经济发展需求及资源禀赋的差异建立不同类型的经济特区，从而实现促进经济增长、吸引外资、发展贸易和促进技术进步等目的。如今，经济特区常常成为超越社会制度和促进生产力发展水平的普遍经济存在（Shah，2009）。无论是以美国、日本、德国、法国、英国等为代表的发达国家，还是以中国、印度、巴西等为代表的发展中国家，都纷纷建立了不同类型的经济特区。下文将按照发展中国家和发达国家划分，分别选取其中比较具有代表性的国家进行研究，进而了解其他国家经济特区的发展情况。

一　发展中国家经济特区的发展情况

除了中国之外，印度、巴西、墨西哥、伊朗、俄罗斯、越南、菲律宾、埃及等众多发展中国家经济体也都已经建立或正在建立经济特区。下面以印度、俄罗斯和拉美国家为代表，进一步考察发展中国家的经济特区的发展情况。

（一）印度经济特区

印度政府于 2000 年 5 月宣布，借鉴中国经济特区发展经验，建立经济特区。印度政府在经济特区的选址方面借鉴中国经验，选取了古吉拉特、奥里萨、泰米尔纳德、西孟加拉、马哈拉施特拉和安得拉共 6 个沿海城邦作为首批经济特区。此外，在经济政策方面，印度政府也积极借鉴中国经验，给予特区内企业众多优惠政策，包括：区内企业的外商直接投资比例无限制，上不封顶，最高可达 100%；企业关税和税收按"外国领地"对待，国外产品进入特区免征关税等（Shah，2009）。印度政府期望建立出口加工特区，大力发展制造业进而提升其在亚洲的影响力。

然而，过去多年，印度经济特区在发展当地经济、吸引外资和促进出口贸易等方面的作用远远没有达到预期，跟其借鉴对象中国相比，更是具有很大差距（Levien，2011）。例如，印度经济特区在建立的第二年，仅仅吸引外商直接投资 60 亿美元，而 2002 年中国经济特区吸引外资总额超过 500 亿美元。印度政府开始意识到中国模式可能并不完全适用于印度。尽管当时印度经济与中国具有很多相似的地方，但是中国经济特区还有其独特的地缘政治背景，如深圳经济特区毗邻香港和澳门，港资占据深圳经济特区外商直接投资的一半以上，而且香港和澳门还是中国内陆最大的商品输出地。反观印度，虽然期初的 6 个经济特区都选择位于沿海地区的城邦，但经济特区不仅占地面积小，而且缺少像香港、澳门那样的出口增长引擎。因此，印度经济特区的发展自然会较为缓慢。

在总结失败的原因和了解与中国经济特区的差异后，印度政府开始改变完全照搬的发展模式，根据其经济发展的特点和国内基本情况来重新规划经济特区。印度政府的改变主要体现在以下几个方面，第一，扩大经济特区的范围。起初印度经济特区被限定在狭小的沿海领域，印度政府在 2003 年将原本的工业园以及出口加工区全部升级为经济特区。除此之外，印度政府还主动打破原本只将经济特区建立在发达地区的固定模式，在较为落后的东北地区建立经济特区，以图发展落后地区经济。第二，扩大经济特区的行业覆盖范围，从原本的加工制造业扩展到更多的行业，主要包括金融、医疗、卫生等服务行业，这也使得近年来印度的服务业迅速发展并成为吸引外资的重要窗口。第三，在大力发展制造业的同时，积极与当地社会融合发展，将吸引投资、促进出口和创造就业岗位摆在同一战略位置。中国经济特区为当地带来了数以亿计的工作岗位，印度政府也期望能通过建立各种不同类型的经济特区达到此目的。第四，更加注重政策环境的营造，加强法律监管。虽然印度政府已经为经济特区制定了一系列的优惠政策，但并不是所有的政策都能落地实施。因此，下一步，印度政府将建立更加严格的特区制度和监管体系，推行更多的优惠政策，从而让经济特区真正体现其特殊之处。

事实证明，经过一系列的改革策略，近几年印度经济特区取得了不小的成果。截至2018年1月，印度经济特区的总数达到423个，为印度吸引了大量外商投资，并创造了众多工作岗位，有力促进了印度经济社会的发展。

（二）俄罗斯经济特区

俄罗斯经济特区最早可以追溯到20世纪80年代尚未解体的苏联时代。为发展地方经济，苏联也效仿世界其他国家，准备大力发展特区经济，并制定了《国家自由经济区统一纲要》，但该政策并未真正实施。1990年，苏联地区申请建立了首批11个经济特区，但由于苏联当时时局动荡，面临解体的危机，所以与经济特区相关的优惠政策及法律制度相当不健全。在投资者的权益没法得到保障的情况下，苏联经济特区自然难以吸引外资进入（Liuhto，2009）。俄罗斯的经济特区发展一路坎坷，虽然后续又相继建立了40余个经济特区，但仍因为地区间的冲突以及政策的滞后而难以取得预期的经济效益。至 2000 年，俄罗斯绝大部分自贸区、免税区等经济特区均已被政府取缔，或者已经失去经济特区自身应有的功能。目前仅剩加里宁格勒经济特区（1991 年建立）和马加丹经济特区（1999 年建立），但两个仅存的经济特区运行情况也不是很理想。2005 年，俄罗斯总统普京决定重新设立经济特区，复苏俄罗斯经济。此番建立经济特区，俄罗斯可谓做足了准备，吸取了之前建立经济特区失败的教训，在经济特区政策保障和法律制度上下大功夫。这一批次的 17 个经济特区分别分布在欧洲及中国边境地区。俄罗斯建设经济特区，是普京有意识地学习中国成功经验的结果。设立经济特区的直接目的是吸引俄罗斯的海外侨胞回国投资，同时吸引世界上的外商来俄罗斯投资建厂，从而促进经济发展。为了全面振兴俄罗斯经济，普京一口气设立了 17 个横跨俄罗斯众多地区的经济特区，并给予特区诸多优惠政策，如减免税收、开放土地等。到了 2009 年，俄罗斯经济特区进一步扩展到 20 个；截至 2013 年，俄罗斯总共建立了四种不同类型的经济特区，特区数量也达到 27 个，主要包含 6 个工业生产型经济特区、5 个科技研发型经济特区、3 个港口贸易型经济特区和 13 个休闲服务型经济特区。虽然有了众多的优惠政策和较大的免税力度，但俄罗斯众多经济特区仍未能取得良好的经济效果。

俄罗斯经济特区失败的原因令人深思。首先是由于政府的实际投资额远不如当初规划的投资额。数据显示，俄罗斯联邦政府最初拟定投入 3931 亿卢布用于建立经济特区，而最后实际投资额仅为 693 亿卢布，不足最初计划的 1/5。如此大的投资空缺导致俄罗斯经济特区的建设严重受阻，各项基础设施建设水平远达不到预期（Liuhto and Kaartemo，2011）。其次是由于历史原因，苏联长期分割战乱，导致俄罗斯海外侨胞的爱国力度不够，没有更多的资金也没有较强的投资意愿来建设祖国。因此，后续俄罗斯不得不停建多个经济特区。不过，克里姆林宫不会完全放弃经济特区项目，而是对此进行结构调整。普京还命令政府制定统一的政策来创建新的经济特区，旨在促进地方经济发展。于是，在叫停经济特区的同时，俄罗斯总理梅德韦杰夫宣布，在俄罗斯建设"先进发展地区"，作为另一种经济特区，旨在为与亚太地区投资者合作的大型项目提供税收优惠。与传统的经济特区不同的是，先进发展地区可能将以城市为基础，用一座城市的发展带动地区的发展。

（三）拉美国家经济特区

乌拉圭是最早建立经济特区的拉丁美洲国家，比中国经济特区早了57年（中国第一个经济特区建立于1980年）。在第二次世界大战结束后，为了使国民经济快速复苏，拉美国家纷纷在港口码头建立自由贸易港、自贸区、保税区等经济特区，拉美国家经济特区得以蓬勃发展。到了20世纪60年代，拉美国家经济基本恢复，经济特区的数量也快速增加，而且经济特区的发展模式也发生了一定的变化，由原来的发展自由贸易区逐渐转为大力发展出口加工区（Reyes，2011）。这一转变为拉美国家吸引了大量外资，拉美国家的工业水平也因为先进技术的进入得以迅速提升。经济特区的迅猛发展为当地创造了巨额外汇收入，并为当地提供了众多就业岗位，有效解决了拉美国家的就业问题。随着时间的推移，20世纪80年代以来，拉美国家的经济特区的产业结构发生了重大变化，由原本的以劳动密集型为主的低附加值产业向科技含量较高的高附加值产业发展。经济特区的产业覆盖电子、仪表仪器、机械配件等精密制造业，逐渐成为促进国家工业发展的支柱。墨西哥、阿根廷和巴西等国家则把经济特区作为其发展对外经济的重要抓手。如今，拉美超过27个国家和地区，已经建立超过150种不同类型的经济特区。

始建于1948年的巴拿马科隆自由贸易区在发展速度和发展规模上都位列拉美地区前茅。科隆地理位置极其优越，位于国际重要航线巴拿马运河的中心，是沟通北美洲和南美洲的交通枢纽，这使其迅速成为世界上重要的货物集散中心（Sigler，2013）。目前科隆自由贸易区已经成为 120 多个国家的贸易舞台。

二 发达国家经济特区的发展情况

在工业化较早的国家，经济特区的建立成为其工业发展的强大助力。如美国、英国、法国、德国等国家，工业化发展较快，较早建立自由贸易港和工业园区等经济特区，这些国家中有许多成功跻身发达国家行列。经济特区成为世界各国实现经济对外开放的重要手段，不仅美国、德国、法国、英国等超级大国建立了众多经济特区，日本、爱尔兰等小国也纷纷建立了不同类型的经济特区，有效促进了本国产业和经济的发展。

（一）美国经济特区

自 1936 年美国在纽约建立第一个自由贸易区，美国自由贸易区的建设脚步从未停滞。如今，美国自由贸易区的成立速度仍在加快，自由贸易区的数量位列世界第一。2016 年，美国活跃在世界舞台的自由贸易区数量约 200 个，聚集了 3000 多家不同类型的企业，提供了数十万个就业岗位，呈现强大的经济竞争力（Bélanger，2010）。

美国自由贸易区在 80 多年来的发展历程中，逐渐形成了其特有的发展模式。大体上可以将美国经济特区分为两大类：其一，综合型贸易区，主要负责各项对外贸易，提高贸易效率和贸易质量；其二，专业型贸易区，主要从事单一产品或行业的自由贸易，侧重高附加值和高技术含量产品贸易。美国的自由贸易区兼顾国内贸易和国际贸易，并注重提升本土企业的国际竞争力。这一点与发展中国家以及新兴工业化国家所建立的出口加工区等有较大的差别。在自贸区，美国企业结合国外和国内投入进行规模化生产，产品出口和内销同时进行。自贸区的贸易活动大多在国内开展而非国外，区内大部分产品仍销往美国市场。美国自由贸易区具有仓储、展示、加工、销售、制造等多种功能，其中最为重要的是制造和仓储功能。自贸区各项便利条件和优惠政策吸引了大量国内外原材料及零部件企业入区进行仓储、配送或生产。在良好的发展环境下，以加工制造和仓储物流为基础发展起来的生产性服务业也成为美国自由贸易区的重要支撑性产业。

美国自由贸易区建设取得了巨大成功，并使美国成为世界第一大经济体。美国商务部的数据显示，2019年，美国服务贸易总额达到14442.01亿美元，同比增长3.6%。其中，服务出口总额为8467.15亿美元，同比增长2.4%。在美国的服务业进出口贸易中，知识产权交易、金融业、运输业、旅游业、计算机通信业出口规模较大，拥有较强的实力，美国服务业企业在对外贸易中获得了丰厚收益。

（二）日本经济特区

自20世纪80年代末泡沫经济结束以来，日本经济几近低迷。日本历届政府一直在积极寻找摆脱困境的方法，但都未能取得良好的效果。经济衰退给日本政局造成了巨大冲击，近十年来，日本内阁频繁变动，由于缺乏稳定的内部政治环境，一些经济改革政策也难以有效实施与开展。同时，中国通过设立经济特区成功吸引外资、改善贸易环境，取代日本成为东亚经济发展的火车头（Yashiro，2005）。

2002年11月21日，日本众议院以多数赞成票通过了《结构改革特区法时事报告案》。根据该法案，从2003年4月1日至14日，日本地方政府可以向中央政府申请设立实行各种宽松优惠政策的经济特区。据日本内阁统计，经济特区开放审批的第一天，就有多达30个地方政府提交了39份设立经济特区的申请。日本决定借鉴中国、爱尔兰等国建立经济特区的成功经验，采取类似措施刺激日本经济复苏（Yashiro，2005）。与中国不同，日本经济特区建设的目的主要是留住本土企业，而不是吸引外商投资。

长期以来，日本坚持向周边发展中国家转移科技含量低、劳动强度高的产业的原则，许多制造企业在海外设厂，将生产基地转移到周边国家。但近年来，日本经济不景气，不少人开始担心日本企业大规模外迁，会减少日本国内的投资和就业机会，从而加剧经济萧条。在此背景下，日本经济产业省提出了设立经济特区的计划，希望吸引制造业回流。根据《经济特区体制改革法》的规定，经批准的经济特区将享受减免企业法人税、工业用地使用费补贴、简化企业设立程序等税收优惠和政策支持。

日本经济特区建设相对较晚，但经过几年的发展，有超越中国的趋势。2013年，日本政府再次提出设立国家战略特区，针对特定地区进行经济改革，重振日本经济。日本国家战略特区的地域分布十分广泛，从北海道延伸至九州岛，涵盖东京都市区，以及日本主要的科技园区和航空航天产业集群。日本共有7个国家战略特区，其中6个是城市间空间形态，特别是航天工业区，采用跨区域连续性规划，跨越5个县和43个城市。日本国家战略特区打破行政区划界线，形成了以资源优势、产业基础和国际创新网络建设为核心的大型区域创新经济圈和新型区域竞争合作关系。如今，日本国家战略特区已成为"日本振兴战略"的支柱。

（三）爱尔兰经济特区

爱尔兰传统经济以农牧业为主，其1959年设立的香农开发区是世界上第一个经济特区，被誉为区域性开发的成功典范（Stawicka，2012）。在20世纪80年代，受全球泡沫经济的影响，爱尔兰最高失业率一度达到17%，不少爱尔兰人选择移居国外，这对爱尔兰经济发展和社会稳定造成了重大影响。为解决这一难题，爱尔兰政府于1987年在港湾地区建立了首个国际金融服务中心（International Financial Services Centre，IFSC），在金融服务中心内大幅降低税收标准，企业法人的税收从最高的50%降到10%，一度成为欧洲税率最低的国家。这一举措吸引了大批外资和金融机构入驻，包括著名的美国花旗银行、英国汇丰银行以及美国的美林证券等众多金融机构纷纷在爱尔兰设立分部，为爱尔兰带来了大量外资，同时也为爱尔兰创造了数万个工作岗位。此外，爱尔兰大力发展软件、生物工程等高新技术产业，以良好的投资环境吸引了大量海外投资，迅速实现了从农牧经济向知识经济的转型。

第三节　中外经济特区发展差异的因素研究

通过前面的研究可以看出，中外经济特区之间的发展差异是相当明显的，多方面的因素导致了中外经济特区之间发展差异的产生。即使是整体上创办经济特区较为成功的中国，内部各个经济特区之间的发展差异也是相当大的。详细研究经济特区之间发展差异产生的原因，有利于未来世界各国更好地进行经济特区建设，发展经济。

一　经济特区的区位差异

有研究认为，地理位置的选择对于经济特区极为重要（Pakdeenurit et al.，2014；Akinci and Crittle，2008）。事实上，位于城市或沿海地区的经济特区更容易获得资金、技术和劳动力。此外，靠近城市或快速发展地区对经济特区支持创新活动很重要。在中国，深圳毗邻香港、珠海毗邻澳门、厦门和汕头在台湾对岸以及浦东毗邻上海；在韩国，马山在马山港旁边，离釜山不远；在中国台湾，楠梓在高雄旁边。总体而言，经济特区在促进发展中国家创新方面的成功，似乎在很大程度上取决于国内经济的吸收能力。这证明了实行旨在为开放国内贸易和外商直接投资创造最佳条件的有针对性的创新政策是合理的。

中国第一批开放的 4 个经济特区中，深圳在区位上有着珠海、汕头和厦门无法比拟的优势（陶一桃，2018c）。深圳与香港毗邻，可以快速吸收来自香港的资金、技术、人才和管理经验等资源，快速发展自身产业。在深圳吸引的众多外商直接投资中，港资占了绝大部分，大量港资的流入，是深圳经济发展能远超其他 3 个经济特区的重要原因。珠海同样由于靠近澳门的区位优势，经济发展十分迅速，而且随着粤港澳大湾区规划的实施、港珠澳大桥的开通以及横琴粤澳深度合作区的建立，珠海将迎来发展的最佳时机。厦门与台湾隔海相望，厦门经济特区的建立加强了台湾与大陆的联系。但海峡的间隔，使台湾和厦门的联系不如深圳和香港那么方便。落户厦门的台资企业，大多是一些中小企业，这也使得厦门的地缘优势变得不那么明显。但总体而言，厦门经济特区对于实现祖国统一具有重要战略意义。如今，在国家发展"大珠三角"和"泛珠三角"经济圈的政策下，汕头占据了重要战略位置，汕头的经济发展会有一个迎头赶上的趋势。海南经济特区位于中国最南端，北面与广东间隔琼州海峡，西临北部湾与越南相望，东南和南部在南海与菲律宾、文莱、马来西亚为邻，可以说是中国对外开放的重要门户之一。但由于海南经济特区是以整个省为单位，加上经济发展基础薄弱，所以整体经济发展水平在五大经济特区中相对靠后。

二 经济特区的产业政策差异

在经济特区创办初期，经济特区的产业发展定位主要是吸引外资和国外先进技术、促进工业和传统产业技术进步以及高新技术产业发展。随着经济特区的不断发展，各个经济特区的产业政策也发生了一定的变化。深圳经济特区经过多年的发展，形成了高新技术产业、文化创意产业、现代物流业和金融业四大支柱性产业，而且有以新一代信息技术产业、高端装备制造业、绿色低碳产业、生物医药产业、数字经济产业等为代表的战略性新兴产业（赵胜文，2015）。珠海的三大优势产业为电子及通信设备、电气机械及器材和医药制造业，在未来珠海还将大力发展旅游会展业、高新技术产业、现代物流业和航空制造业等。厦门的支柱性产业为房地产业、旅游会展业、现代物流业和电子机械制造业。汕头以传统工业为主，包括机械装备制造业、纺织服装业、工艺玩具业等，未来汕头还将重点发展高技术制造业、先进制造业和新兴服务业等。对于海南经济特区而言，旅游业和房地产业无疑是支柱性产业。此外，海南还将大力发展热带特色农业、医疗健康产业以及低碳制造业。通过对各个经济特区产业倾向的研究可以看出，经济发展水平较高的深圳和珠海在高新技术产业和先进制造业方面表现出色，而发展相对落后的汕头和海南主要依靠传统工业和农业等附加值较低的产业。

三 经济特区的历史文化差异

世界各国的历史文化及制度存在差异，如果完全照搬其他国家经济特区的发展模式，则很有可能面临失败。如印度经济特区虽然发展模式参考了中国深圳经济特区，但由于缺乏深圳经济特区独特的位置优势和吸收港资的优势，所以发展难以企及深圳经济特区。其他经济特区也类似，独特的历史文化差异，导致即使经济特区的地理位置、政策等因素一样，最终的发展成果仍会千差万别。

中国的五大经济特区经济发展存在较大差异也是因为深受各个地区内在的文化差异的影响。深圳作为现代化的国际大都市，创新和开放是其标签，创新已经成为深圳的一种文化生态，创新背后的文化基因，在深圳经济特区成立之初就已经显现（Jin，2013）。敢为天下先是深圳人的信；移民文化是深圳的另一个重要特征，作为一个年轻的都市，深圳吸引了世界各地的青年人才。QQ 大数据发布的《2018 全国城市年轻指数》显示，

2018年深圳居民的平均年龄仅为32.02岁，是中国人口最年轻的城市。高度开放的资源市场、人才市场、要素市场为深圳源源不断地提供创新的能量，使深圳形成了良好的创新生态和创新文化。正是这种敢于创新、高度开放的文化氛围，使深圳一直走在世界前列。

相较于深圳经济特区，珠海经济特区的发展稍显逊色，但发展成果依旧十分丰硕。珠海是东南沿海重要的风景旅游城市，有着"幸福之城""浪漫之城"的美誉，并成功入选"全国旅游胜地四十佳"，这也是全国唯一以优秀的整体城市景观入选的城市。中国国际经济交流中心、美国哥伦比亚大学地球研究院、阿里研究院发布的《可持续发展蓝皮书：中国可持续发展评价报告（2019）》显示，珠海的城市可持续发展指数一直名列前茅。

汕头经济特区在对外开放力度方面稍显不足，而且由于传统观念的束缚和侨乡文化的影响，汕头的发展一直没有完全放开。潮汕封闭的地理位置，导致潮汕的传统文化中一直有排外思想。排外、封闭的文化导致潮汕在吸引外资和外来优秀人才方面受到了一定程度的影响，这与深圳的海纳百川形成了鲜明的对比。

厦门最突出的就是闽南文化了，闽南文化融合了海洋文明、陆地文明以及西方文明，并与当地的习俗相结合，形成了具有鲜明特色和独特内涵的文化传统。厦门将闽南文化与旅游相结合，形成了独特的旅游文化，大大促进了厦门旅游业的发展，旅游业成为厦门的支柱性产业之一。

海南是最大的经济特区，30多个民族构成海南独具特色的文化。此外，海南的海洋文化、热带旅游文化等为海南带来了巨大的经济效益，丰富的文化与生态文明吸引了大批游客和房地产商来到海南。在国家大力支持海南自贸区建设和国际旅游中心建设的政策推动下，海南的经济发展前景十分广阔。

第四节　未来经济特区发展的政策建议

一　坚持开放，全面深化改革

经济特区要坚定不移地走经济自由、高度开放的道路，站在全局的角度落实改革举措，破除陈旧经济体制弊端，不断解放和发展社会生产力。深化地方政府机构改革，转变政府职能，让政府更好地为经济特区建设服务。同时对资源进行科学的配置，结合实际情况，不断完善行政管理体制。除了在政府职能上进行改革，还要在制度、社会、文化以及生态文明等方面进行全面改革。中国深圳经济特区的巨大成功以及汕头经济特区一直发展不起来，很好地印证了坚持开放、全面深化改革的理念是正确的。一系列的改革开放举措，为经济特区吸引了较多的资金、技术和人才，不断扩展经济特区发展的新空间，为21世纪经济特区发展创造了新的机遇。

二　兼顾效率和公平

经济特区在取得巨大发展成果的同时，造成了一定程度的贫富悬殊，激发了社会矛盾。因此，经济特区的未来发展应该在注重经济效益的同时，更加兼顾公平。由于地区差异及经济发展结构差异，经济社会发展必然存在不平衡。

经济特区存在的意义之一就是通过其成功的经济发展实践，缩小地区间发展差距，为打破地区壁垒提供参考。经济特区要统筹资源，通过区域间的交流互通来推动区域融合发展。此外，经济特区的发展经验，要在全国进行推广，让更多的地区学习经济特区的发展模式。最后要处理好分配和再分配的关系，调整分配结构和分配比重，重点关注那些真正困难的群体。只有效率和公平同时存在，社会经济才能持续健康发展。

三 优化经济发展模式

经济特区的快速发展，很大一部分原因是出口的增长，但过于依赖出口的经济增长模式，会导致经济的对外依赖性，一旦发生全球经济危机或者贸易战争，经济特区将会受到巨大的影响。因此，经济特区应该积极转变外贸增长方式，采取输出和引进并重的形式，充分利用国际资源。积极发展新一代信息技术产业、先进制造业和数字经济，推动物联网经济与实体经济融合发展。各个经济特区要根据自身的情况，把优势产业做大做强，如基础条件较好的经济特区继续大力发展高技术产业和先进制造业，自然环境较好的经济特区将国际旅游业做出特色，同时积极发展新兴产业。此外，要将经济发展与生态环境保护相结合，杜绝走先发展再治理的老路。不断创新经济发展模式，学习国外先进经验的同时，将本国经济特区的成功经验推向全世界，促进世界经济的共同发展。

四 各种经济特区联动发展

自贸区可以说是经济特区的进一步拓展和延伸，可将二者融合，不断丰富对外开放的形式和内容。经济特区和自贸区的联动发展，可以使国内市场和国际市场的联系更加紧密，实现国内外资源的快速流动，更好地促进经济的发展。2018 年 4 月 13 日，习近平总书记在庆祝海南建省办经济特区 30 周年大会上宣布，党中央决定支持海南全岛建设自由贸易试验区[①]，

[①] 《加快建设高水平的中国特色自由贸易港》，求是网，http://www.qstheory.cn/dukan/qs/2020-08/16/c_1126366249.htm。

次日中共中央、国务院发布了《关于支持海南全面深化改革开放的指导意见》，这是经济特区与自贸区联动发展在中国的一次伟大尝试。经济特区与自贸区联动发展不局限于同一地域内，还可以发生在地区间，两种模式的融合发展，将全面提高对外开放水平，为经济发展创造新的局面。

本章主要研究了中外经济特区自建设以来的发展情况，其中一些经济特区，如深圳经济特区取得了较大的成功；而有些经济特区，如俄罗斯经济特区则屡遭失败。在全球有100多个国家在实施经济特区计划和全球有数千个单独的经济特区的大环境下，经济特区在目标、设计、建设以及发展方面存在巨大差异也许并不奇怪，但详细研究并总结造成经济特区发展差异的原因尤为重要。通过研究中国五大经济特区，以及分析世界上其他发展中国家和发达国家的典型例子，本书发现，造成中外经济特区发展差异的原因主要包括：第一，经济特区的区位差异，不仅与经济特区本身的区位差异有关，还跟国家整体的地理位置有关；第二，经济特区的产业政策差异，不同的产业政策定位和优惠政策，决定了经济特区的发展定位不同，自然而然会造成经济特区的发展差异；第三，经济特区的历史文化差异，各地社会历史和文化底蕴存在差异，经济特区在发展的同时会受到历史文化因素的制约。

未来经济特区计划要取得成功需要采取更灵活的方法，以最有效的方式利用国家的比较优势，并确保发展的灵活性，以允许经济特区能够随着时间的推移和区域计划的演变而灵活调整。最根本的是，要改变思维方式，摆脱对财政激励和工资限制的传统依赖，转而专注于营造更有利的商业环境，以促进企业竞争力提升、地方经济整合、社会和环境可持续发展。还要有积极、灵活和创新的政策，以解决当今重大的宏观经济制约问题，应对未来的挑战，这些挑战无疑将在未来几年塑造环境。

第六章
中外经济特区类型与模式的比较研究

经济特区也称经济自由区或自由经济区,是主权国家或地区实行与国内其他地区相异的经济体制和经济政策的特定经济区域。目前全世界约有4300个经济特区。[①]

世界经济特区的基本特征包括:有特定的区域范围和开放界限、实行不同于现行制度的特殊政策、创新对外开放模式的探索工具、高效的管理和规划等。多年来,世界银行的工业化支持和战略从进口替代向出口导向转变,被学者称为"温和的新古典主义",其观点是有选择的政府干预使市场更有效率(Anwar,2014)。同时,世界银行表示经济特区被设计为多元化经济增长的自由化平台,应扩散到国民经济中。

经济特区的发展基本经历了从自由贸易港、自由贸易区到出口加工区再到科技型、综合型经济特区的过程。经济特区与其他行政区的明显区别在于特定环境中各元素的相互作用。成功经济特区的经济主体(政府和企业)不只是简单地认识到经济特区法规和激励措施的价值,还分享对可

---

① "Not So Special", The Economist, https://www.economist.com/leaders/2015/04/04/not-so-special.

接受的经济行为类型的理解，表现为创新发展模式，探索合适的体制和机制。同时，经济特区不仅是游戏规则的制定者，而且被认为是传播遵守规则的特定行为和特定模式的基本机制，强调发展模式、评价和责任制度（Hazakis，2014）。

由于经济特区带来了显著的经济、政治和社会效益，各国纷纷建立经济特区以振兴国内经济，其中以亚洲国家为主。随着亚洲经济特区取得成功，尤其是中国深圳经济特区，东南亚和非洲国家也试图依靠他国发展经验开始建立经济特区，虽然各国的经济特区从本质上是相似的，但在发展模式上仍有诸多不同之处，所以有必要对各国经济特区进行微观层面的比较。世界经济特区发展历程是一个宏大的叙事，清晰地在发展主线上对各国经济特区进行比较研究，既是总结中国经济特区 40 多年实践的需要，又是中国经济实现高质量对外开放的要求。

第一节　经济特区发展模式特点

一　特区发展规模和层次不断升级

随着经济特区发展进入成熟期，其规模也在不断扩大。一方面表现为合作领域不断扩大，如深圳与港澳台贸易的负面清单逐渐缩减，更多的行业加入可贸易范畴。另一方面表现为由港口和沿海城市向内部交通要道拓展，如印度、南非等国在内陆地区建立越来越多的经济特区；中国在新疆建立了喀什经济特区，打开了对外开放的西部窗口。中国更是以经济开发区、综合配套改革试验区等形式使经济特区的优秀经验全面开花，在渐进的道路上不断普惠发展成果。发展层次不断提高主要体现在以下两个方面。

（一）由进口替代转向出口导向

由进口替代转向出口导向主要表现为经济特区内贸易顺差占贸易总顺差的比重不断攀升，2011年中国最早的4个经济特区的贸易顺差占全国贸易顺差的比重达到最高（59.1%）（见图6-1），足以说明出口导向战略已在特区内站稳脚跟。印度近两年也在加快"印度制造"的全球化步伐，韩国、东南亚各国家由于内部市场有限，出口导向战略成为其特区发展的必然选择。

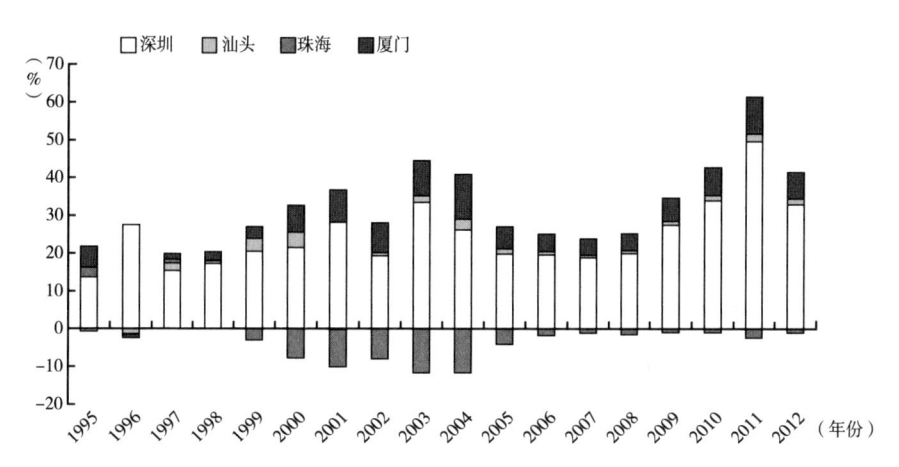

图6-1 1995~2012年中国最早的4个经济特区贸易顺差占全国贸易顺差的比重
注：为便于分析，贸易顺差为负的，所占比重标记为负值。
资料来源：笔者根据各经济特区统计年鉴计算得来。

（二）由劳动密集型转向技术和资本密集型

韩国最成功的经济特区马山经济特区在经济危机时期被迫进行大规模资本重组，更多新型自动化公司取代了小型传统公司。其电子和精密仪器在总投资中的份额从1979年的56%增加到1989年的78%（Aggarwal，2012a）。印度经济特区的产业结构同样是在经济危机后从简单的劳动密集型产业（如纺织业、服装业等）转变为IT、电子、物流产业。中国深圳在发展初期以劳动密集型的初级加工业为主，随着特区经济发展，劳动密集型产业完成增长使命，新的增长力凸显。

二 显著的内外部溢出效应

溢出效应的实质是，在正外部性前提下，各种技术、人才、经验等生产要素从来源地溢出扩散到其他地区，促进经济转型升级。这种溢出效应包括外来技术等要素的内化以及国内经济的联系。它与区域一体化的区别在于，区域一体化是局部的经济互补和合作，侧重双向融合效应；而溢出效应更加强调全局性的资源分享，侧重单向扩散效应。

无形要素的溢出效应主要通过与外国企业签订合作协议、职业培训等方式来实现。以深圳IT行业为例，信息传输、软件和信息技术服务行业与外资签订的合作协议从2009年的30项增加到了2016年的327项。合作协议的签订和外资的引进提升了深圳企业的技术水平，属于溢出效应中的外来要素内化。

另外，经济特区能否创造持续增长与同国内经济建立前后向联系的程度有直接关系。如韩国经济特区一开始的国内市场采购份额仅为20%，但在1974年，随着需求的增多，加上区域拓展能力有限，韩国政府允许马山出口区进行外包生产。外包业务推动了经济特区外公司的生产者技术水平、质量控制能力提升和生产方法改进，在生产部门创新、企业形象树立方面起到重要作用。中国台湾经济特区的内销政策放宽后，内部市场销售占到总量的50%，销售经验也随之传播（Aggarwal，2012a）。

三 特区的内生性动力

经济生态系统是在特定空间范围内经济活动主体、要素与外在环境等相互促进、相互制约形成的整体。

从政府角度看，以美国经济学家约翰·加尔布雷思（John Galbraith）为代表的新制度经济学派学者认为，由于技术不断变革，经济制度和结构处于不断变化的过程中，且这个过程是一个动态的因果过程，所以经济学必须研究变化、研究过程。也就是说，政府除了关注战略方向、制度法规框架等静态形式外，也要注重发展过程中的政策调整、目标进化等动态反应。政府作为将特区资源从劳动密集型产业分配到资本和技术密集型产业的引导者，应避免将过剩资本全部投入基础设施建设以及房地产等领域。政府应将经济特区作为资本修复的有效手段，推动经济阶段性改革和发展。

从企业角度看，企业间知识信息的扩散是不断创新的动力。成功的经济特区增强区域内的学习效应，促进企业家精神的传播，通过互动网络提高企业的接受能力和吸收能力，以此调整企业的研究活动，以传播经营管理经验和决策知识，从而促进互补，为政策学习创造有利的环境（Hazakis，2014）。同时，经济生态系统内各主体的联系有利于降低信息对称性，克服交易中的机会主义行为，并节省企业搜寻市场信息的时间和成本，大大降低交易费用。深圳市企业家协会成立于1985年，截至2013年会员数已超过4000个。多年来协会致力于深圳经济、企业发展，积极促进政企交流、企业间沟通，推动企业管理创新，搭建企业间学习合作的平台，为特区经济发展贡献力量。

四　持续输出特色的外资吸引政策

经济特区的制度改革从生产者角度看以建立资本和劳动力两个要素的新制度安排为实质内容，破除旧体制对资本与劳动力要素的束缚，形成明确的资本、土地、劳动等的权利主体，以发挥出对要素所有者的激励作用。

正是因为这一激励作用的存在，城市经济体制的变革才有可能发生（袁易明，2018）。为了更好地吸引外资，各国纷纷出台相关的优惠政策。综合各国引资政策的特点，其大致可以分为以下两个方面。

一是税收优惠，如免除一定年限的营业税、交易税和企业所得税；生产用机械设备和原材料进口免税或减免定额关税，适当条件下的延期优惠等。二是非税收优惠，在宏观层面上，各国基本上都建立了特区专门的投资促进委员会或审批委员会以促进良好健康的投资和营商环境形成。在微观层面上，鼓励劳动力和人才自由流动，提供"一站式"服务，如出入境的高效审批。特区内的基础设施基本得到保障，甚至有的特区拥有健全优越的基础设施；教育、医疗、生活等方面的配套设施完善；提供投资和营商相关的咨询服务；等等。而随着经济特区的产业结构不断升级，基础设施不断完善，外商投资环境趋稳。各国也在不断探索如何做到优惠政策的平缓过渡，如何由提供优惠政策转向市场公平竞争。也就是在优惠政策减少后，特区如何凭借市场自身的运行机制吸引更多更优质的国内外资金，保持经济活力。

发展中国家典型经济特区的税收优惠政策汇总见表6-1。

表6-1 发展中国家典型经济特区的税收优惠政策汇总

国家	税收优惠政策
印度坎德拉经济特区	以下所有在本经济特区进行的交易所产生的税和费用，都被豁免：①土地流转时注册批准所产生的印花税和费用；②企业、商业、设施建立过程中订立的借贷合同、信用合同、抵押合同所征收的印花税和登记费用；③交易过程中的消费税、购买税、车用汽油税、奢侈品税、娱乐税等；④从国内关税地区进口货物和服务所产生的消费税与其他州法律规定的税
印度法尔塔经济特区	用于经济特区企业的开发、经营和维护的进口和国内采购货物一律免税；前10年出口收入的100%免征所得税，其后5年征50%；免除最低所得税税额；允许经济特区企业拥有5亿美元的外部商业借款，若通过认可的银行渠道进行借款则没有任何到期限制；豁免中央销售税、服务税；中央和州级实行单一窗口审批

续表

国家	税收优惠政策
朝鲜罗先自贸区	罗先自贸区对于优先投资基础设施建设的企业,将从企业盈利的年度开始提供5年免税、3年减半的优惠。对于投资于生产的外国企业,若合同期满10年,罗先自贸区将从盈利之年起提供3年免税、2年减半的优惠。另外,投资3000万欧元以上的企业可以享受4年免缴所得税、3年减半的优惠。罗先自贸区的企业所得税为14%,低于中国特区的15%、中国香港的18%、新加坡的26%。为了激励外国人在罗先建造更多的建筑物,对他们直接建造或利用自己资金购买的建筑,从竣工日开始算起,在5年内免征财产税
墨西哥经济特区	《墨西哥联邦经济特区法》规定:①企业在经济特区投资经营所得,自项目取得第一笔生产经营收入所属纳税年度起,前10年免征企业所得税,后5年减半征收企业所得税;②企业在经济特区范围内生产并销售的商品(产品、服务、财产权),免征增值税,特区入驻企业在墨西哥境内非特区地区采购商品,全额退还已缴纳增值税;③免征特区内7.5%的房地产税和2%的农业用地税;④特区企业为职工购买医疗、生育保险等社会保险,前15年抵免企业实际支付保险费的50%

资料来源:根据各经济特区介绍资料整理。

五 强有力的当局支持

党中央对特区的权力下放帮助经济特区创造了一个开放和自主的法律和政策环境。尽管一开始存在很大的不确定性,但党中央决定通过渐进的方式进行变革。这种决定为持续深化改革开放提供了稳定和有利的宏观环境和制度自由。邓小平1992年视察南方时清楚地表明,他决定在许多反对声音面前重申政府对市场化改革的承诺。与此同时,中国并没有简单地照搬现成的改革模式,而是探索了自己的市场经济道路,充分考虑了中国五千多年文明的独特国情。在意识形态战争盛行的时候,中国果断放弃争论,走了一条切实可行的发展道路。

墨西哥经济特区也是得到强有力政府支持的典型。在优厚的税收减免政策基础上，特区所属州、市级政府配合国家发展方针，进一步为区内企业投资经营创造良好的外部环境，提供有力的政策支持。一方面，地方政府加大对特区企业的政府采购力度，拓展政府采购的范围；另一方面，政府进一步简化行政手续、优化政务服务，为特区营造稳定、透明、高效的办事创业环境。墨西哥政府先后出台《墨西哥联邦经济特区法》及其补充条例，为特区建设提供有力的法律保障和框架指引。墨西哥经济特区发展管理局，承担地区开发者任命、企业准入许可授权等职责，是负责经济特区运作的发展、管理、监督的核心行政机构。同时经济特区协调委员会，通过部际、机际协商机制，调解特区内发生的技术、法律等综合问题。[①]

第二节　各国经济特区比较研究

综观国内外相关研究，成功的经济特区的基本条件包括有利的国际环境、较高的国际港口接近度、完善的基础设施、熟练和半熟练的劳动力资源、有力的激励措施、简洁高效的流程、开放的营商环境、健全稳定的政策环境等。基于以上条件我们可以了解到经济特区的研究已经跨越了学科的界限，其理论基础不仅涉及政治经济学、区域经济学、发展经济学等经济学范畴，还延伸到人口学、社会学等学科。本书试图结合经济特区的理论研究从区域经济学、新制度经济学、社会学三大视角出发对各国经济特区的发展进行梳理和比较。

---

① 《墨西哥经济特区系列（四）》，商务部网站，http://mx.mofcom.gov.cn/article/ztdy/201712/20171202690550.shtml。

一 区域经济学视角

在新区域主义研究中,经济地理学(Economic Geography)中的尺度重组理论逐渐得到重视,将全球化与经济特区空间生产和治理联结。其代表人物包括凯文·考克斯(Kevin R.Cox)、戈登·麦克劳德(Gordon MacLeod)、马克·古德温(Mark Goodwin)和尼尔·布伦纳(Neil Brenner)。尺度重组理论强调国家或区域在全球化趋势下应在空间尺度上做出调整,适应资本积累模式的变化,以在新自由主义主导下寻求新的生存模式和发展机遇(Lefebvre and Enders,2006)。其实质是全球生产方式转变和国家地域重构相互作用的产物,是国家为提高经济竞争力和积累财富,以全球本土化视角利用尺度和治理调整而实施的一种空间生产策略(魏成等,2011)。本书在理论浅析的基础上从以下几个方面对特区进行比较。

(一)空间区位选择

空间区位选择决定了一个国家经济特区的短期经营条件和长期贸易、投资流动的环境。各国经济特区的分布大致包括沿海港口、经济发达地区和内陆欠发达地区。

沿海港口或经济发达地区以雄厚的发展基础作为背书。这些地区对外联系便利,基础设施趋近完善,人才智力支持相对充足。例如当前俄罗斯经济特区中,设立在经济较为发达地区的工业生产型和技术开发型经济特区的发展都富有成效。中国台湾和韩国最初将经济特区设立在现有商业中心附近,出口加工区设立在主要港口城市附近。这些地区拥有良好的基础设施、大量低成本和相对熟练的劳动力,发展的初始条件较好。印度坎德拉经济特区成立于2000年,战略位置优越、基础设施完备,拥有两个主要海港蒙德拉港和坎德拉港。坎德拉经济特区是国际贸易中极有吸引力的目的地之一，位于印度最具商业地位的古吉拉特邦。坎德拉经济特区是亚洲第一个出口加工区，被认为是印度最大的多产品功能性经济特区，截至2014年10月，坎德拉经济特区占地1000亩，拥有185家企业。墨西哥恰帕斯港经济特区重点发展农产品加工业、电子电器制造业、造纸业和汽车零部件及配件制造业，积极利用与中美洲接壤的区位优势以及坐拥大型港口的交通优势，加强同危地马拉、巴拿马、美国西部港口城市（洛杉矶）以及亚洲的经贸往来，进一步吸引外国投资、打开全球市场。中国最初建立的4个经济特区均分布在东南沿海地区，是地理位置极佳的对外门户。这些城市不仅成为内引外联的窗口，还成为思想超前、制度创新的典范。

国家将经济特区布局在内陆欠发达地区不具有明显的外向性，主要是连接国内市场和带动国内城市发展，发展基础和地理条件也相对较差。如印度一半以上的经济特区都在远离沿海的内陆地区，虽然基本沿着主要的运输线分布，贸易品经由港口运出，但无形中增加了交易成本，这也成为贸易和吸引投资的最大阻碍。墨西哥的拉萨罗卡德纳斯—拉乌尼翁经济特区重点发展制造业中的钢铁业、金属加工业、汽车制造业和农副产品加工业，建立海陆联通的多层次交通脉络。对内加强同瓜达拉哈拉、克雷塔罗、墨西哥城等地工业园区以及夸察夸尔克斯经济特区的公路联通，提高物流效率和水平。南非2013年开始建设的10个经济特区均匀分布在内陆工业附加值较高和贫困地区，对内拉动目的明显，但由于建设周期较长，短期内回报较低，想看到实效并不容易。美国经济特区由于发展历程较长、发展模式较成熟，所以在空间区位布局上也较为全面，且功能性较强。表6-2为美国经济特区的空间区位选择。

表 6-2　美国经济特区的空间区位选择

类型	交通依托	具体分布	管理模式
临港型	濒临海港与河港两种类型	该类型自由贸易区在太平洋、大西洋、五大湖以及墨西哥湾沿岸地区的分布最为密集	主要由港口、港务局或港口委员会承办
临空型	依托综合航空运输体系而设立的自由贸易区	如孟菲斯、丹佛等国际化大型机场枢纽成为发展临空型自由贸易区的优势区位	主要由美国航空管理局或机场管理局直接承办
陆路枢纽型	依托高速公路、铁路等交通枢纽设立的自由贸易区	该类型自由贸易区能够充分发挥由州际高速公路、州内高速公路以及县内外公路组成的陆路物流的高效便捷优势	与临空型和临港型自由贸易区相比，陆路枢纽型自由贸易区的总体规模较小，但数量众多且分布广泛。它的运营管理主体比较多元化，主要包括地方当局、地区商会、自贸区公司、交通运输部等

资料来源：殷为华等（2016）。

（二）经济特区和当地实际发展契合

经济特区和当地实际发展契合，就是资金、技术等资源和社会发展相融合。如果经济特区发展定位偏离当地实际情况，将导致发展不对称，无法实现产业平稳升级。中国台湾经济特区从自身比较优势出发，契合国际产业结构调整趋向。在出口导向阶段，台湾从劳动力资源丰富、制造成本低廉的优势出发，选择了服装和纺织产业作为承接对象；在劳动力优势减弱和产业结构升级之后又陆续承接了来自美国和日本的资本和技术密集型产业，根据发展现实和发展趋势实现平稳过渡。

相反，印度没有利用劳动力比较优势发展劳动密集型产业，而是直接从农业跳跃到服务业。印度经济特区出口促进委员会与商工部的数据显示，截至 2016 年 12 月，经济特区信息技术和 IT 服务相关行业的比重占到了 63%，而鞋类、纺织类等制造业行业仅占不到 20%。目前印度经济特区的开发正逐渐延伸到农村地区，而农村人口大部分是文盲和非技术人员，从长远来看，这部分人口会因为自身技能与特区内创造的就业机会不匹配而失业，甚至造成更大的贫富差距。

经济特区建立的主要目的就是"引进来"和"走出去"，空间尺度的划分影响着特区发展的先天条件，进而会影响特区吸引外资的效果和出口贸易的发展。

（三）经济特区出口表现

建立经济特区最基本的目的就是发展进出口贸易，特区也是实现由进口替代向出口导向转变的重要试验台。因此贸易发展水平很大程度上反映了经济特区的成效。新兴经济特区发展壮大并持续释放着创新、人才、制度等竞争要素，而最早的一批经济特区开始出现红利逐渐消失、竞争力减弱、发展速度变缓等问题。

韩国经济特区由于生产能力有限，出口额一直不高，在 1964 年达到占全国总量的 3.99% 的峰值之后一直下降。出口贡献中最高的是马山，其地位相当于中国的深圳，在 2007 年达到 32.6 亿美元。近年来，随着韩国经济的快速增长，传统经济特区已逐渐边缘化，它们在 2007 年的出口份额不到 1%，尽管它们的贸易顺差仍然占全国贸易顺差的 11% 以上（Aggarwal，2012a）。中国台湾与韩国的情况相似，都是经济特区内贸易顺差占总贸易顺差的比重越来越低。这表明两地虽然是出口导向型的成功典型，但是整体出口吸引力呈现边际递减趋势。

印度经济特区出口总额在进入 21 世纪以来增长缓慢，甚至出现了负增长的情况。虽然经济特区总贸易出口额占 GDP 的比重不断上升（说明开放取得了一定的成效），并且出口贸易增长率在 2007~2009 年出现了峰值，但是贸易增长率始终没有突破 4%。加之印度把经济特区看作对外贸易区域，认为其是境内的"外国领土"，所以很多对外贸易增长实际上是领土范围内的贸易，不能算作对外出口（Anwar，2014）。这也说明，实际上印度经济特区的出口表现并没有统计中的理想，出口创汇能力也因此被削弱，印度还没有真正转向出口导向型战略。

中国最初开放的 4 个经济特区的贸易出口额稳步上升，21 世纪的前十年贸易出口带动开放的成效显著，占 GDP 比重最高超过 6%。而之后贸易出口额占 GDP 的比重不断下降，说明中国经济发展向好（见图 6-2）。各区域经济后来居上，加之经济特区的政策优惠力度和劳动力优势逐渐减弱，所以出现了此类情况。但是，总体来看中国经济特区出口贸易依然发展良好。

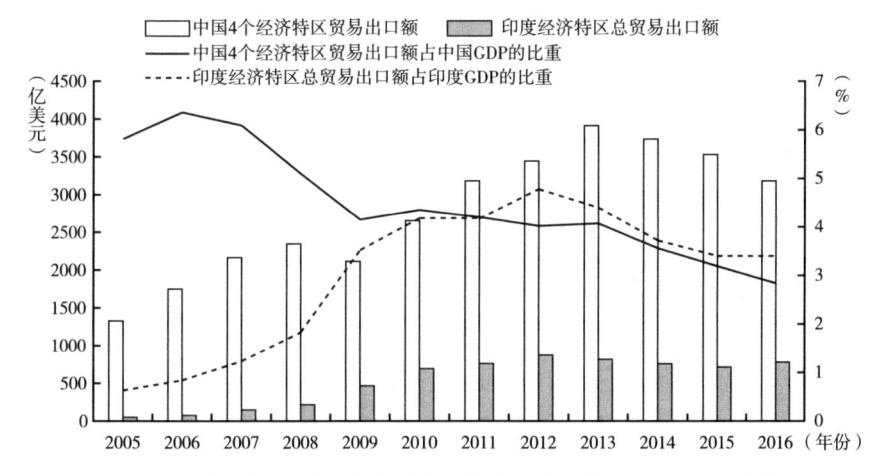

图 6-2 2005~2016 年中国与印度经济特区出口额及其占 GDP 的比重

资料来源：中国数据来自 4 个经济特区的统计年鉴和国家统计局；印度数据来源于印度经济特区网，http://sezindia.nic.in/cms/export-performances.php。

（四）经济特区吸引外资表现

经济特区吸引外资的效果与劳动力素质、政府效率、产业基础和区域内产业联系有直接关系。外资占比直接影响吸引外资的力度和开放程度，间接影响其他要素吸收的效率。对于各国经济特区的外资比较，主要从外资占比、外资企业的形式、投资额的变化三方面来看。

一类是国内投资占比较大、外资总额增长缓慢的经济特区。例如，印度、俄罗斯、印度尼西亚等的经济特区。印度近90%的经营性经济特区是由国内投资者开发，这意味着国内成分占据主导地位。据印度商工部统计，从2006年到2010年3月，印度经济特区已吸引的280亿美元投资中仅60亿美元为外商直接投资（张雷，2011），同时投资集中于印度最发达的五大地区，在2011年其占到投资总额的80%以上，主要是对土地和基础设施建设的投资，生产资金相对较少。印度的外商投资吸引力有所减弱，且投资并没有更多用在建立制造业基础上。和印度一样，印度尼西亚经济特区的投资也是国内成分占比较大。据印度尼西亚加快优先基础设施建设委员会统计，截至2017年6月底，印度尼西亚11个经济特区已吸引221万亿盾的投资，其中投资最大的企业是印尼本土的巨港GMA炼油厂集团，达149万亿盾。①

另一类是外资占比较大，且外资总额不断攀升，同时外商投资吸引力也一直维持在较高水平的经济特区，如新加坡、中国、日本的经济特区。新加坡吸引外资的经验可供全球国家参考，到2010年共有来自欧、美、日的7000多家跨国企业和科技伙伴在新加坡设立分支机构，其中60%的投资者在新加坡设立其区域总部，可见新加坡引资水平之高。中国以深圳经济特区为例，深圳经济特区制定了强硬的反垄断政策，创造了公平竞争、适宜企业生存与发展的法律和市场环境，并建立了全国第一个知识产权法庭，拥有健全的知识产权保护制度，有力保护企业知识产权和合法权益，激发了企业投资活力。2016年，外商直接投资中，中国香港、澳门投资59.9亿美元，位居第一；日本、瑞士、新加坡、美国分列第二位至第五位。外商投资行业中排名前三的是租赁和服务业、房地产业和金融保险业。外

---

① 《11经济特区投资额突破221万亿盾》，印度尼西亚研究——华中师范大学中印尼人文交流研究中心官网，http://cistudy.ccnu.edu.cn/info/1124/5718.htm。

商投资中外商独资的比例不断上升，逐渐超过合资经营，并在2004年之后维持在70%以上，成为最重要的外商投资方式。尤其是在2014年，商务部决定取消对外商投资（含台、港、澳投资）的公司首次出资比例、货币出资比例和出资期限的限制，同时在一定范围内取消公司最低注册资本的限制，令其吸引外资的能力进一步提升。

各国外商投资吸引力排名见表6-3。

表6-3　各国外商投资吸引力排名

年份	中国	印度	韩国	日本	新加坡
2007	1	2	24	15	7
2012	1	2	19	21	7
2015	2	11	16	7	15
2016	2	9	17	6	10
2017	3	8	18	6	10
2018	5	11	18	6	12

资料来源：笔者根据科尔尼发布的外商直接投资信心指数汇总得来。

从一国经济特区营商环境可以看出经济特区的灵活性，同时其也体现着各国对外开放的态度。中国采取在一个法律框架下允许地方特区法律存在的模式，特区拥有立法权，这为特区制定灵活的优惠政策、打造完善的营商环境、吸引优质的外商投资提供了便利。南非关于经济特区的法律制度比较规范且内容丰富，设立有专门的管理机构，权限比较大，自主性、灵活性比较高，但申请程序比较复杂。印度古吉拉特邦坎德拉经济特区推出投资者支援系统，方便国内外投资者获取工业用地所在地情况、基础设施情况，以及邻近的港口和机场等信息。此外，现在许多官方登记及审批手续已实现网上办理，包括劳工登记和污染管制委员会审批等。

找准特区产业定位对于吸引外资同样具有积极作用。墨西哥《经济特区法》规定，特区通过公开招标选定各自的综合管理机构（简称"管理机构"），负责特区建设、管理、运营和维护。此外，发展管理局还公布了关于拉动特区投资的可行性规划方案，充分发挥各区区位、资源和产业基础优势，发展特色产业，引导优势产业集聚效应形成，吸引对口企业投资。在此基础上，发展管理局发挥拉萨罗—卡德纳斯经济特区在农产品加工业、矿业和物流业上的传统优势，进一步推动发展，扩大投资合作。两洋工业走廊经济特区（又称"特万特佩克地峡经济特区"）则主营制造业、能源和化工业。恰帕斯港经济特区重点发展农业和能源产业，同时利用地理优势，发展对中美洲地区的进出口贸易。此外，坎佩切—塔巴斯科石油走廊作为第二批经济特区，于2017年进入建设规划。之后，发展管理局还对伊达尔戈州、普埃布拉州和尤卡坦州申请设立经济特区进行可行性综合评估。[①]

二 新制度经济学视角

新制度学派对于经济特区的研究主要聚焦于制度和政策、政府行为、历史等非市场因素对经济行为和经济发展的影响。以约翰·加尔布雷思为代表的新制度学派的学者更是主张将经济制度和结构放在动态的因果过程中，重点研究变化和过程。所以新制度经济学对于经济特区的研究主要关注政府在特区发展中的地位和作用的转变，以及特区经济发展如何影响制度和发展模式的演变。本书将结合以上理论基础从经济特区的发展模式方面对各国经济特区进行比较。

各国经济特区发展模式不尽相同，大体基于两个框架。早期经济特区的发展基于华盛顿共识，经济特区被定位为新自由主义经济的重要载体，例如日本、印度、中国台湾的经济特区。后北京共识出现，其展现了更加包容、理想的道路，具体是指政府规划、主导发展，实行合理渐进的开放。

---

① 《墨西哥经济特区系列（一）》，新浪财经网，http://finance.sina.com.cn/roll/2016-09-24/doc-ifxwermp3781948.shtml。

目前北京共识已得到共建"一带一路"国家的充分肯定。在这两个框架下，具体的发展模式可以从以下五个方面进行比较分析。

（一）特区建设中国家参与程度比较

从国家参与程度来看，特区发展模式可分为国家高度统一管理和特区享有自主权两种模式。国家参与程度的变化也反映了国家对经济特区的理解和政策方向的转变。

俄罗斯经济特区起初自由度较低，以国家宏观管理为主。俄罗斯国家经济发展部负责政策制定和监督等统筹工作，经济特区的开放型股份公司负责特区规划、建设和土地工作。而在2016年之后，特区的管理主体变为联邦主体的最高行政机关和市级行政机构，这表明俄罗斯经济特区已由过去国家的集中管理变为各地自理（蒲公英，2018），管理权的下放也说明特区拥有了更大的自主权和独立性。东南亚、非洲多数国家和朝鲜的经济特区基本由国家主导建设，引进国外企业与当地机构共同规划和开发。国家间携手共建也使发展模式和经验得到传播和交流，以往如南非的国家工业开发区由政府独揽所有权和管理权，不允许私营部门参与的模式现已少见。近年来，在"一带一路"倡议背景下，中国企业已在东盟国家建立了多个工业园区，例如马来西亚的马中关丹产业园、泰国的罗勇工业园、印度尼西亚的青山工业园、柬埔寨的西哈努克港工业园等。这些合作将东南亚的资源、劳动力优势和中国的雄厚产业基础优势紧密结合，通过直接投资带动东盟相关国家的产业发展，未来东南亚经济特区具有成为"新世界工厂"的发展潜能。

渐进式道路的代表如中国、墨西哥，初期阶段的公共基础设施建设基本由地方政府主导的特区管理委员会承担。而后特区项目建设和融资主要通过PPP公私合作模式进行，同时多种所有制发展空间较大。相比之下，中国经济特区有较大的自主权，这有利于创新元素和开放机制充分发挥作用。权力下放也大大增强了政策的稳定性、连续性，使政府的承诺更加坚定，能够促进资金、人才和技术的流入，维护内外资企业的相关利益，增强外商投资者的信心，从而促进扩大再生产的落地。墨西哥经济特区主要由财政部负责，财政部的职责包括制定并审议特区发展规划、审核特区招商项目以及具体的特区发展政策。财政部每五年对特区发展规划进行一次审核，并负责颁发特区综合管理和投资许可，协调联邦和州、市三级政府部门行动。财政部牵头其他 13 家联邦部门以及地方部门共同组成特区建设跨部门委员会。虽然国家对特区的建设和管理具有主导权，但特区项目建设和融资主要通过 PPP 公私合作模式进行。初期阶段，公路、铁路、港口、电力等公共基础设施建设基本由公共部门承担，待管理机构正式入驻特区后，70% 的基础设施由私人部门共同参与开发建设。此外，为加快特区建设进程，财政部须采取一系列手续简化措施，包括在网上发布唯一权威指导手册；申报手续可通过电子系统完成；成立联合办公室，协助投资商完成申报；设立技术委员会，负责跟进、评估特区建设和运营情况；提交经济特区发展报告，对未来特区建设提出相关建议。

美国实行中央与地方合作建设特区的模式，其管理机构主要分为两个层级。第一个层级是统筹性的管理协调体系，包括美国对外贸易区委员会、美国海关总署和国家对外贸易区协会，分别负责对自贸区进行宏观决策和调控、海关监察管理、充当民间与官方的沟通桥梁。第二个层级是自贸区的内部管理经营体系，以承办者和运营者为主体。承办者主要包括经过美国对外贸易区委员会授权的法人团体或私人公司，根据相关法律和公共事业原则雇用运营者对对外贸易区进行经营管理（殷为华等，2016）。

（二）特区发展类型比较

从发展类型来看，特区可以分为单一指向型和综合型。俄罗斯的经济特区是根据本地的发展优势，明确发展方向，主要包括科技创新型（如莫斯科)、工业生产型(如利佩茨克)、旅游休闲型(如阿尔泰边疆区)和港口物流型(如摩尔曼斯克)等四种类型,具有较强的单一指向型的发展特点。印度、朝鲜与墨西哥的特区发展类型也与之相似,如朝鲜经济特区呈现"两线四点"的总体布局,四个特区分别占据国土的四个角端,根据不同的地理位置和资源禀赋分领不同的发展任务,同时肩负着推动形成产业集聚效应的责任,也属于典型的单一指向型发展模式(见表6-4)。

表6-4 朝鲜经济特区的特征

时间	方位	经济特区	功能
1991年12月	东北	罗先自由贸易区	除开展转口运输和出口加工的基本业务外,2012年当局赋予罗先新定位,即重点发展原材料工业、装备工业、高新技术产业、轻工业、服务业、现代高效农业等,打造先进制造基地和物流中心
2002年9月	西北	新义州经济特区	允许与国外合作通过外包制进行开发,重点发展技术密集型产业,包括信息产业、旅游文化创意产业、现代农业等
2002年11月	东南	金刚山观光特区	重点发展现代旅游业,致力于与韩国进行基础设施连通,承载着与韩国谋求合作的重要使命
2003年6月	西南	开城工业园区	朝鲜提供土地和劳动力,韩国提供资金和技术,是南北经济融合发展的重要平台,法制健全,具有良好的营商环境,成为韩国在朝投资的重要基地

资料来源:笔者整理。

中国经济特区发展属于有侧重的全方位发展,提供复合型的优惠政策。除了贸易、投资和出口加工等经济领域,还在政治、社会等领域实行配套政策,大力推进特区教育、金融、医疗、社会保障、房地产开发和旅游业发展,形成相互补充和高效便利的复合型管理运行机制。同样的发展模式也出现在发达国家,如日本和新加坡,这些国家凭借良好的地理环境、完善的生产和生活服务基础设施、优惠的政策等优势条件发展综合型经济特区。

新加坡、日本等国的经济特区产业结构不断升级，已出现高新技术产业占据绝对主导地位的情况。如新加坡裕廊工业园在20世纪60年代着力发展以出口为导向的劳动密集型产业，同时提供大量就业机会。20世纪80年代的发展目标是完善半导体、微电子和芯片的制造、测试封装等产业链，并促进"生产性服务业"的发展，以现代物流业和先进制造业为重点，构建经济增长的双引擎。20世纪90年代转变为以技术密集型产业为主，鼓励研发创新型企业入驻，在特区内建立研发实验室，培育创新动能。另外，特区进一步加强了区域整合，将多个岛屿合并为裕廊岛，并致力于打造全球石油化工中心和生物科技中心。陆续建立新加坡科技走廊，由大学教育区、科学园和信息技术城组成；新加坡国际商务园，功能定位是企业研发测试中心、区域总部经济、商业教育中心等。20世纪90年代后期新加坡工业开始向资本技术密集型转型，裕廊集团开始规划开发特色工业园，例如大士生物制药园、晶片工业园等。进入21世纪，裕廊工业园产业逐渐转变为以知识密集型为主，大力发展生命科学、生物医药科技、媒体资讯业以及环保洁净科技等高附加值产业，同时重视投资大、回收周期长、回报率高的战略型产业发展。在一系列政策规划下，新加坡裕廊经济特区已发展成为产业层次高、配套设施齐全、人才济济的综合型经济特区。

（三）特区发展路径比较

从发展路径来看，特区发展可分为自上而下和自下而上两种。自上而下的典型国家是印度和俄罗斯，两国均属于转型中国家，处于工业现代化发展的积累阶段。由政府主导在条件不成熟和缺乏经验的情况下大规模建立经济特区，不仅要求有大量的资本注入，还增加了特区发展的风险，各特区资源分配不均也导致发展水平参差不齐。俄罗斯自2005年起先后建立过29个经济特区，更是在2010年建立了10个经济特区；印度设立的特区数量在近十年更是超过500个。相关研究表明，特区的成功不在于增加特区的数量，而在于加大开放的力度（Leong，2013）。目前，俄罗斯和印度经济特区正处于爆发式增长后的调整时期，逐渐放慢甚至暂停了开发的脚步，并逐步向追求经济特区的质量提升和资源优化过渡。

两国自上而下的改革都未达到预期的成效，这与中国情况完全相反。从经验路径层面看，中国特区建设属于政策试验，是带有强烈目的性和协调性的活动。这种活动被用来调试生产创新型的政策选择，从而被纳入官方的政策制定过程，进而再推向更广的范围，甚至正式成为国家法律（Heilmann，2008），属于典型的自下而上的发展路径。这种有针对性的有计划的由点到面的渐进式道路，将改革经验逐渐推广，避免了激进式道路下的体制"断层"状态，降低了改革风险。

从经济特区的发展前景看，俄罗斯和印度在初始阶段就选择了"全面开花式"的发展模式。这种模式通过吸引外资快速实现工业现代化和经济腾飞，但是没有成功试点的经验可以借鉴，探索之路前途不定，存在较大风险，需要严重依赖政策的正确性和时效性。同时，"一刀切"的做法，缺少侧重点，导致资源不足或分配不均，甚至造成资源浪费，无法将资源集中在发展重点上，空有其名，而且会给国家带来资金、资源等各方面的压力，一旦失败损失比较惨重。缺少成功试点的经验等，加之新建经济特区选址都是欠发展地区，存在人才缺失、基础设施不健全、建设周期较长、政策不稳定的问题，很多国家的企业或承包单位出现了规划失败、资金欠缺等后续问题，导致被撤销建设经济特区的权力，实际情况是只有少数经济特区投入运行，大部分都处于停滞状态。2012年1月1日起生效的《俄罗斯联邦经济特区法》修正案规定，俄罗斯经济特区运营期限由20年延长至49年，并同时在法律上确定了投资者在经济特区发展中的主体地位（蒲公英，2014）。由此可以看出，俄罗斯已经意识到建立经济特区要循序渐进，有一个探索的过程，密集建立特区无法凸显政策红利，反而会造成资源配置低效甚至浪费。未来俄罗斯特区的建立仍任重道远。

（四）特区建设目的比较

从经济特区设立目的来看，可以从以下三方面考虑：①局部性和全局性目的；②外向型和内向型；③直接目的和深层目的。最早的经济特区基本属于外向型，以发展贸易和转口贸易为直接目的，如20世纪60年代建立的中国台湾高雄经济特区、20世纪70年代初期建立的毛里求斯经济特区和韩国的马山经济特区等。《俄罗斯联邦经济特区法》中明确规定："国家建设经济特区的目的是发展加工工业、高科技产业，推动新型产品的制造和完善交通基础设施建设。"在2011年修正案中补充规定，其目的还包括"发展旅游度假产业、开发新型技术并使其成果商业化以及完善港口基础设施建设"（蒲公英，2018）。非洲经济特区的目标是再工业化，有利于自然资源的合理开发，能够促进长期经济和工业发展，吸引本地和外国投资，鼓励基础设施建设和支持目标行业。两者均属于内向型全局性的以增强经济基础为直接目的的经济特区。

中国经济特区注重在制度创新、对外开放、经济增长模式、市场经济等方面为全国提供一个发展蓝本，属于整体和部分兼顾、内外导向结合、以发展对外经济为直接目标、以对内体制创新改革为深层目标的综合体。以深圳为例，深圳在现代企业制度、引进外资、简政放权、价格机制、劳工制度等制度革新方面走在全国前列，未来在完善市场机制、保护知识产权、转变政府职能、提高公共服务质量、发挥粤港澳大湾区桥头堡作用等方面仍有巨大潜力。

（五）特区宏观政策稳定性

一国政治制度、法规、宏观政策等稳定是吸引外资的重要条件，特别是政府坚定的长期承诺和战略建设。政策稳定能够促进资金、人才和技术的引入，推动扩大再生产的落地，也能维护内外部主体及其之间的相关利益。经济特区相关承诺、政策和国家战略的不坚定会降低稳定性和可预期性，从而降低贸易和投资的积极性。

印度的邦联制给予各邦独立的议会和立法权，造成州政府相互竞争缺乏合作、统一政令难以执行等问题。另外，经济特区在开发商要求下缩减和取消等现象十分严重。截至 2011 年 9 月，印度有 33 个特区已被通知取消，并且该趋势仍在继续。此类情况在俄罗斯也同样存在。2016 年 10 月，俄罗斯撤销了 8 个经济特区，这种削减是一定程度上的自我否定，也带来了投资环境的不稳定。韩国早期同样属于渐进式改革，从 20 世纪 60 年代建立第一个经济特区到 2000 年，也仅有两个经济特区。但之后开始大批建立经济特区，在近两年又因为长期的引资效果不理想而准备取消上百个经济特区。总体而言，政策设计和实施方面的薄弱承诺、规则突变和缺乏远见严重影响了通过经济特区促进工业化的努力。

反观泰国的政策则具有较强的连续性，吸引外资和法规制定都符合产业结构优化和经济高效发展的要求。汽车、航空、生物科技等现代工业也得到了国家的大力支持，近几年外商直接投资信心指数持续攀升。中国特区经济一直维持着稳定良好的发展态势，虽然经历了经济危机、贸易摩擦等经济重创，但是依然能够保证稳定强劲的增长，证明特区经济具有较强的韧性。近年来，经济特区在金融等领域深度开放，在完善市场竞争环境方面取得卓越成效。"一带一路"倡议的提出也加强了中国与各国的互信关系，在世界树立了负责任和信得过的大国形象。如今，中国将增长重点转移到高质量发展上来，而特区作为先行先试的探索者被赋予了更高的使命。这种明朗、稳定、统一的发展方向给予了投资者更大的信心。

三 社会学视角

社会人类学注重人在社会结构和社会功能中的作用，主要范畴包括人口、生态环境、劳动力就业、社会价值观和信仰等方面。从社会人类学的视角研究经济特区的发展应以"人"为本。因此本书将从社会学关注的两大热点——就业和文化两方面对中外经济特区进行比较。

（一）特区就业表现比较

人是经济特区发展的动力源泉，创造就业也是经济特区设立的初衷之一。经济特区发展至今，在创造就业方面的表现各不相同。中国集中发展几个经济特区，投资效果明显。截至2006年，中国首批五个经济特区（深圳、珠海、汕头、厦门、海南）解决了1500万人的就业问题（曾智华，2011）。单就深圳来说，2009~2016年，年末职工人数从220.2万人增加到了442.6万人，年平均工资从7.2万元增加到了12.5万元，就业环境十分稳定和健康。

印度经济特区建设初期取得了良好的就业效果，但转折点发生在1990年经济危机时期。就业减少一方面是由于全球经济疲软，另一方面是因为产业结构转变。其产业结构开始转变为以高新技术产业为主，更多强调人才利用率的提高，导致人力资源素质要求提高。同时经济特区数量激增，投资不能集中提高效率，反而导致就业机会减少。数据显示，印度300多个经济特区在10年内吸纳的就业人数仅为100多万人（雷定坤、赵可金，2018）。中国台湾和韩国经济特区建立的时间与印度相近，呈现出相似特点，表现为发展初期取得了良好的就业效果，但是在经济危机背景下产业转型导致就业减少，特区无法维持发展活力，就业效果日益减弱。中国台湾的经济特区到2000年就业人数达到67451人，之后逐渐降低到59000余人，同样可以看出特区产业转型带来的就业变化。

美国硅谷虽然没有在人才环境建设上投入大量的人力、物力、财力，但却成了全世界最吸引人才的特区。美国政府创造性地鼓励硅谷引入两大创新制度。一是将股票期权扩展到员工层面,二是实行有限合伙企业制度(穆桂斌、黄敏,2018)。同时,美国当局还实施了大量鼓励人才在当地进行创新创业的举措,如增加政府采购、拓宽融资渠道、提供商业和专业咨询、对基础研究直接提供资金支持、保护知识产权等。这些措施能够直接提高外来人才在本地的创业适应性,与硅谷自由开放的市场、多元融合的文化、优胜劣汰的竞争激励机制等优势统一构成硅谷强大的竞争力。加之硅谷处于美国最舒适的海岸,拥有高质量、舒适的生活环境,这些优势条件确保了硅谷能够充分并持续发挥人才集聚效应,从而使硅谷经久不衰。

(二)特区文化特征比较

每个特区都有相应的文化支撑,特区的文化特征能够投射出独特的城市态度和人文情怀。综观世界经济特区的选址,经济特区基本位于思想文化多元、自由开放的地区,这样的文化环境更有利于培植创新要素、激发开放活力。

中国深圳自建立经济特区以来就鼓励创新创业,提倡冒险和包容失败的文化理念,孕育了积极健康的创业心态。开放、自由的移民文化也吸引了来自世界各地的高科技人才,使得深圳更具创造性、包容性。这些行动共同塑造了深圳的文化特征,使深圳作为最早的经济特区能够成为经济特区的标杆。新加坡、日本属于典型的海洋文明,多元、自由、外向的文化特征与优良的自然和社会环境使其无形中形成了吸引外资的磁场。美国亦是如此,硅谷地区外国人出生比例高达37.5%,高出全美外国人出生比例24个百分点。硅谷地区家庭中使用非英语人口的比例高达51%,全美国的这一比例是21%。所使用的非英语语言中,排前3位的是西班牙语(36.7%)、汉语(16.6%)、其他印欧语言(9.3%)。2012~2016年,外国人才加速流入硅谷,流入总量达8.1万人,流出总量为1.7万人(穆桂斌、黄敏，2018）。

比较来看，传统文化根深蒂固的国家发展经济特区面临诸多阻碍。如印度存在宗教矛盾以及种姓制度，使世界观、价值观、态度以及社会认可很难达成统一，教育水平提高缓慢，在农村地区尤为明显，造成经济特区发展速度缓慢且极其不平衡。

综上所述，在国家战略、溢出效应、引资政策等方面各经济特区有着相同或相似的特点。在宏观层面（如发展环境、模式、目的等）和微观层面（如出口、就业、政策稳定性、外资差异、文化特征等），各经济特区呈现出了不同的发展效益。世界经济特区发展已走过几百年历史，在带动经济增长、加强国际合作、创新发展模式等方面发挥了应有的作用。在新时期，国内改革开放进入攻坚期，国际发展格局变幻莫测，经济特区作为改革开放的先锋应与时俱进，继续为国家高质量发展、建设社会主义现代化强国贡献鲜活力量。

通过研究世界经济特区发展历程，比较各国经济特区发展特点，笔者认为中国经济特区要想实现高质量发展，可以从以下几个方面着手：一是坚持改革开放和市场经济发展方向不动摇，用经济特区的实践成果丰富中国改革开放的理论内涵；二是加强国内联系，充分发挥溢出效应，继续巩固特区作为"国内外桥梁"的定位；三是营造良好的营商环境，一方面继续提高特区办事效率，另一方面加强知识产权保护，维护投资者的合法权益；四是增强创新因素的自我吸引力，促进区域创新创业生态系统良性循环，用逐渐增强的创新动力和经济活力取代逐渐减小的政策优惠力度；五是继续加强基础设施建设，不仅要在现代化实体经济上下功夫，还要不断增强特区教育、医疗等基础设施的软实力；六是保持特区政策大方向上的稳定，同时将政策调整和因时因地制宜相结合；七是在土地等有形资源的拓展受限的情况下增强特区无形资源的容量拓展能力，提高特区内现有经济增长点的发展质量，并努力寻找和建立新激励、新模式、新业态；八是注重与国际制度和规则接轨，充分了解国际先进规则，先行先试，探索合理的运用模式，加强国内外市场的连接，并努力提高规则制定的话语权，为提升中国的国际影响力做出贡献。

第七章
中外经济特区典型案例研究

第一节　亚洲经济特区典型案例

亚洲经济特区的外商直接投资来源主要是日本，出口市场主要是美国，其次是亚洲、欧洲。亚洲的经济特区模式中，出口加工区占主导地位。此类模式在亚洲国家的贸易发展中起到了非常重要的作用，例如斯里兰卡、中国台湾、马来西亚等国家和地区的经济特区模式。然而，仅有少数经济体能够从低技能的纺织和服装制造业升级到高附加值制造业和服务业。泰国、马来西亚和中国台湾经常被认为是这方面的典范，即利用经济特区成功完成了产业升级，从低附加值的制造业升级到了以电子装配、零配件生产（泰国、马来西亚、中国）、汽车装配（泰国）、化学加工（泰国）为主的高附加值的制造业，吸引了大量的投资，也促进了出口的进一步扩大。

亚洲和太平洋地区部分国家或地区经济特区的特征见表7-1。

表 7-1　亚洲和太平洋地区部分国家或地区经济特区的特征

单位：个

国家或地区	最早特区设立年份	政府管理	私人管理	特区类型	FDI来源	重要部门	重要市场
印度	1965	87	254	自由港、软件技术园	欧盟	纺织、电子产品、珠宝、皮毛、食品加工、软件	美国、欧盟
中国台湾	1965	14	0	出口加工区、科技园、软件园	日本	电子产品、半导体、电器、高科技技术	日本、美国
韩国	1970	9	1	出口加工区、科技园、自由港、外国投资区	日本	电子产品、高科技	日本、美国
马来西亚	1971	10	3	出口加工区、科技园	日本、美国	电子产品、半导体、电器、汽车部件	日本、美国、东盟
菲律宾	1972	7	76	综合出口加工区、自由港、软件科技园	日本、美国、欧盟	电子产品、半导体、电器、汽车部件	日本、美国、东盟
泰国	1972	5	27	综合出口加工区、科技园	日本	电子产品、金属制品、半导体、汽车部件	日本、美国、东盟
斯里兰卡	1978	15	1	出口加工区、科技园	中国香港、韩国	服装、珠宝、皮箱、手套、食品加工	欧盟、美国
中国	1980	164	23	出口加工区、对外贸易区、经济技术开发区、沿海开放城市、高新区、边境经济合作区	中国台湾、中国香港、日本、美国	服装、电子产品、电器	美国、日本、欧盟
孟加拉国	1980	8	1	出口加工区	韩国、中国、日本	服装、纺织品、皮毛	美国
印度尼西亚	1986	22	5	综合出口加工区、自由港	日本	服装、鞋子、电子产品、食品加工	东盟、日本、美国

续表

国家或地区	最早特区设立年份	政府管理	私人管理	特区类型	FDI 来源	重要部门	重要市场
蒙古国	1999	13	0	出口加工区、对外贸易区	中国、俄罗斯	服装	美国
尼泊尔	2006	1	0	出口加工区	印度、欧盟、美国、中国	服装	印度、欧盟、日本、美国、中国
柬埔寨	2001	3	0	出口加工区	中国、美国、泰国、日本、中国台湾	服装	美国
中国香港	1974	7	0	工业园、科技园	全球范围	印刷、食品加工、飞机发动机修理、生物技术、信息技术	全球
新加坡	1960	42	0	出口加工区、工业园	全球范围	软件、金融服务	全球
巴基斯坦	1989	26	0	出口加工区	阿拉伯联合酋长国、英国、美国	服装、医药、电子机械	美国、欧盟、海湾国家
越南	1991	20	165	出口加工区、工业园、高新区、软件园	日本、韩国、中国台湾、中国香港、中国	服装、鞋子、皮箱、电子产品、金属制品	日本、东盟、中国台湾
朝鲜	1992	4	0	自由港	韩国	—	—
日本	1995	2	0	自由贸易区	—	—	—

资料来源：Akinci 和 Crittle（2008）。

一 印度经济特区

（一）坎德拉经济特区

印度坎德拉经济特区位于古吉拉特邦的阿默达巴德，2000 年开始投入运行。坎德拉经济特区所在的古吉拉特邦是印度工业重镇，石油、化工、工程、汽车及汽车零部件、纺织服装、宝石和珠宝以及医药等制造业为其支柱产业。古吉拉特邦工业总产值占到全国的18%左右。由于良好的地理位置和雄厚的工业基础，古吉拉特邦也成为印度最重要的外商直接投资目的地之一。古吉拉特邦的出口规模在印度一直稳居第二位，仅次于马哈拉施特拉邦。坎德拉经济特区依托古吉拉特邦良好的发展基础和成熟的海陆空基础设施，具有较大的发展潜力。

坎德拉经济特区具有良好的战略位置，靠近坎德拉港和蒙德拉港。其中，坎德拉港主要负责散货集运，距离特区仅9公里，而蒙德拉港主要负责大型货柜货物运输，距离特区也仅60公里。外商投资者可根据企业不同的贸易需求自由选择，港口的便利条件也为投资者商事活动提供充足的空间。同时特区内基础设施较为完善，在水、土地、厂房和能源供应方面为投资者提供了极大的便利，以保证投资企业的正常生产运作。可利用土地的开发和建设规划等相关信息会在官网上及时更新，以便外来投资者根据不同需求申请不同位置的土地资源。目前坎德拉经济特区已成为外商投资的最佳目的地之一，也是印度最具代表性的综合功能经济特区。

优惠政策方面，坎德拉经济特区规定对所有在本经济特区进行的交易所产生的税和费用都予以豁免，其豁免项主要包括：①土地流转时注册批准所产生的印花税和费用；②企业、商业、设施建立过程中订立的借贷合同、信用合同、抵押合同所征收的印花税和登记费用；③交易过程中的消费税、购买税、车用汽油税、奢侈品税、娱乐税等；④从国内关税地区进口货物和服务所产生的消费税与其他州法律规定的税。①

印度政府新公布的半导体产业投资奖励政策也指出，给予在经济特区内投资半导体产业的企业20%的成本补贴，并且该奖励最多可持续10年。这个优惠的力度在未来会进一步加大，优惠范围甚至会延伸到特区外。另

---

① 《坎德拉经济特区KASEZ》，豆丁网，https://www.docin.com/p-2099868942.html。

外，印度政府还给予特区内投资企业税收减免和无息贷款等优惠。[①] 坎德拉经济特区凭借良好的地理位置、雄厚的经济基础和较大力度的优惠政策，成为印度最具代表性和吸引力的经济特区。

（二）法尔塔经济特区

印度法尔塔经济特区坐落于西孟加拉邦的加尔各答，自2006年开始正式投入运行。法尔塔经济特区所在的加尔各答是印度东北部重要的金融和商业中心，拥有印度第二大交易所——加尔各答证券交易所，同时它还是一个重要的商港和军港，是该地区唯一拥有国际机场的城市。法尔塔经济特区的特色产业包括汽车轮船制造、钢铁、机械等重工业，与加尔各答商港和军港的优势相结合，成为强大的经济增长引擎。

首先，法尔塔经济特区外资进入门槛较低，对投资的包容度较高，这有利于投资者的建设和运营成本降低，且法尔塔经济特区本身工业基础良好，连接国内国外两个市场，投资环境较好。其次，交通条件十分便利。法尔塔经济特区距离加尔各答市中心仅50余公里，国道贯穿其中，靠近杜姆机场，且拥有加尔各答、哈尔迪亚两个港口作为货物出口贸易的渠道。

在其他基础设施方面，法尔塔经济特区以实惠和有吸引力的价格开发土地和建筑。其中地块为满足工业的要求，承诺只收取名义上的租金即每年70卢比。土地成本低廉，工业棚租金也相对较低。西孟加拉邦国家电力局通过该区域内的132kV维修站，确保在该区域内不间断供电，并且为个别单位提供进一步的专线服务。电价在每单位1.5卢比至3.72卢比（根据不同类别消费而定）。此外，其他费用和燃油附加费会不时调整。上午6时至晚间11时，对新建工业单位或承担超过50马力消费的单位，以及在基本的电力消耗基础上有50%特许的单位，免收20%~40%的基本电费。

---

① 《印度政府公布新的半导体产业投资奖励政策》，商务部网站，http://in.mofcom.gov.cn/article/jmxw/200703/20070304414874.shtml。

在电信设施上，该区拥有一个独立的电子电话交换机，在 STD/ISD 呼叫设施区域内安装了 UHF 链路，以满足特区的生产需求。在供水方面，该特区拥有 24 小时水源配送系统，在区域内确保供水，价格为每 1000 升 4 卢比。为方便 20 英尺和 40 英尺集装箱的平稳快速移动，该区附近有独立的集装箱搬运码头。哈尔迪亚码头系统距离码头 2~3 小时的航程，非经济特区的货物不得在码头进行检查和鉴定。①

在营商服务的便利度方面，法尔塔经济特区设立了发展专员办事处。发展专员无论何时何地都有批准项目的权力，这也大大提高了办事效率。法尔塔经济特区还通过简化程序构建便利高效的营商环境，统一实施"一站式"服务。特别是对于单窗口清关业务，办事处均实施快速工业审批。另外，该地拥有健全的社会基础设施，包括住房设施、医疗机构、消防单位、技术培训学院、技能升级机构、银行、邮局、警察局和内部安全机构等社会服务机构，能够让企业和个人的生活更便捷，保障其财产和人身安全。

在优惠政策方面，法尔塔经济特区规定用于经济特区企业的开发、经营和维护的进口和国内采购货物一律免税；前 10 年出口收入的 100% 免征所得税，其后 5 年征 50%；免除最低所得税税额；允许经济特区企业拥有 5 亿美元的外部商业借款，若通过认可的银行渠道进行借款则没有任何到期限制；豁免中央销售税和服务税；中央和州级实行单一窗口审批。② 极大的优惠力度以及较低的门槛也成为法尔塔经济特区吸引国际投资的一大法宝，但也可能会造成资源浪费，不利于特区的长远发展。

二　中国台湾经济特区

台湾地区的高雄出口加工区始建于 1966 年，是亚洲最早设立的出口加

---

① 《法尔塔经济特区》，豆丁网，https://www.docin.com/p-2099868939.html。
② 《法尔塔经济特区》，豆丁网，https://www.docin.com/p-2099868939.html。

工区之一。1970~1971年，台湾地区又设立了高雄楠梓出口加工区与台中出口加工区。台湾行政主管部门又于1995年提出"亚太运营中心计划"以及"全球运筹中心计划"。出口加工区开始朝着高科技、高附加值产业中心及全球运筹中心方向发展。台湾地区最初的出口加工区都是以劳动密集型产业为主，1999年出口加工区更名为经济加值区，以求摆脱过去以来料加工为主的处境。之后，台湾地区又陆续设立了中港等七个新园区，在以高科技、高附加值产业为发展目标的同时，进一步拓展园区功能，包括发展仓储物流及相关产业（李择仁，2003）。

台湾地区第一个出口加工区设立在高雄，这里具有良好的地理位置，航运条件十分便利。但港口条件发达的出口加工区大多适合于大宗商品和附加值较低商品的生产和运输。随着经济发展和产业升级，台湾地区的支柱产业逐渐转变为高科技产业，例如生产电子产品、芯片等。这些产品大多通过台北的国际机场运送到海外，港口的优势不再明显，反而劳动力供给成为首选条件。所以之后的两个出口加工区（楠梓和台中），并没有被设立在接近港口的地方，而是选择接近劳动力供给地（Maurice，1979）。

20世纪60~80年代是台湾出口加工区发展的黄金时期。这一时期，纺织业和电子业共同构成台湾出口导向的支柱产业。1974年底，高雄出口加工区内雇用纺织业员工人数占比为13.9%，楠梓出口加工区占比则为4.1%。就电子业来说，到1974年底，高雄出口加工区的厂商可分为17类，合计雇用69804名员工，其中电子业占44.2%。楠梓出口加工区电子业员工占比是41.6%，台中出口加工区的占比是66.4%。显然，电子业是出口加工区内最重要的产业（蔡宛桦，2018）。

台湾的出口加工区对进驻厂商的优惠如下：自国外输入之机器设备、原料、燃料、物料、半成品及样品免进口关税；外销或进口之产品、机器设备、原料、半成品及样品免征货物税；新建立之标准厂房或自管理处取得的建筑物免征契税；外销物资、与外销有关之劳务以及购进物资免征货物税（萧峰雄，1994）。

具体以投资优惠来说，出口加工区的厂商可以享受外销冲退税的优惠。但事实上，即使厂商不在出口加工区内设厂，只要符合规定，也享有与在出口加工区内设厂相同的优惠。厂商除了在出口加工区设厂之外，其他的选项包括在工业区设厂、自行购买土地等。1973年，台湾已标明50块地作为工业发展使用。工业区的土地是由政府购入，若土地已指定为工业用途，但政府尚未购入，则厂商也可以自行购买土地或开设厂房。还有一个选项是出口加工区以及工业区内的土地只能承租，但区域外土地可以自行购买。20世纪70年代，因为台湾地价便宜，外资厂商多在出口加工区外设厂（Little，1973）。

三　新加坡经济特区

裕廊集团是新加坡工商部直属单位，负责规划、建设、租赁和管理新加坡国有工业用地和园区，参与国家总体规划的制定，研究国家对工业用地的长期需求、规划和开发，并参与完善特区内的工业基础设施。裕廊集团拥有40多年的历史，在两个商业园区和科技园区、三个芯片制造园区、一个生物医药园区和多个专业园区拥有超过7000家跨国公司和国家公司。整个裕廊工业园区分为裕廊港、裕廊国际和腾飞三部分，分别负责进出口物流、特区建设和招商引资。裕廊集团以良好的设计和管理、标准的工厂设备、便利的配套设施作为吸引外资的核心竞争力。

裕廊经济特区的整体发展策略分为三点：一是渐进式发展策略；二是由点向面，由启动区延伸到整个综合产业区，组团式向外拓展延伸；三是遵循产业发展动态组织来落实工业产业的空间布局。裕廊经济特区在不同的时期有不同的经济发展任务，但是总体趋势是越来越注重高新技术产业，并且越来越向超大综合型特区方向发展。

新加坡的工业发展始于20世纪60年代裕廊工业园的建立和发展，当时的裕廊工业园以出口电子和计算机产品为主，忽略了劳动密集型产业的发展，直接过渡到资本密集型产业。由于裕廊港的地理位置优势，加之特区内拥有健全的商业和生活配套设施，吸引了大量的外资进入，同时也带动了一大批就业。20世纪80年代，裕廊工业园开始发展以半导体、微电子、微电路和封装为主的资本密集型产业，充分发挥开放优势，建设以海空联运为主的一流运输配送物流平台，进一步推动"生产性服务业"发展，便捷高效的物流和先进制造业的资本与技术积累成为新加坡经济特区经济增长的两大引擎。20世纪90年代，裕廊工业园的产业发展模式升级为以技术密集型产业为主，制定专注于研发、实验室技术和知识型产业的新战略举措，开发生物技术和生物医学科学等全新领域。同时，特区还将多个岛屿组合成裕廊岛，将其打造成世界级的石化枢纽。其中，新加坡科技走廊包括大学教育区、科学园和信息技术城三部分，为产学研提供专业的合作平台；新加坡国际商务园的功能定位包括企业研发与测试中心、地区总部经济和商业教育中心等。进入21世纪，裕廊工业园为知识密集型产业发展铺平了道路，大力发展生命科学、生物医药技术、媒体信息产业、环保和清洁技术等高附加值产业和投资大、回报期长但回报高的战略型产业，建设纬壹科技城，并进一步深化石化产业，巩固世界一流石化中心地位。

裕廊经济特区在吸引外资上也加大了政策的优惠力度，包括保持快捷及简短的建厂时间，一般为2~3年，并提供优质的营商环境和配套设施。鼓励大型制药企业和外部研发机构合作以改进生产流程和优化新产品配方。加之新加坡高质量的生活环境和配套设施，裕廊经济特区成为拥有全世界最优营商环境的投资创业圣地。近年来，裕廊经济特区开始拓展海外区域，包括1992年与印度尼西亚合办峇淡印都工业园、1994年与中国合建中新苏州工业园、1996年与菲律宾合办科麦龙工业园、1996年与越南合办越南新加坡工业园、1998年与印度合建班加罗尔国际科技园（关利欣等，

2012）。新加坡的经济特区建设开始产生溢出效应，区域的拓展也带动了业务的拓展和经济利益的增加。

四 朝鲜经济特区

朝鲜《经济区法》指出："经济区是在经济领域中实施优惠政策的朝鲜民主主义人民共和国特殊经济区。"朝鲜实行"共同开发、共同管理"的经营模式。企业拥有一定的自主经营权，可以利用国内国外两种资源，使资本、劳动力等生产要素实现聚集，达到资源的优化配置和相对优势的经济增长的目的（郭锐、苏红红，2013）。特区分布上，"两线四点"式分布的朝鲜经济特区通过建设交通基础设施北连俄罗斯，南连韩国，西连中国。朝鲜四个经济特区分布在边境的四角，具有不同的历史使命和责任担当，不仅成为带动区域发展的重要增长极，也成为对外交流的重要桥梁（见表7-2）。

表7-2 朝鲜经济特区的特征

时间	方位	经济特区	功能
1991年12月	东北	罗先自由贸易区	除开展转口运输和出口加工的基本业务外，2012年当局赋予罗先新定位，即重点发展原材料工业、装备工业、高新技术产业、轻工业、服务业、现代高效农业等，打造先进制造基地和物流中心
2002年9月	西北	新义州经济特区	允许与国外合作通过外包制进行开发，重点发展技术密集型产业，包括信息产业、旅游文化创意产业、现代农业等
2002年11月	东南	金刚山观光特区	重点发展现代旅游业，致力于与韩国进行基础设施连通，承载着与韩国谋求合作的重要使命
2003年6月	西南	开城工业园区	朝鲜提供土地和劳动力，韩国提供资金和技术，是南北经济融合发展的重要平台，法制健全，具有良好的营商环境，成为韩国在朝投资的重要基地

资料来源：笔者整理。

除了对外交流和国家安全的战略目的，朝鲜也想通过设立经济特区实现以下两个目的。一是增加外国投资。朝鲜通过设立经济特区向外国投资者传达一种信号，即朝鲜当局具有强烈的改革意愿，对外开放将成为发展的主旋律。二是通过吸引外资实现本国经济增长。朝鲜政府也想通过建立经济特区引进伴随外资而来的先进技术和管理经验，通过技术借鉴和引用改造来发展本国的相关产业，实现经济增长。

优惠政策方面，罗先自由贸易区为吸引外商来朝投资，推出了"免3减2"、"免4减3"及"免5减3"等优惠政策，极低的税率也是罗先引资的竞争优势。根据2010年9月公布的《罗先自由经济贸易地带外国投资企业和外国人的税收规定与规则》，对于优先投资基础设施（SOC）建设的外国企业，罗先自贸区将从该企业盈利的年度开始提供5年免税和3年减半的优惠。对于投资于生产的外国企业，若合同期满10年，罗先自贸区将从盈利之年起提供3年免税和2年减半的优惠。另外，投资3000万欧元以上的企业可以享受4年免缴所得税和3年减半的优惠。罗先自贸区的企业所得税为14%，低于中国特区的15%、中国香港的18%以及新加坡的26%。另外，为了激励外国人在罗先建造更多的建筑物，对他们直接建筑或利用自己资金购买的建筑，从竣工日开始算起，在5年内免征财产税。[①]

第二节　欧洲经济特区典型案例

欧洲经济特区的特点是发展最早，设立国属于历史上工业发展较早的国家，一般是在重要港口、航运通道或机场附近，发展模式较单一。大多

---

① 《朝鲜为罗先经济自由贸易区引资推出"免5减3"等税收优惠政策》，中华人民共和国驻大韩民国大使馆经济商务处网站，http://kr.mofcom.gov.cn/article/jmxw/201105/20110507579107.shtml。

数西欧国家的经济特区对制造业和其他经济活动都有所限制，只是允许从事分装和仓储活动。这在很大程度上是欧盟条款限制的结果。

欧洲典型的经济特区包括德国的汉堡自由贸易区，爱尔兰的香农自由贸易区，法国的里昂、尼斯、巴黎自由港，荷兰的阿姆斯特丹港和鹿特丹保税仓库等。爱尔兰的香农自由贸易区是世界上第一个出口加工区，它的建立大大刺激了出口加工区在全世界范围内新兴市场上的设立。尽管现在看来对经济增长的催化作用不是十分显著，但是对出口的增加、吸引外资以及外向经济的发展还是起到了十分关键的作用。

西欧地区部分国家经济特区的特征见表7-3。

表7-3　西欧地区部分国家经济特区的特征

单位：个

国家	最早特区设立年份	政府管理	私人管理	特区类型
塞浦路斯	1973	1	0	对外贸易区
丹麦	1891	10	0	对外贸易区
芬兰	1970	2	0	对外贸易区
法国	1992	87	0	企业振兴区、对外贸易区
德国	1888	8	0	对外贸易区
希腊	1914	3	0	对外贸易区
冰岛	—	2	0	对外贸易区
爱尔兰	1958	2	0	出口加工区、对外贸易区
意大利	1719	24	0	对外贸易区
马耳他	1988	11	0	对外贸易区
葡萄牙	1980	2	0	对外贸易区
西班牙	1998	5	0	对外贸易区
瑞典	1785	4	0	对外贸易区、经济特区
瑞士	1854	4	0	对外贸易区
英国	1988	62	0	企业振兴区、对外贸易区

资料来源：Akinci 和 Crittle（2008）。

香农自由贸易区是由爱尔兰政府主办、香农开发公司承办的早期的经济特区。香农自由贸易区具有良好的动态发展模式，香农开发公司会根据香农自由贸易区不同时期的发展特点和国内国际环境适时调整发展战略，以促进园区内的产业升级，保持较高的产业竞争力和良好的吸引外资的软硬件条件。

从20世纪70年代开始，香农自由贸易区就重点发展高新技术产业，吸引了大量的优质外资。特别是在1972年爱尔兰建立了利默里克大学，优质的教育资源为经济特区带来了源源不断的人才。学校还与企业进行校企合作，推动了产学研一体化的发展，也为企业培养了专业化人才。1984年，香农国家科技园正式成立，香农开发公司负责规划建设，并推动园内产业转型升级。尤其是在20世纪90年代后，香农自由贸易区在政府的引导下开始逐渐发展服务业和知识密集型产业，建设了大量的技术园和技术中心（徐胜、He Jing，2017）。

进入21世纪，香农自由贸易区大力发展电子商务，成为全世界最重要的软件出口市场之一，并将其附加值低的产业逐渐转移到亚洲或东欧等的发展中国家。但随着全球普遍进行产业升级，香农自由贸易区的高新技术产业开始与大国进行竞争。而这时，香农开发公司也开始另辟蹊径，利用当地优秀的文化遗产和得天独厚的自然风光发展观光旅游业。香农开发公司还专门下设了一个香农遗产公司，负责制定旅游业发展规划和设计旅游项目。香农开发公司这种动态的发展规划使得自贸区的经济增长点呈现多元化和特色化，时刻保持鲜活的生命力，既有助于保护当地的人文和自然资源，也为特区带来了可观的经济效益。

香农自由贸易区最大的优势是产业集群。2012年，香农机场从国家机场管理局脱离出来独立运行。香农机场开始重点发展复合材料、机件组装、航线网络、货物运输与租赁、飞行员飞行技术培训等新业务。经过几年的自主发展，香农机场已经发展成为爱尔兰最大的航空产业集群。除了航空产业集群的出色发展，香农自由贸易区内形成产业集群的还包括金融保险服务业、供应链管理、计算机产业、医疗产业等行业。众多国外的大公司选择在香农自贸区内投资，并将其融入全球产业体系，从而带动了自贸区的产业升级，改善了营商环境，使香农自贸区成为全球的创新中心（徐胜、He Jing，2017）。

香农自贸区的另外两个优势是人才和税收优惠。爱尔兰的年轻人才普遍具有灵活性高、生存能力强、富有热情的特点。根据2014年IMD世界竞争力年报，爱尔兰高等教育实力排名全球第15（徐胜、He Jing，2017），可用熟练劳动力排名全球第一，在2023年IMD世界竞争力报告中，爱尔兰仍高居第二，仅次于丹麦。爱尔兰超过50%的人口在35岁以下，全社会年龄结构偏向年轻化，能够为企业乃至整个社会带来持续的发展活力和创新动力。另外，香农自由贸易区实行相当友好的税收优惠制度，企业税率完全公开透明，不存在非公平竞争。

第三节　美洲经济特区典型案例

美洲地区设立经济特区的主要目的是，支持出口发展以及贸易便利化，美洲地区经济特区的建立以美国为主，美国于1934年建立了自由贸易区，重点发展贸易和制造业。在过去40年间，自由贸易区和出口加工区在美洲地区遍地开花。最初，经济特区主要设立在发达国家，由公共实体部门进行运营管理。但管理上的私有化在美洲地区也十分流行，许多国家对先前政府所管理的经济特区进行私有化，甚至有的国家经济特区已经完全由私人进行管理，最突出的例子是哥斯达黎加、哥伦比亚、多米尼加，另外乌拉圭和阿根廷也支持私有化管理方式。

美洲地区的经济特区可以分为以下几类：全国范围和单一工厂形式的

出口加工区（以墨西哥出口加工区为例）、中美洲工业自由区（以多米尼加和哥斯达黎加为例）、讲英语的加勒比海地区和南美经济特区（以哥伦比亚和乌拉圭为例）。基本上北美的经济特区都将美国作为其最重要的目标市场。

美洲地区部分国家经济特区的特征见表7-4。

表7-4 美洲地区部分国家经济特区的特征

单位：个

国家	最早特区设立年份	政府管理	私人管理	特区类型	FDI来源	重要部门	重要市场
美国	1934	20	246	自由贸易区、高科技园区	日本、英国	汽车、汽油、电子产品	国内
巴拿马	1948	2	8	对外贸易区、出口加工区、自由港	美国、英国	转运、物流、仓储	南美
巴西	1957	1	8	对外贸易区、出口加工区、自由港	日本、韩国、美国	仓储和电子装配	巴西、南美共同市场
哥伦比亚	1958	1	14	出口加工区、综合出口加工区、自由港	日本、韩国、美国	石化、服装、电子产品、服务业	美国、南美共同市场
智利	1958	2	8	对外贸易区、出口加工区、自由港	美国、巴西、德国、欧盟、加拿大	仓储、免税商店	南美共同市场、美国、加拿大
墨西哥	1965	2	107	出口加工区	美国、日本	汽车配件	美国
多米尼加	1969	20	38	出口加工区	美国、中国台湾、韩国	服装、健康医疗产品	美国
危地马拉	1973	1	15	出口加工区、综合出口加工区	美国、中国台湾、韩国	服装	美国
牙买加	1976	2	3	出口加工区	美国、中国台湾、韩国	服装、电话服务中心	美国

续表

国家	最早特区设立年份	政府管理	私人管理	特区类型	FDI来源	重要部门	重要市场
洪都拉斯	1977	2	22	出口加工区、综合出口加工区	美国、中国台湾、韩国	服装	美国
萨尔多瓦	1976	1	15	出口加工区、综合出口加工区	美国、中国台湾、韩国	服装	美国
哥斯达黎加	1978	0	139	综合出口加工区	美国	半导体、电子产品、医疗设备	美国
乌拉圭	1987	2	7	综合出口加工区	日本、美国	物流、贸易、电子产品、电话服务中心	南美共同市场、美国
特立尼达和多巴哥	1988	17	0	出口加工区	美国	仓储、拆装、石化	美国
伯利兹	1990	0	3	出口加工区、对外贸易区	国内	服装、食品	美国
古巴	1997	5	0	出口加工区	国内	农产品加工	南美共同市场、委内瑞拉
波多黎各	1942	142	0	出口加工区	美国	制药	美国
阿根廷	1995	5	0	对外贸易区、自由港	法国、西班牙、意大利、德国、智利、其他欧盟国家、美国、加拿大、墨西哥	食品加工、金属、化学产品、石化、渔业	欧盟、巴西、美国、加拿大、墨西哥
秘鲁	1991	4	0	对外贸易区	巴西、智利、乌拉圭、玻利维亚、日本、中国、美国	纺织、汽车、与农业相关的业务	巴西、智利、日本、中国、美国、欧盟、加拿大

续表

国家	最早特区设立年份	政府管理	私人管理	特区类型	FDI来源	重要部门	重要市场
圣基茨和尼维斯	1978	1	0	出口加工区	美国、英国	服装	美国
圣卢西亚	1979	2	0	出口加工区	美国、英国	服装、体育用品	美国
巴哈马	1955	3	0	科技园	美国、欧盟、日本	金融	美国
开曼群岛	1967	0	1	科技园	美国、英国	金融	美国

资料来源：Akinci 和 Crittle（2008）。

一 美国经济特区

美国经济特区的主要类型有自由贸易区和高科技园区，典型特区包括硅谷、洛杉矶的奥兰治县、波士顿的"128号公路科技园"、达拉斯-沃斯堡的"硅高原"、大西洋沿岸的"硅三角"等。

硅谷位于旧金山湾区的南部，西邻太平洋，环境优美、风景宜人，人口结构中有近一半是亚裔。硅谷早期只是一个传统的农业果园，但经过几十年的发展已成为令全世界瞩目的科技创新和人才高地，大批具有极强实力的高科技企业总部坐落在硅谷。

硅谷前身是斯坦福工业园，它是由被称为"硅谷之父"的斯坦福大学工程学院院长弗里德里克·特曼教授一手创办的。最初硅谷是以研制真空管起步，紧接着在20世纪60年代微电子在硅谷兴起，硅谷内的企业数也在不断增加，开始初具规模。20世纪70年代，硅谷内的营商环境、配套生活设施、产业链企业间的配合已基本成熟。到20世纪80年代，计算机产业开始成为国民经济的支柱产业，这时硅谷也涌现了一大批创新企业，这些企业开始引领技术潮流。20世纪90年代，硅谷开始发展信息技术产业。直到21世纪，硅谷成为并在此后一直是全世界最具创造力、对高新技术产业吸引力最强、会聚最多的全球高精尖人才的创新福地。

硅谷聚集了世界上最高端的人才和创新资源，目前硅谷的高级技术人才有近40万人，硅谷的全部人口中研究生及以上学历的人口占比达到23%，能够充分发挥人才集聚效应。另外，硅谷也汇集了全世界不同类型的文化，硅谷外国人出生比例达到38%，英语非第一语言的人口占比超过50%。所使用的非英语语言中，排前3位的是西班牙语（36.7%）、汉语（16.6%）、其他印欧语言（9.3%）。2012~2016年，外国人才加速流入硅谷，流入总量达8.1万人，流出总量为1.7万人（穆桂斌、黄敏，2018）。虽然硅谷是全球高端人才会集的科技基地，但对于人才引进的投资却少之又少。硅谷吸引人才的主要竞争力表现在"游戏规则"上。美国制定了一系列措施激发人才的工作积极性，推动人才发挥最大效用，其中最有代表性的就是将股票期权扩展到了员工层面，以及实行有限合伙企业制度（刘吉，2005）。硅谷在拓展融资渠道、政府公平采购、技术咨询、知识产权保护等方面提供大力支持，根据硅谷联合投资发布的硅谷指数（2017年），硅谷年均就业人数中，创新与信息产业人数仅占27%，而社区基础设施与服务人数占52%，商业基础设施与服务人数占17%（穆桂斌、黄敏，2018），这说明好的营商环境也是推动地区经济繁荣发展和持续保持竞争力的重要因素。

二 墨西哥经济特区

墨西哥经济特区设立于2017年，位于墨西哥南部十个贫困指数最高、贫困人口最多的州。但这些地区必须保证有公路、航运、铁路、港口发展条件，便于与国内外市场联通，同时具有地理优势。在这些地区建设经济特区可以推动南部各州发展，缩小墨西哥地区间的巨大经济差距。特区统一由联邦经济特区发展管理局进行规划管理。发展管理局隶属财政部，主要负责特区的规划、管理和监督等事务。经济特区除受财政部直接管理外，内政部、环境部、社会发展部、经济部、能源部、农业部、交通通信部等十余家联邦部门以及地方部门共同组成特区建设跨部门委员会，对特区进行跨部门跨地区的协调建设。财政部也出台了一系列简化办事流程的措施，包括在官网发布投资指导手册；申报手续和流程通过电子系统完成；联合办公室迅速响应投资申请；设立技术委员会，负责跟进、评估特区建设和运营情况；提交经济特区年度报告，对未来特区建设提出相关工作建议。

《墨西哥联邦经济特区法》规定，有意向在经济特区投资和开发的本国或外国企业须向财政部申请特区综合管理许可，许可期上限为80年。特区综合管理许可的发放必须通过公开招标相关程序。投资者在经济特区内的投资必须符合经济特区的发展规划和实际情况以及环保标准。政府建议投资者与当地企业加强联系，以构建完整的产业链条和产业体系，通过自身及与上下游企业的合作增加当地的就业岗位。《墨西哥联邦经济特区法》还规定，若特区运营者未能履行其义务或不能较好地促进特区发展，财政部有权介入临时接管特区运营，但介入期限不超过3年。①

目前，墨西哥经济特区建设保持良好态势，主要有以下几点优势。

第一，产业定位精准。《墨西哥联邦经济特区法》规定，特区综合管理许可的发放应充分考虑当地的现实情况，包括优势产业、自然资源和劳动力素质等，发展具有当地特色的产业，充分发挥产业集聚效应。在此基础上，墨西哥发展管理局致力于建立功能性特区，发挥区域和产

---

① 《〈墨西哥联邦经济特区法〉正式颁布》，商务部网站，http://gpj.mofcom.gov.cn/article/zuixindt/201609/20160901403118.shtml。

业联动效应，推动整体经济协调发展。墨西哥经济特区的功能定位见表7-5。

表7-5　墨西哥经济特区的功能定位

特区名称	功能定位	区域联动
拉萨罗卡德纳斯－拉乌尼翁经济特区	重点发展钢铁业、金属加工业、汽车制造业和农副产品加工业	以拉萨罗卡德纳斯港为枢纽，建立海陆联通的多层次交通脉络，对内加强同瓜达拉哈拉、克雷塔罗、墨西哥城等地工业园区及夸察夸尔克斯经济特区的公路联通
夸察夸尔克斯经济特区	重点发展农产品加工业、化工原料及化学制品制造业、造纸业和石油化工业	建立辐射美国东南部和东部沿海的海运网络
恰帕斯港经济特区	重点发展农产品加工业、电子电器制造业、造纸业和汽车零部件及配件制造业	大型港口与中美洲直接连接，可加强同危地马拉、巴拿马、美国西部港口城市（洛杉矶）以及亚洲的经贸往来

资料来源：笔者整理。

第二，打通战略性投融资渠道。墨西哥发展管理局为首批三个经济特区制定了适宜的发展规划和远景目标，政府也积极投身特区的基础设施建设，完善特区的营商环境，因地制宜地吸引外资，从而引进先进技术和管理经验，发展特区经济。特区还制定了既符合墨西哥国情又满足特区发展需求的长期、可持续投融资机制，并搭配特区招商引资的税收优惠等政策来推动特区产业发展。

第三，大力推行公私合营模式。墨西哥发展管理局对特区引进投资项目的最重要要求就是符合当地发展实际，看重在地化发展。所以特区在基础设施建设和融资上主要通过PPP模式进行，不仅私人部门可以参与基础设施的开发和建设，公营部门也可以通过投资对特区建设项目进行监督，把握特区建设的方向。

第四，优惠政策助力形成优质营商环境。《墨西哥联邦经济特区法》规定，经济特区的优惠政策主要包括：企业在经济特区投资经营所得，自项目取得第一笔生产经营收入所属纳税年度起，前10年免征企业所得税，后5年税率减半；企业在经济特区范围内生产和销售的商品（产品、服务、财产权）免征增值税，特区入驻企业在墨西哥境内非特区地区采购商品，全额退还已缴纳增值税；免征特区内7.5%的房地产税和2%的农业用地地税。另外，经济特区在基础设施建设领域提供宽带上网和单一窗口服务，同时围绕经济特区设置配套服务设施，如学校、医院、科研院所等。特区还建立技术学校和培训中心以解决经济特区特定行业和员工的培训问题。①

第四节　中东和非洲经济特区典型案例

在我国经济特区发展初期，中东地区的许多国家就已经建立了经济特区。埃及、叙利亚、以色列、约旦等国家在20世纪60年代和70年代就设立了政府管理和运营的经济特区，这一时期也是菲律宾、多米尼加、韩国和中国台湾首次设立经济特区的时间点。中东和北非地区的经济特区以自由贸易区为主，主要目标是发展东道国的贸易，尽管这些特区也允许从事制造业，但是贸易以及与之相关的经济活动仍占主要地位。除少数国家（埃及和约旦）的特区之外，中东地区经济特区的经济贡献与远东地区和拉美地区经济特区的经济贡献相比显得微不足道。因为中东地区的经济特区所从事的经济活动多是与贸易有关，而不是与制造业有关。

撒哈拉沙漠以南非洲地区部分国家经济特区的特征见表7-6。

---

① 《墨西哥经济特区系列（四）》，商务部网站，http://mx.mofcom.gov.cn/article/ztdy/201712/20171202690550.shtml。

表 7-6 撒哈拉沙漠以南非洲地区部分国家经济特区的特征

单位：个

国家	最早特区设立年份	政府管理	私人管理	特区类型	FDI 来源	重要部门	重要市场
塞内加尔	1974	1	0	出口加工区、单个企业	法国、美国、其他欧盟国家	食品加工、制药	法国、美国、欧盟其他国家
毛里求斯	1970	1	0	单一企业出口加工区、对外贸易区	法国、中国香港	服装、纺织	欧盟
多哥	1989	1	0	出口加工区、单个企业	法国、意大利、韩国、黎巴嫩	农业加工、金属产品、服装	法国、美国、欧盟其他国家、埃塞俄比亚
喀麦隆	1990	1	0	出口加工区、单个企业	西班牙、法国	农业加工、化学、皮毛、木材	喀麦隆、西班牙、法国、欧盟其他国家
马达加斯加	1991	0	2	单个企业、产业园	中国、法国、印度、中国香港、毛里求斯	服装、纺织	欧盟
尼日利亚	1991	5	1	出口加工区、单个企业	中国台湾、中国、英国、美国	木材加工、食品加工、服装、纺织、石油和天然气	西非、中国台湾、欧盟、英国、美国、韩国、印度
肯尼亚	1993	2	53	出口加工区	美国、欧盟、印度、斯里兰卡	服装、纺织	美国、欧盟
纳米比亚	1995	2	0	出口加工区	德国、中国、日本、中国香港、南非、韩国、印度、黎巴嫩、法国	汽车部件、服装、纺织	南非、安哥拉、英国、德国、美国、欧盟其他国家
塞舌尔	1995	1	0	出口加工区、单个企业	中国香港、欧盟、毛里求斯	服装、纺织、食品加工	欧盟、日本、韩国

续表

国家	最早特区设立年份	政府管理	私人管理	特区类型	FDI来源	重要部门	重要市场
加纳	1995	0	4	出口加工区	英国、美国、印度、韩国、中国、尼日利亚	服装、纺织、农业加工	欧盟、英国、美国
津巴布韦	1995	3	4	出口加工区、单个企业	中国、中国香港、韩国、日本	服装、皮毛、金属制品、农业加工	中国、日本、印度、加拿大
马维拉	1995	1	0	出口加工区、单个企业	英国、韩国、南非	服装、纺织、农业加工	欧盟、南非、英国、挪威、丹麦
莫桑比克	1999	1	0	出口加工区	英国、葡萄牙、其他欧盟国家、南非、中国、巴西	铝制品加工	英国、葡萄牙、欧盟其他国家、南非
南非	2000	6	0	综合出口加工区	德国、法国、欧盟其他国家、美国、英国、加拿大	汽车、农业加工、制铝业	德国、法国、欧盟其他国家、美国、英国、加拿大

资料来源：Akinci和Crittle（2008）。

肯尼亚珠江经济特区是由广东新南方海外投资控股有限公司与肯尼亚非洲经济区有限公司联合开发、运营和管理的特殊经济区。经济特区投入运行后预计每年创造30亿美元的经济价值，将直接提供超过4万个就业岗位。肯尼亚珠江经济特区坐落在埃尔多雷特市。埃尔多雷特市是位于肯尼亚西南部富庶的瓦辛基苏高原中心的一座城市，是肯尼亚西部瓦辛基苏郡首府。肯尼亚珠江经济特区包括三大区域，分别是以科技发展为主的科技特区，以工业和制造业发展为主的工业特区，产业、生活、文化、金融等综合发展的奥林匹亚城综合特区。

特区总体按功能规划，但实行分阶段建设原则。第一阶段主要建设工业特区，建立特区实体经济基础，提高特区制造业生产水平。特区特意规划建设水库与净水厂，周边的埃尔多雷特净化厂也主要服务于工业特区以及居民区。特区电力主要由肯尼亚国家电网负责提供，已规划在工业特区旁建设太阳能发电厂。吸引外来投资和人才集聚，引进先进技术和管理经验，积累资本，形成价值洼地，为第二阶段建设科技和综合特区做准备。第二阶段主要建设科技特区和奥林匹亚城综合特区，特区将在第一阶段工业特区的基础上进一步发展先进制造业、高新技术产业和高端服务业，并建设生活设施、高校及科研院所等配套基础设施，构建产学研相结合的发展模式。特区移动通信网络覆盖率达到95%，并有互联网光纤连接。特区内有16家邮局，4家邮政网点以及9家认证货运公司，同时特区内有全国两所国立医院之一的莫伊教学与转诊医院和多所私人医院，尽量为投资者提供最优的营商及生活环境。第三阶段为特区的延伸发展阶段。根据经济特区法案，经济特区可建设成为单功能经济特区或多功能经济特区，包括但不限于农业特区、自由贸易区、自由港、商业服务区、畜牧特区、旅游特区等。肯尼亚珠江经济特区将根据每一阶段发展成果与经验，在规划用地时，根据发展需要纳入其他功能特区，致力于将该特区打造成可充分满足发展需求的经济特区。①

在园区服务上主要体现"一站式"服务的特点。①海关、移民、工商管理、税务管理、环境评估、警察、建设许可等相关公司审批部门共同入驻园区，联合办公；②各部门指派高等级官员入驻园区，建立绿色通道，批准相应的执照、许可、证明；③特区建立内陆港，所有进口货柜无须在港口清关，可在园内由绿色通道清关，所有货柜进口免申请进口预审核证书（PVOC）；④园内运营企业只需办理单一执照；⑤园区总体规划内项目建设均由园区自行批准建筑许可，并由园区统一报备，且拥有合法产权；

---

① 《【肯尼亚】肯尼亚珠江经济特区》，全国工商联一带一路信息服务平台网站，http://ydylmgr.acfic.org.cn/ydyl/jwjmhzqgbzn/fz/kny/20200318110120744216/index.html。

⑥园区内企业环评由"一站式"绿色通道批准，无须复杂流程。

在优惠政策方面，①税收规则：优惠企业所得税，前十年为10%（目前肯尼亚一般企业所得税为30%），且可获得投资额的150%抵减；销售和服务均免征增值税（VAT）；豁免企业印花税；豁免园区内企业、开发商、运营商股东的股息预提税；外籍员工总体收入个税按照统一优惠率5%征税；十年内豁免特区企业、运营商向外籍员工支付的费用预提税。②进口关税规则：园区所有进口产品、原材料免关税。③原产地规则：园区产品服务符合原产地证规定的，即视为肯尼亚生产，100%可以销售到东非共同体（EAC）市场，且只按照进口原料部分征收关税；本地采购原料的产品销售到 EAC 市场全免关税；部分产品出口欧美享受最优惠税收或者免税。④资金规则：所有资本和利润都可调回本国，不受外汇管制。①

---

① 《【肯尼亚】肯尼亚珠江经济特区》，全国工商联一带一路信息服务平台网站，http://ydylmgr.acfic.org.cn/ydyl/jwjmhzqgbzn/fz/kny/20200318110207744216/index.html。

第八章
中外经济特区功能与使命比较研究

本章主要从经济特区的功能定位视角,比较研究中外经济特区改革与开放的不同功能定位;从发展方式和经济转型的角度,比较研究中外经济特区的不同历史使命。从具有不同功能的中外经济特区中寻找共性问题,从综合改革开放试验、单一和多元功能定位、进一步对外开放、深化改革和政府职能等角度比较研究中外经济特区,并且寻找经济特区发展的共性特质,从而丰富中国道路的实践内涵和价值。

随着国际化进程的加快,经济特区的建设成为越来越多国家参与国际竞争的重要方式。目前全球超过3/4的国家建有经济特区,经济特区的总量超过4000个,而且这一数量还在持续增加。本章通过对比世界上其他国家的经济特区与中国经济特区,学习成功经验与总结失败教训,从而为未来世界经济特区的发展提供参考。

第一节　中外经济特区功能比较研究

国外经济特区种类有很多，如美国的对外贸易区，美国第一个对外贸易区建在纽约，此后，美国几乎在所有的港口都建立了对外贸易区；韩国的自由经济区，其中2003年建立的仁川自由经济区较为出名，这是韩国最早的经济特区；《俄罗斯联邦经济特区法》的颁布标志着俄罗斯经济特区的正式建立，比较出名的有以技术创新为主的莫斯科绿城经济特区和圣彼得堡经济特区，以工业生产为主的利佩茨克经济特区和叶拉布加经济特区，还有以旅游休闲为主的伊尔库茨克经济特区和加里宁格勒经济特区，等等；印度的经济特区以出口加工型经济特区为主，如坎德拉经济特区和法尔塔经济特区等；荷兰的自由贸易区，其中最著名的就是阿姆斯特丹港自由贸易区。世界各国建立的各种经济特区，对本国经济发展和对外贸易起到了巨大推动作用。比较发现，中外经济特区的不同主要体现在以下几个方面。

一　中外经济特区的制度环境不同

在通过经济特区吸引投资和促进出口的所有成功案例中，中国无疑名列前茅。排名垫底的可能是非洲，除毛里求斯、肯尼亚、莱索托和马达加斯加的部分经济特区外，大多数经济特区倡议以失败告终。事实上，经济特区倡议的成败与出口加工区或经济特区模式无关，而与政府及特区监管机构的战略规划、项目实施和管理能力相关（Aggarwal，2006）。

中国的经济特区是在改革开放的大环境下孕育而生的，是中国在社会主义制度背景下做出的一次伟大尝试。中国经济特区在社会主义经济体制下，采用灵活开放的经济政策、特殊体制，旨在通过吸引外资和国外先进技术发展社会主义市场经济。高度的开放使得中国经济特区允许多种经济形态存在，但本质上还是在中国共产党领导下的社会主义经济体制（Chen，1993）。中国经济特区可以说是由政府一手操办的，政府前期出台了较多优惠政策和投入了大量的资金扶持经济特区的发展，对于经济特区的发展方向起到了引导作用。而国外的经济特区，很多是在资本主义制度下建立起来的，实行资本主义市场经济体制。在资本主义环境下，政府采取自由放任和自由贸易的政策，经济完全依靠市场自发调节。资本家以及企业家之间不受限制地进行竞争，迫使企业不断进行技术创新，提高生产效率，从而在竞争中取得优势。资本的快速自由流动和转移，在促进国外经济特区社会生产力快速发展的同时，也加剧了资本主义社会的矛盾。

二 中外经济特区的功能和范围不同

经济特区作为世界各国对外开放的窗口，具有重要的战略功能。不同国家对经济特区的定位不同，导致经济特区的功能存在一定差异。如欧美等国在资源条件较好的港口和码头建立对外贸易区和自由港；英国、新加坡等国在科研实力较强的地区建立科技工业园区和高新技术园区；俄罗斯、爱尔兰等国在基础设施较好的地区建立出口加工区；等等。

而中国经济特区最开始的定位就是综合型经济特区，具有更多的功能和更广的覆盖范围。深圳作为第一个综合型经济特区，以发展工业为重心，兼顾农、商、住宅等多个行业，涉及政治、经济、社会、文化等多方面（王家庭、张换兆，2008）。中国经济特区已经不再单纯是发展对外贸易和特区经济，更多的是形成一个成功发展的典范，并将成功经验推广到更多的地区，促进中国经济的整体进步。

三 中外经济特区的地缘考虑不同

各国经济特区在位置选择上所考虑的因素也各不相同。出于交通便利和加强国际联系的考虑，世界上大多数的经济特区都设立在沿海地区的港口码头，这能够为经济特区的发展提供天然的优势。此外，出口加工区的区位选择，除了要考虑交通外，还要考虑当地的工业基础设施条件以及投资环境等因素。科技园区往往会选择高新技术产业发展较好、科研机构较多、人才密集的地区建设。

中国经济特区区位选择不能只考虑上述经济、地理因素（赵景来，2008），深圳和珠海经济特区靠近香港和澳门，这对于促进港澳与内地的交流以及"一国两制"方针的实施具有重要意义。厦门与台湾隔海相望，在厦门设立经济特区，能够很好地促进台湾与大陆的联系，促进两岸经济的发展，对实现祖国统一具有积极意义。而海南位于中国南海区域，在太平洋与印度洋的交汇处，是中国的南大门。中国将海南设为经济特区，大力发展海南经济，具有重要战略意义。因此，中国经济特区的建设除了考虑经济因素，还要考虑政治因素，中国经济特区的建设是改革开放以来一次成功的伟大尝试。

第二节 新时代经济特区的功能

世界各国经济特区从创建的一开始就肩负着振兴地方经济、缓解就业压力、发展对外贸易等重要使命。世界银行将经济特区的功能总结为以下三个方面：①国际收支方面，主要包括外汇收入、出口增长和FDI；②公共财政方面，主要包括政府财政收入和组织经济利益、更广泛的经济改革试验场、示范效应和出口多元化；③技术能力和专业知识方面，主要包括技术进步、技术转让和提高国内企业贸易效率。邓小平曾在1984年说："特区是个窗口，是技术的窗口，管理的窗口，知识的窗口，也是对外政策的窗口。"(《邓小平文选》第3卷，1993：52）这句话简明扼要地概述了中国经济特区的重要"窗口"功能。在40多年的特区建设和经济改革过程中，中国积累了大量的成功经验和失败教训。随着中国的经济和社会发展进入新时代，以习近平同志为核心的党中央对中国经济特区提出了新的要求，指明了改革方向。在庆祝海南建省办经济特区30周年大会上，习近平总书记对新时代中国经济特区的战略目标和整体功能做了新的论述，习近平总书记指出，经济特区要不忘初心、牢记使命，把握好新的战略定位，继续成为改革开放的重要窗口、改革开放的试验平台、改革开放的开拓者、改革开放的实干家（习近平，2018）。通过对比国内外经济特区的建设定位与意图，可以将经济特区的功能归纳为如下几点。

一 继续发挥对外开放窗口和引进功能

在发展中国家，经济特区通常与低工资和低技能生产能力有关，而这些生产能力通常是建立在廉价劳动力的比较优势基础上的，以扩大出口为主。然而，经验表明，经济特区除了可以通过促进贸易带来直接经济利益（包括创造就业机会和增加出口）之外，还可以带来间接经济利益，进而可以推动当地创新。从东道国的角度看，经济特区的收益可以分为两类：①直接收益，通过出口增长和外汇收入、外商直接投资以及政府收入增加，直接促进地方财政发展；②间接或动态收益，包括劳动力技能升级、技术转让、与国内企业的后向联系、示范效应、出口多样化和国际市场知识。这些间接收益中的大部分可能在发展或经济追赶的背景下成为培育创新所需的至关重要的部分。第二次世界大战结束，世界各国都渴望和平的环境来复苏经济，使得和平与发展成为时代发展的主旋律。所谓和平，最根本的是经济方面的和平，而发展的最终目的是经济实力的提高以及经济基础得到增强。实现国富民强的目标，必须一步一个脚印，分阶段分步骤对外开放，构建全面、多方位的开放格局。

中国经济特区在40多年的发展过程中，形成了一个完备的对外开放经济体系，建立了坚实的特区发展经验基础，并呈现积极的基地示范功能。在党的十一届三中全会上，党和国家领导人在确定下一步改革开放具体政策的同时，着重强调了在中国经济特区所进行的"试验"的本质，回答了试验是什么、如何进行、如何应用等问题，并将其作为今后经济特区试验的主要内容。这些内容不仅关系到经济特区未来的发展方向和成效，而且对中国新发展格局的构建起到至关重要的作用（苏东斌、钟若愚，2010）。在改革开放初期，中国经济发展较为落后，工业化水平远低于世界平均水平。由于缺乏资金、人才和技术等方面的支持，中国经济发展举步维艰。自改革开放以来，通过经济特区的设立和一系列对外开放政策的实施，中国迅速吸引了大量国内外资金、人才，同时外资带来了先进的技术和管理经验，使得中国用短短30年的发展时间实现了欧美发达国家上百年的发展成果，实现了经济的快速赶超，如今中国的经济增长速度和综合国力已经位居世界主要经济体前列。深圳、珠海、汕头和厦门经济特区是中国渐进开放策略的先驱。经济特区试验的成功经验使得中国将海南省建设成为最大的经济区，并开设了14个经济技术开发区，成功地将特区经验应用于国家宏观经济建设中。这些成功的经验，不应该随着时间的推移而被遗忘、封存，其值得我们珍藏，应持续不断地将经济特区的示范效应扩散到更多的地区。

随着中国经济的不断发展，深圳、珠海、汕头和厦门等经济特区，通过几十年来的不断累积和发展，拥有了良好的制度、经济和政治发展优势，使其在新时代焕发出更加强大的生命力，形成了更加具有特色的社会主义经济发展新模式。2019年8月,《中共中央 国务院关于支持深圳建设中国特色社会主义先行示范区的意见》发布,意见指出,深圳先行示范区的战略定位是：高质量发展高地、法治城市示范、城市文明典范、民生幸福标杆、可持续发展先锋。为实现这一目标,需要发挥经济特区的引进和基地功能。虽然中国经济发展已经取得了令世界瞩目的成就,但由于中国经济发展起步较晚,其中可能会存在一些导致经济发展不稳定的因素没有被发现。因此,中国经济特区应该更加积极学习和引进世界各国信息技术、生物工程技术和新材料技术等先进的科学技术,以及现代化城市建设经验,一步一个脚印促进中国经济特区乃至全国经济高质量发展和民生福利水平提升。

二 发挥示范带动功能

经济特区在国家经济发展战略中有着举足轻重的作用,在经济改革、对外开放以及现代化强国建设中起着引领、示范作用。经济特区的起点和立足点是经济,因此发展经济是经济特区的第一要务。但随着经济特区建设经验的累积,特区自身体系已经相对较为成熟,功能也逐渐深化,并开始发挥其示范带动功能。而且经济特区的示范带动功能不仅仅局限于发展经济方面,未来更多的是表现在城市建设和管理、政府治理以及民生福祉增进方面。

以中国为例,自1980年以来,深圳、珠海、汕头、厦门、海南等经济特区凭借其独有的地理区位和自然资源优势,加上政府给予的一系列经济发展优惠政策,已经成为国内最为发达的地区之一。随着时间推移,中国经济特区产业结构也在不断变化,从最初的以劳动密集型产业为主,逐渐向高新技术产业、高端制造业和现代服务业发展,形成了完善的产业体系,为其他地区经济发展和城市建设提供了科学、有效的发展经验。

随着中国特色社会主义进入新时代,中国经济特区的示范功能更加突出(郭永航,2021)。

作为经济政策的试验田,经济特区除了要在经济领域发挥示范带动功能之外,还要统筹推进政治建设、经济建设、社会建设、文化建设和生态文明建设"五位一体"总体布局,协调推进区域经济均衡发展。经济特区更要发展出一套可以推广并能够供其他地区复制的城市建设经验。新时代,经济特区建设应该更加强调模范带动作用,促进国家整体经济发展。

三 发挥引领创新驱动功能

过去几个世纪的大部分经济和社会进步都与技术创新有关。全要素生产率(TFP)作为衡量技术进步的有效指标,解释了各国收入水平和增长率的大部分差异(Madsen,2005;Klenow,2009)。在这方面,大多数发展中国家面临的问题之一是它们无法产生激进的、新的世界创新。总体而言,世界上大部分商业技术和研发仍然高度集中在少数国家(法国、德国、日本、英国和美国),尽管经济合作与发展组织(经合组织)的非成员国在世界研发中的份额一直在迅速增加。此外,世界上很大一部分商业技术是由跨国公司研发的,其中大部分跨国公司总部设在这些高收入国家。鉴于发展中国家缺乏先进的技术,绝大多数技术进步需要通过采用和适应国内市场上已有的新技术来实现。外国知识和技术的主要传播渠道是贸易(进出口)、外国技术许可的获得和外商直接投资。而作为吸引 FDI 和促进贸易的有效政策工具,经济特区可能会显著增加发展中国家对外国技术、专有技术和知识的接触(Chaudhuri and Yabuuchi,2010)。事实上,在吸引"内容丰富"的外商直接投资和刺激贸易的同时,经济特区往往倾向于获取国际知识和技能,这对提升创新能力至关重要。

作为先锋队、排头兵,经济特区为经济改革开辟了一条正确道路,中国沿海地区区域经济一体化的特征日益明显，经济特区已成为中国经济的强大引擎和中国经济增长的重要支柱。在大力支持和鼓励自主创新的同时，经济特区不断积极引进先进的技术和人才，不仅为经济特区创造了巨大的经济财富，而且为国家长远发展累积了大量知识。经过40多年的发展，经济特区在科技方面取得了辉煌的成就。数据显示，2018年海南共投入建设和研发经费17.1亿元，有研发项目330项，专利获取数量达到403项，高新技术企业数量较上年增长41.6%。而深圳的研发投入更是在2018年首次突破1000亿元，研发投入占地区GPD的比重高达4.2%。进入新时期以来，中国经济特区全面推进"五位一体"总体布局，在科技创新的基础上，不断加强制度创新和实践创新，努力实现经济全方位协调发展（孟源北，2020）。

值得一提的是，创新精神的培育从来都离不开人，而经济特区的发展是一个从无到有的过程，其发展成就是来自国内外的每一个企业家和劳动者的共同成果。他们敢为人先、勇于创新的拼搏精神为经济特区提供了源源不断的发展动力和深厚的精神底蕴。随着经济特区创新生态链的持续发展和完善，经济特区逐步形成了"基础研究→科技创新→科技金融→成果转化→创新环境"的良好创新生态系统，积极打通科研"0→1→N"链条。从人工智能、生命科学、生物技术等高新技术，到人才引进和体系建设，经济特区在更高起点、更高层次、更高目标上推进经济发展。

四 实现"走出去"的功能

经济特区的收益来自它们作为贸易和投资政策工具的作用。静态收益是从专业化和交换中获取的收益，包括创造就业、吸引外资、通过出口创收以及创造经济附加值。传统的出口加工区旨在通过使各国更好地利用比较优势（低成本劳动力）来获得收益，如果国内投资水平低和存在阻碍外商直接投资的障碍，则比较优势就得不到充分利用（Bendell et al.，2015）。这些出口加工区的运作很简单，为了保持控制，出口加工区通常被围起来，在入境时实行严格的海关监控，销售通常主要限于出口市场。经济特区作为世界各国"走出去"的窗口，在经济全球化的大环境下更具时代意义（陈林、袁莎，2019）。

经济特区的对外发展模式从大型国企到小型私营企业再到文化，大致可以分为三个层次的"走出去"模式。第一个层次是探索以国有企业为主、民营企业为辅、外资企业协同发展的"走出去"非贸易类境外投资。国家和地方专业外贸公司、国际经济技术合作公司率先"走出去"。第二个层次是以民营企业为主、国有企业为辅、外资企业协同发展的出口贸易高速发展模式。这种"走出去"模式使中国的海外投资主体、生产方式和产业结构发生了重大变化。中国自加入WTO以来，吸引了大量外资企业和资金的涌入，不少优秀的本土企业也逐渐走向国际舞台（赵蓓文、李丹，2019）。短短两年时间，中国共设立了6610家侨资企业，中外协议投资总额达到123.34亿美元，中国协议投资额达到83.57亿美元。其中，境外加工贸易企业345家，协议投资总额9.55亿美元。第三个层次是在科技、商品、资金走向世界的同时，文化也"走出去"。2005年12月31日，胡锦涛同志在《携手建设持久和平共同繁荣的和谐世界》新年贺词中进一步阐述了和谐世界的理念。胡锦涛同志指出：中国人民愿同世界各国人民一道促进多边主义，促进经济全球化朝着有利于实现共同繁荣的方向发展，提倡国际关系民主化，尊重世界多样性，推动建立公正合理的国际政治经济新秩序。[1]和谐观的提出，既体现了社会主义和共产主义的价值观，也大体反映了世界人民的共同愿望。近年来，中国对外文化交流的范围不断扩大和渠道不断增加（傅才武、赵苏皖，2011）。

---

[1] 《携手建设持久和平共同繁荣的和谐世界》，中国青年报网站，http://zqb.cyol.com/content/2006-01/01/content_1226511.htm。

"一带一路"倡议更是协同经济特区大力促进文化"走出去"。截至 2018 年底，全球已有 154 个国家和地区建立了共计 548 所孔子学院和 1193 所中小学孔子学堂。其中，共建"一带一路"国家共计有 53 个国家设立了 148 所孔子学院和 136 所中小学孔子学堂。经济特区作为世界各国联系的窗口，不仅能够吸引外资、促进贸易和实现技术进步，而且能够促进世界各国间的文化交流，使世界各国之间的联系更加紧密。

五 发挥维护和实现国家统一的功能

由于中国特定的历史条件和政治背景，促进和维护祖国的和平统一，是中国建立经济特区的重要政治原因（李韧，2012）。1980 年，中国设立了 4 个经济特区，它们分别是深圳、珠海、汕头、厦门。这 4 个经济特区在成立之初，在承担着重要的经济任务的同时，肩负着重大的政治使命。基于这一政治使命，中国经济特区在选址上就有了一定的要求。例如，深圳和珠海经济特区毗邻香港和澳门，汕头和厦门经济特区与台湾隔海相望。40 多年来，经济特区的设立吸引了大批来自香港、澳门、台湾的同胞，他们相互联系、相互帮助，根据自身的优势加大贸易往来。从 1979 年到 2019 年，大陆与台湾两岸贸易总额由最初的 0.8 亿美元增长到 2280.8 亿美元，增长规模超过 2800 倍。经济特区的建立，大大促进了海峡两岸的经济、贸易、文化交流，加深了两岸人民之间的感情，在实现祖国和平统一上发挥了重要作用。

自 20 世纪 80 年代以来，深圳和香港形成了优势互补、互利共赢、共同发展的合作趋势；珠江三角洲地区与港澳地区，形成了"前店后厂"合作模式。1997 年香港回归以及 1999 年澳门回归，经济特区在其中发挥了重要的推动作用，这是经济特区发挥维护和实现祖国统一功能的最好证明。香港和澳门在回归之后，与深圳等经济特区的联系更加密切，如今深圳经济特区的发展速度及经济水平已经与香港澳门旗鼓相当。香港和澳门的回归，验证了"一国两制"的科学性和先进性，也为台湾的顺利回归树立了榜样。事实证明，香港和澳门的回归是正确之举，香港和澳门回归后经济、政治、文化、社会均实现了更加快速稳定的发展。

此外，台商在汕头、厦门进行了大量投资，为台湾带来了大量廉价劳动力，两岸经济文化联系不断加深（刘正英，2000）。截至2018年，海南累计引进台资企业近2000家，厦门经济特区累计引进台资也超过3000家。长期以来，广大台胞视厦门为故乡，在这里投资兴业，造就了厦门在对台经贸和文化交流方面的前沿、窗口、桥梁、重地的地位。近几年，厦门致力于打造两岸融合发展示范区。厦门自贸片区推出100多项涉台试验任务和涉台创新举措，厦门经济特区真正做到了因台而设、因台而兴。

40多年来，随着交流的不断增多，深圳、珠海等经济特区与香港、澳门、台湾的交往逐步从经济领域扩展到社会、政治、文化、生活等众多领域。这也进一步验证了"一国两制"的伟大，它有利于祖国的和平统一，有利于维护祖国领土的完整。2019年8月，《中共中央 国务院关于支持深圳建设中国特色社会主义先行示范区的意见》发布，首先，该意见在前言部分就明确指出，深圳建设中国特色社会主义先行示范区有利于更好地实施粤港澳大湾区战略、丰富"一国两制"事业发展新实践。其次，意见明确指出，推进粤港澳大湾区建设，必须进一步深化前海深港现代服务业合作区改革开放，创新完善、探索推广深汕特别合作区管理体制机制。粤港澳大湾区的建设给广东、香港和澳门带来了巨大的经济发展动力，不仅为解决香港的不稳定问题提供了一条出路，而且成为解决台湾问题的"助推器"。最后，该意见指出，鼓励深圳与香港、澳门联合举办多种形式的文化艺术活动，涵养同字同源的文化底蕴，不断增强港澳同胞的认同感和凝聚力。

第三节 新时代经济特区的新使命

进入21世纪，世界各国经济特区的发展进入了一个全新时期。在科技、智能、大数据、信息化的背景下，经济特区也被赋予了新使命。人类已经经历了两次全球化的浪潮。第一次全球化浪潮是在1850年左右，是第一次工业革命八九十年之后发生的。其本质就是第一次工业革命之后交通和通信技术的改善，使成本降低，国际贸易和投资变得相对比较容易，从而推动了贸易的全球化，当时全球化主要的载体是货物。第二次全球化浪潮一般认为是从1971年美国总统尼克松宣布美元和黄金脱钩开始的，美元和黄金脱钩基本的含义是摆脱了金本位，摆脱了固定规律，世界经济进入灵活的自由浮动的规律体系的时代，跨境资本流动变得空前活跃。第二次的全球化浪潮是政策改变引发的，主要的载体是资本跨境，贸易也变得更加活跃。伴随着第四次工业革命，大数据、智能化及5G技术的兴起将会引起第三次全球化浪潮。

数字技术的进步、数字经济的发展，将会使世界进一步联系在一起，全球物联网和移动互联网将大大降低货物、资本、知识、技术等的交换成本，而最终交换的载体可能主要就是数据。实现这样的愿景，需要克服很多政治、经济、技术方面的障碍。经济特区能够以其高度开放、高度自由的特殊发展环境，为克服这些障碍提供试验与经验。因此，新时代经济特区应有如下新使命。

一 成为更广泛的经济改革和新制度试验场

世界各国建立经济特区，在某种意义上是想将其作为经济政策试验区。当各国有外资、贸易、法律、土地、劳动力甚至定价等相关的新政策时，会首先在经济特区内进行测试，然后扩展到其他地区和经济体（Dhingra et al.，2009）。社会不断发展，为了适应社会经济发展的需要，一系列新的政策法规和经济改革战略也会应运而生。因此，在新时期，经济特区还会发挥其更广泛的经济改革和新制度试验场的作用。在世界各国不断改革开放的进程中，经济特区将继续在社会发展道路的实践模式和组成部分中扮演着重要的角色，并且发挥着非常重要的作用，在符合国情的社会转型实践模式中发挥示范作用。经济特区的建设成效，证明了世界各国实行的一系列经济改革政策是正确的，它将在今后相当长的时间内发挥独特的作用，为新时期深化对外开放和经济改革提供示范性指导（Nigar，2021）。新时期的经济特区要坚定不移地走在改革的前列，为世界各国提供可借鉴的发展经验。

中国经济特区虽然是在特定计划经济背景下的产物，但走的却是发展市场经济的道路，并取得了巨大成果。改革开放40多年来，各个经济特区的经济实力有了质的提升。以深圳经济特区为例，深圳经济特区经济总量由1979年的1.97亿元增加到了2020年的27670.24亿元，增加约14045倍。虽然中国经济特区经济实力有了较大提升，但其在政治体制改革、精神文明体系建设、绿色生态城市建设等方面存在"短板"，制度创新需要提上日程。"两个一百年"奋斗目标对党和人民提出了更高的要求，而大力发展经济特区将成为实现这一目标的重要抓手。此外，还要把经济特区的建设层次、水平拔高，使其继续发挥优势，在新的历史背景下探索改革开放的新思路，提供新的制度支撑，探索新的前进道路。新时期中国经济特区将继续先行先试，积极走在时代前列，为新时代国家建设提供实践经验和发展思路，从而让全面改革开放事业少走弯路、降低成本。

现阶段，中国已全面建成小康社会，社会的主要矛盾转变为人民日益增长的美好生活需要和不平衡不充分的发展之间的矛盾，而制度创新中独特的集聚效应和集散效应是解决中国社会主要矛盾的有效力量。2019年8

月,《中共中央 国务院关于支持深圳建设中国特色社会主义先行示范区的意见》正式印发。该意见对深圳建设中国特色社会主义先行示范区具有重要意义,它标志着深圳先行示范区从经济领域向政治、文化、社会、生态文明领域的重大跨越,也是深圳先行示范区使命的重大创新。意见明确指出,构建新时代经济发展体系,实现高质量发展是深圳先行示范区的第一要务。深圳先行示范区要在产权、专利管理和人才引进方面实现突破,要积极营造良好的法治环境,健全政府治理模式、公共服务体系、社会保障体系和生态文明体系。中国经济特区的建设既是对人类文明的认同过程,也是充分体现中国智慧的过程,它表明中国是一个勇于探索自己的发展道路、谋求民族独立和人民幸福的国家,拥有自我改革的勇气,也体现了国家的责任感。

在进行现代化建设的过程中,各个经济体面临市场化改革、政府监管体制机制变革、社会运行机制改革和法治社会建设等一系列重大问题。经济特区建设的众多成功实践,不仅是探索一个国家如何在一个发展不平衡不充分的地区实行开放,而且证明了用某种方式实现经济改革和制度创新的正确性(Frick and Rodríguez-Pose,2021)。经济特区在探索自身发展道路的过程中,一直走在各经济体前列。新时期,经济特区既要继续展示敢为人先的勇气和充分发挥积极性主动性,又要承担起其他地区经济发展和改革开放的重任,为其他地区的发展提供借鉴。

二 引领世界经济绿色低碳发展

绿色低碳经济特区建立在成熟经济特区的基础上,通过在经济特区环境中尝试新的绿色低碳措施来发挥催化作用,如果证明有效,则在全国范围内推广(Findlay and Preston,2008)。绿色低碳经济特区可以成为实现发达国家和发展中国家在国际气候变化谈判中达成共识的低碳发展战略的有用平台。预计在不久的将来，发展中国家的温室气体排放量将超过发达国家。由于经济特区有效推动了发展中国家的工业发展（但走的是一条旧的、高碳的发展道路），这种绿色低碳经济特区可能是世界各地的发展中国家以具体和现实的方式探索低碳发展道路的捷径。自20世纪60年代以来，丹麦和瑞典等欧洲的一些国家的工业园区或城市就已经向生态工业园区（EIP）发展。EIP最成功的案例之一是丹麦的卡伦堡生态工业园区。这种生态工业园区经过几十年的发展会逐渐成为一个复杂的相互作用的共生网络，为当地带来更多的经济效益（Sakr et al.，2011）。

由于中国经济特区已被证明是最为成功的典范之一，绿色低碳经济特区作为低碳增长的试点在中国的建设也受到了很多国家的关注。欧盟和中国正在与来自英国查塔姆研究所、E3G和中国社会科学院的参与机构合作，计划将中国东北地区的吉林市转变为首个低碳经济特区。2020年，习近平主席在气候雄心峰会上宣布："到2030年，单位国内生产总值二氧化碳排放将比2005年下降65%以上，非化石能源占一次能源消费比重将达到25%左右，森林蓄积量将比2005年增加60亿立方米，风电、太阳能发电总装机容量将达到12亿千瓦以上。"[①]"双碳目标"（2030年前实现碳达峰和2060年前实现碳中和）展现了中国应对气候变化的坚定决心，将使中国经济结构和经济社会运转方式产生深刻变革，环境规制的范围将进一步从高污染行业扩大到高排放行业，在未来40年极大促进中国产业链的清洁化和绿色化（李俊峰、李广，2021）。

印度在推出绿色低碳经济特区计划方面也非常积极。印度商务部于2010年10月提出了经济特区节能指导方针，其中涵盖一系列推动能源效率提升、可再生能源使用和环境管理的措施。韩国也在通过低碳城市和低碳经济特区倡议为绿色增长议程做准备（Ban，2010）。例如，韩国仁川自

[①]《实现碳达峰"十四五"是关键》，中国政府网，https://www.gov.cn/xinwen/2021-01/18/content_5580590.htm。

由经济区通过其"低碳 IFEZ 30"计划设定了新的绿色低碳和温室气体减排目标,并于 2009 年 12 月制定了低碳总体规划,组织"温室气体减排工作队",以实施其低碳战略和计划,涵盖经济特区当局的所有部门。

中国、印度和韩国已明确表示,经济特区将作为其绿色低碳发展道路的重要组成部分,发挥越来越大的作用。作为贸易和投资政策的工具,经济特区在发展中国家的工业化、多元化和贸易一体化进程中发挥了催化作用。预计经济特区将继续在绿色低碳发展中发挥类似作用,会有越来越多的国家将这种新方法纳入其发展模式。

三 通过经济特区"服务化",实现数字经济时代新发展

在技术进步的推动下,数字化服务,如电信、计算机和信息服务,其他商业服务,金融服务在跨境层面的交易变得越来越容易。此类服务贸易的增长速度快于运输或旅游等传统服务,因此区域物理邻近性和制度开放性显得尤为重要。数字化服务贸易的急剧增长引发了与发达国家成本效率相关的问题,为世界各国提供新的出口机会和更加多样化的出口模式(高明等,2021)。许多行业,从金融和法律到电信和商业服务,都出现了外包现象,为发展中国家创造了出口机会和进一步自由化的压力,同时也对发达国家的劳动力结构进行了调整。各国可将数字经济与经济特区结合发展,实现经济特区"服务化",从而充分挖掘外包/离岸潜力。

全球近一半的跨境服务出口是商业服务,需要对此类服务的全球监管进行范式转变。商业服务的跨境供应以越来越有利的成本水平为出口创造新的机会,并允许出口多样化。服务作为数字贸易的推动者和通过数字技术提供的产品,将继续推动全球经济不断增长。在概念层面,制造业的"服务化"既包括将服务用作投入,又包括将服务作为制造企业内部的活动(例如,售后服务和维修服务)以及与商品捆绑销售的产出。"服务化"可

能会导致结构转型,即制造企业放弃其活动而专注于提供服务,但有时可能会增加特定商品的价值,从而产生提升产品质量的增值效应。

经济特区计划的早期实施者,如高收入亚洲国家(如韩国等)以及专注于低调服务(如仓储和物流)的国家,构成服务贸易转型的关键驱动力。经济和经济特区计划越来越多样化,以便纳入具有积极溢出效应的额外增值服务活动,包括共享服务中心和研发运营,从而为高科技制造业发展提供条件。在这种竞争环境下,对于一些想要吸引外资的国家来说,专注于服务成为一种选择,它们可以利用数字经济的便利性为潜在投资者提供更广泛的服务,从而使它们的机构更具吸引力。特别是对于某些没有制造能力或制造能力有限的国家,服务可能是它们吸引外国公司投资其市场的唯一选择。除了专注于商务流程外包(Business Process Outsourcing,BPO)相关服务外,信息与通信技术和数字服务以及大规模旅游相关服务构成这些国家服务相关活动的大部分。尽管如此,即使在这些服务行业,高效的物流网络和区域外连通性的作用仍是必不可少的。为了让发展中国家"攀登价值链上游"以提供更复杂的产前和产后制造服务,必须制定周密的劳动力发展战略。在数字经济时代,经济特区可能成为实现这一经济发展目标的最好选择。

经历几十年的发展,虽然各个经济特区之间存在一定的发展差异,但总体上是成功的。经济特区的成功实践经验对于各国经济开放和社会现代化建设具有重要的示范意义。经济特区的建设和发展可谓历经波折,无数的改革先驱奋勇向前,摸着石头过河,在无数的试验与失败中总结经验,探索出最适应本国发展需要的经济特区体系。经济特区坚持以高度自由和高度对外开放作为立足之本,以创新作为发展的动力源泉,不断解放和发展生产力,充分发挥了改革试验田的作用。比较世界各国经济特区的建设经验,可以发现不同国家、不同类型的经济特区有很多相似的地方,也存在不少差异。理性对待这些差异,并学习借鉴国外优秀的经验,对于经济特区未来的发展具有重要意义。未来，经济特区要继续发挥好带头示范作用，切实肩负起时代赋予的使命。

值得重申的是，未来经济特区计划要取得成功需要采取更灵活的方法，以最有效的方式利用经济特区作为政策工具来发挥一个国家的比较优势，并充分利用经济特区高度开放、灵活的特点，保障特区政策随着社会的发展及时调整。最根本的是，要改变思维方式，摆脱对财政激励和工资限制的传统依赖，转而专注于营造更有利的商业环境，以促进企业竞争力提升、地方经济整合、社会和环境可持续发展。经济特区还需要积极、灵活和创新的政策，以解决当今重大的宏观经济制约问题和应对未来的挑战。

第九章
中外经济特区的质量评价指标体系构建与测度研究

第一节　中外经济特区质量评价指标体系构建的必要性和综述

一　中外经济特区质量评价指标体系构建的必要性

从狭义上来讲，中国经济特区主要有7个，即1980年设立的深圳、珠海、汕头和厦门经济特区，1988年设立的海南经济特区，以及2010年设立的霍尔果斯、喀什经济特区。但从广义上来讲，特区远远不止这些。自改革开放以来，中国设立了一大批出口加工区、保税区、经济技术开发区、高新技术产业开发区、自由贸易区、边境经济合作区、金融贸易区等多种形式的经济特区，这些经济特区对中国的繁荣与发展发挥了极其关键的作用（Bai et al., 2015, Liu et al., 2018）。受到中国设立经济特区发展经济的鼓舞，许多国家尤其是发展中国家纷纷设立各种经济特区，通过提供税收等相关优惠政策、创造良好的投资环境，吸引外国投资者，促进国家经济技术发展。然而，随着经济全球化步伐的加快和中国改革开放的进一步深入，中国经济特区面临来自外部和内部的巨大压力。同时，经济特区的种类与数量越来越多，这些特区对区域经济发展的影响也不尽相同。因此，有必要对中外经济特区进行有效的评估，这有利于准确把握国内外经济特区的发展现状，吸收经验教训，从而为经济特区的发展提供参考。同时，深入研究国外经济特区的建设经验，对发展中国家"以经济特区建设推动经济发展"的发展模式也具有重要的借鉴意义。

二 经济特区评价研究综述

（一）经济特区经济领域的评价研究

经济特区评价研究的视角比较多样化，不仅包括经济领域的评价，还包括环境、城市规划、教育、人文等非经济领域的评价。在经济领域的评价研究中，吴蜜（2019）在构建中国经济特区区域创新能力评价指标体系时指出，特区区域创新能力评价指标的选择应该遵循三大原则，即科学性和可操作性、针对性和可比性、长远性和内涵性原则。围绕上述三大原则，吴蜜（2019）提出了创新投入、技术创新产出、环境创新和制度创新4个一级指标共14个二级指标来构建中国经济特区区域创新能力评价指标体系。类似的研究中，严成和林小玲（2018）利用创新支持能力、知识创新能力和技术创新能力3个一级指标共15个二级指标来构建中国经济特区的区域创新能力评价指标体系。进一步，严成和林小玲（2018）基于模糊数学理论和灰色理论，利用上述指标体系进行测度研究，结果发现，中国五大综合型经济特区创新能力具有一定差距，其中创新能力较强的为深圳、厦门与珠海，而海南和汕头的创新等级较低。除了经济特区创新能力评价指标体系的研究，冯建民等（2004）还构建了深圳经济特区科技创业环境的评价指标体系，该指标体系主要包括政策制度环境、区位支撑能力环境与营运支持环境三大基本内容。闫振坤和潘凤（2014）对经济特区产业转型的基本状况进行了有效评价：在建立评价指标体系时，该研究侧重于产业成长、规模、效益、支撑条件、结构转换等维度；在利用具体数据进行测度时，该研究发现，深圳经济特区产业转型综合优势远大于其他经济特区。

经济特区的经济领域评价研究对经济特区的评价侧重于某些方面，较少有全面综合的经济特区评价体系研究。综合型经济特区区域规模较大，包含多种行业，具有多种功能，综合性质量评价体系更能反映经济特区的发展质量。同时，对经济特区质量的量化评价研究，主要以特区为具体例子，在指标选择上较少突出经济特区独有的作用、发展目的与功能定位，主要是进行与非经济特区地区类似的评估，很难准确评估经济特区发展的质量。

（二）经济特区非经济领域的评价研究

黄光庆（1990）通过对汕头经济特区龙湖片土地自然环境要素的综合分析评价，进行了土地对城市工程建设的适宜性分类和自然环境质量分级。马勇占（2000）为了评价海南经济特区大学生身体素质，提高他们参加体育锻炼的积极性，以 1998 年海南经济特区 2000 名大学生体质调研数据为样本，使用百分位数法制定了海南经济特区大学生身体素质评价标准。广东省水利厅水利现代化研究课题组等（2000）为推动珠江三角洲和经济特区在广东率先基本实现现代化，对珠江三角洲和经济特区基本实现现代化评价指标体系进行了初步探讨。许军等（2006）用自测健康评定量表评价了深圳人民健康状况的信度和效度。张浩等（2006）对深圳城市绿地植物群落结构完善度进行了评价，并利用 Shannon-Wiener 指数、Simpson 指数，Hurlbert 均匀度指数和 Pielou 均匀度指数对群落物种的多样性进行了评价。李云和杨晓春（2007）对深圳公共开放空间量化评价体系进行了实证探索。防灾避灾功能评价对城市灾害管理和城市规划具有重要意义，吴健生等（2015）在系统回顾相关研究进展的基础上，采用基于 GIS 的城市防灾避灾功能空间直观表达评价方法，对深圳经济特区四类基础设施的防灾避灾功能进行了综合评价。杨文健和李婷婷（2016）指出，现有研究当中，针对排水管网进行综合评价的虽然不少，但主要是从经济的角度进行，在其他方面较为欠缺，例如从基础管理、生产运营等角度进行排水管网综合评价的文献不多。因此，杨文健和李婷婷（2016）同时运用定性研究与定量研究的方法，选取 17 个能够体现排水管网综合绩效的具体指标，并使用层次研究法来计算指标权重。

第二节 中外经济特区质量评价指标体系的构建

科学合理地评价经济特区的发展质量，需要构建能够有效反映经济特区基本状况和主要特点的评价体系。经济特区高质量发展的理念应该与国家高质量发展的理念一样被重视。换言之，经济特区高质量发展的内涵在国家高质量发展理念的框架之内，并把国家高质量发展的理念优势发挥出来。因此，新时代经济特区质量的评价体系应该以习近平新时代中国特色社会主义思想为指导，坚持"创新、协调、绿色、开放、共享"的新发展理念，并在此理念框架的基础上，突出经济特区的特色与功能定位。表9-1 给出了具体的经济特区质量评价指标。

表 9-1 经济特区质量评价指标体系

一级指标	二级指标	计算方法	属性
创新发展	创新能力	人均发明专利申请量	正
		人均实用新型专利申请量	正
		人均外观设计专利申请量	正

续表

一级指标	二级指标	计算方法	属性
创新发展	创新投入	R&D 经费总支出与 GDP 的比值	正
		R&D 人员数	正
		人均教育经费	正
		在校大学生人数	正
	创新环境	中国城市知识产权行政保护绩效考核结果	正
协调发展	政府引导与市场机制相协调	财政收入与 GDP 比值	正
		个体和私营就业人员数与总就业人数比值	正
		非国有经济比重	正
	经济与法治协调发展	每万名公职人员腐败立案数	负
		消费者协会收到投诉案件解决数与消费者投诉案件数之比	正
	经济结构协调发展	实体经济占 GDP 比重	正
		产业结构泰尔指数	正
		第三产业产值占比	正
	城乡协调发展	城镇居民人均可支配收入与农村居民人均纯收入之比	正
	物质文明和精神文明协调发展	地区人均失信被执行人总数	负
绿色发展	资源利用效率	单位 GDP 能耗	负
		单位 GDP 水耗	负
	生态环境保护	工业废水达标处理率	正
		PM2.5 雾霾指数	负
	绿色生活环境	人均公园绿地面积	正
		公共交通占机动车出行比例	正
开放发展	对外开放规模	出口依存度	正
		进出口贸易额	正
		贸易增长速度	正
	对外开放竞争力	外资吸收总额	正
		出口贸易总额/进口贸易总额	正
	对外开放结构	加工贸易出口占比	负
		前五大进出口贸易国家与地区占比	负
		高新技术产品出口占比	正

续表

一级指标	二级指标	计算方法	属性
共享发展	基本医疗卫生公共服务水平	人均医院、卫生院数	正
		人均病床数	正
	劳动就业保障	城镇调查失业率	正
	公共文化与体育	人均图书馆数	正
		人均体育馆数	正
	居民生活水平	在岗职工平均工资	正
		恩格尔系数	负
	居民生活压力	房价收入比	负
		CPI 指数	负
	基础设施建设	公路密度	正
		民航客运密度	正
		家庭平均每百户移动电话拥有量	正
		互联网普及率	正
		5G 覆盖率	正

一 创新发展

自改革开放以来，农村释放的人口红利与国外投资推动了经济高速增长。但随着人口生育率与资本收益率的下降，单纯依靠要素投入驱动经济增长的模式难以持续。根据内生增长理论，技术创新是经济持续增长的动力，在未来的一段时间，人才和技术创新对经济增长的作用会越来越明显。只有促进技术进步，才能提高生产力，增加对商品和服务的需求，并创造新的就业机会。经济特区是国家经济的试验田与先锋队，创新应该被纳入特区高质量发展的评价指标体系当中。

第一，创新能力。使用发明专利、实用新型专利和外观设计专利三种专利类型的人均申请量来度量地区的技术创新能力。把前面三种专利类型分开核算纳入指标体系，主要是考虑到不同专利类型之间的质量差别较大。

通常来说，发明专利的技术创新含金量远高于实用新型和外观设计专利。此外，使用专利的申请量而非授权量，主要是因为专利从申请到授权有一定的时间差，而专利申请更能体现创新的绩效与能力。此外，技术合同成交额占GDP的比重、规模以上工业企业研发经费占主营业务收入的比重也是刻画地区创新能力的重要指标。

第二，创新投入。利用科学研究与试验发展（R&D）经费总支出与GDP的比值、R&D人员数、人均教育经费、在校大学生人数来度量创新投入。激励企业加大创新投入，从长远来看，是一个地区保持经济竞争力的重要途径。除了R&D经费支出，创新发展离不开人才的培养。创新投入的关键要素包括人才培训和人力资本，人力资本增强了企业吸收和开发新知识的能力，因此它对于区域创新发展来说是至关重要的。

第三，创新环境。具备创新能力与进行创新投入仍不足以让城市创新活动可持续发展，创新发展需要具备良好的创新环境。创新环境是一种在地理空间、社会经济、制度和知识类型边界内建立的难以捉摸的网络计划，使所涉及的参与者能够在特定的活动领域中脱颖而出（Mikhaylov et al., 2018）。在所有区域创新环境的要素中，知识产权保护制度是最为关键也是最能体现创新环境的因素。加大知识产权保护力度，能有效提升市场主体的创新活力，尤其是能够激发企业家创新精神。作为中国经济特区发展的标兵，深圳的知识产权保护制度一直走在中国城市的前沿，深圳是中国首个国家知识产权示范城市。基于以上讨论，利用中国城市知识产权行政保护绩效考核结果来衡量创新环境。

二 协调发展

第一，政府引导与市场机制相协调。党的十八届三中全会提出"使市场在资源配置中起决定性作用"。在市场经济的作用下，商品和服务的生产都遵循供求规律，企业追求利润最大化，消费者追求用最低的价格购买最优质的商品与服务。市场化的优势在于让消费者筛选出市场中优秀的企业，而不是靠政策的扶持与政府的规划。本书构建如下指标来描绘经济特区的政府引导与市场机制相协调情况。政府规模，利用财政收入与GDP比值来度量。政府规模太大会使机构膨胀、臃肿，对社会形成一定的负担，助长腐败现象的发生，不利于市场化发展。企业家精神，利用个体和私营就业人员数与总就业人数比值、非国有经济比重来度量。根据现有的研究，市场化发展与企业家精神具有密切的关系。通常来说，市场化程度越高，地区的创业水平越高。

第二，经济与法治协调发展。市场化的发展离不开良好的法治环境，其为公平的经济活动提供法律保障。根据杜亚斌（2020）的研究，选择每万名公职人员腐败立案数来衡量地区腐败程度；参考樊纲和王小鲁（2001）的研究，利用消费者协会收到投诉案件解决数与消费者投诉案件数之比来衡量消费者受保护的程度。

第三，经济结构协调发展。利用实体经济占GDP比重来衡量经济特区的经济结构协调发展情况。在具体指标的度量上，此处参考李强和徐康宁（2013）的研究，将金融业和房地产业视为虚拟经济，其他产业即农业、采矿业、制造业、建筑业和生产性服务业视为实体经济。党的十九大报告指出："实体经济是一国经济的立身之本，是财富创造的根本源泉，是国家强盛的重要支柱。"金融与房地产的发展应该以促进实体经济发展为根本目的，实体经济与金融市场脱节，将会对金融部门的稳定性构成威胁，对实体经济产生损害，从而影响经济发展。此外，本书还利用产业结构合理化与产业结构高级化来衡量经济结构协调发展情况，具体指标为产业结构泰尔指数与第三产业产值占比。

第四，城乡协调发展。利用城镇居民人均可支配收入与农村居民人均纯收入之比来衡量。党的十九大报告明确指出："中国特色社会主义进入新时代，中国社会主要矛盾已经转化为人民日益增长的美好生活需要和不平衡不充分的发展之间的矛盾。"当前，城乡发展不平衡是中国不平衡不充分的发展的最突出问题，缩小城乡之间的发展差距，推动城乡协调发展是重要任务之一。

第五，物质文明和精神文明协调发展。利用地区人均失信被执行人总数来衡量。失信被执行人，是指具有履行能力而不履行生效法律文书确定的义务的被执行人。经济发展的目的是满足人民的美好生活需要，美好生活需要不仅包括物质生活需要，还包括精神文化需求。此外，地区诚信水平等精神文明的提升对经济的发展也会产生重要的影响，因为商业交易依赖信任，地区信任水平越高，经济发展就越好（刘伟丽、杨景院，2021）。

三　绿色发展

将绿色发展考量进来，意味着在促进经济发展的同时，应尊重自然、顺应自然、保护自然，避免对生态环境进行破坏。

第一，绿色发展应该不断提高资源利用效率，利用单位 GDP 能耗与单位 GDP 水耗来度量资源利用效率。绿色发展要求发展由资源集约型转向创新驱动型，其本质就是提高资源的利用效率。资源的利用效率不仅是生态效率，也是经济生产效率，具体而言就是利用最少的自然资源，实现最大的经济效益产出。

第二，绿色发展应该保护生态环境，而不是牺牲环境来追求经济增长速度。无论资源的利用效率如何提升，从目前的技术手段来看，产业的发展都无法避免非期望的产出，尤其是工业发展。因此在发展经济的同时，对生态环境进行保护，意味着需要对工业烟尘、工业废水等非期望产出进行清洁处理。本书利用工业废水达标处理率与 PM2.5 雾霾指数来度量生态环境保护程度。

第三，绿色发展应该包含绿色生活环境。绿色环保的理念应该融入居民生活，使居民形成独有的绿色环保理念与健康的生活方式。本书利用人均公园绿地面积与公共交通占机动车出行比例来衡量绿色生活环境。

四 开放发展

中国坚持对外开放的基本国策，经济特区更是对外开放的门户与前沿。可以这么说，经济特区成立的最初目的，就是对外进行经济合作和技术交流，将外资与国内富余的劳动力结合，扩大生产规模，将产品出口到国际市场。因此，经济特区选址毗邻港澳台，或者选址侨乡。为了吸引外国投资者，经济特区提供了一系列激励措施，例如优惠税率、土地和生产设施的廉价租赁等。当前，中国对外开放面临内外部环境变化的挑战，国内要素成本上升，传统比较优势逐渐丧失，外需减弱，贸易摩擦日益严峻。因此，探索对外开放的新道路是经济特区新时代的历史使命。

第一，对外开放规模。本书利用出口依存度、进出口贸易额与贸易增长速度来衡量对外开放规模。经济特区对外开放的高质量发展应该包括两个方面，即对外开放的质与量，其中量即对外开放的规模。经济特区的首要任务应该是不断扩大对外开放的规模，这样才能发挥窗口作用，一方面，为国家经济发展引进外资，吸收外资技术溢出；另一方面，提高出口规模，创收外汇。因此，扩大经济特区的对外开放规模，有利于巩固中国经贸大国的地位，对促进经济发展产生深远的影响。

第二，对外开放竞争力。在过去的几十年里，国家之间的经济竞争愈演愈烈，大多数国家渴望成为国际经济关系中具有影响力的重要参与者，并在世界经济市场上占据重要地位，以防范全球化带来的重大风险。尽管在目前国际形势下，某些逆全球化的势力抬头，但是经济全球化的趋势仍然不可阻挡。在商品与服务跨境贸易规模不断扩大，国际资本与技术快速、广泛传播的情境之下，提高对外开放的竞争力，一方面有助于提升全球竞争力，提高国家话语权；另一方面也有助于对外开放的可持续发展。本书利用外资吸收总额与进出口平衡结构即出口贸易总额/进口贸易总额来衡量对外开放竞争力。

第三，对外开放结构也是对外开放高质量发展的重要组成部分，优化对外开放结构是对外开放可持续发展的关键。本书利用贸易结构、国际市场结构与贸易产品结构来衡量对外开放结构，相应的具体指标分别为加工贸易出口占比、前五大进出口贸易国家与地区占比、高新技术产品出口占比。

五 共享发展

党的十九大报告指出：中国特色社会主义进入新时代，我国社会主要矛盾已经转化为人民日益增长的美好生活需要和不平衡不充分的发展之间的矛盾。对于经济特区来说，发展的目的自然也是满足人民日益增长的美好生活需要。因此，高质量的特区经济发展也应该是共享的发展，让民众共享发展的成果，提高民众幸福指数。本书选择如下指标来衡量共享发展水平。

第一，基本医疗卫生公共服务水平。本书利用人均医院、卫生院数与人均病床数衡量基本医疗卫生公共服务水平。基本医疗卫生公共服务水平被视为影响居民幸福的重要因素，这是因为健康是人类的最基本需求。此外，有效健全的基本医疗卫生公共服务体系，是吸引高素质劳动力的一个重要因素，可以为一个地区的经济发展做出重要贡献。

第二，劳动就业保障。本书利用城镇调查失业率来衡量劳动就业保障。居民充分就业是经济共享发展的一个重要体现。失业被普遍认为是不受欢迎的，因此会对个人与社会造成严重的负面影响。就个人而言，失业者不仅失去收入，而且面临身心健康方面的挑战。短期内，会增加经济不安全感，长期而言，则会对社会发展失去信心。对于社会来说，高失业率会导致犯罪率提升，经济衰退。

第三，公共文化与体育。公共文化与体育的发展是衡量一个地区共享发展水平的重要指标，本书通过人均图书馆数和人均体育馆数来衡量。一方面，高水平的公共文化设施，如图书馆，促进了知识的普及和文化的传承，同时还为社区提供了一个学习和交流的平台，有效增强了社会凝聚力。另一方面，体育设施的普及有助于提高居民的体育参与度，对个人身心健康产生积极的影响，从而提升全社会的公共健康水平，激发社会整体活力。

第四，居民生活水平。本书利用在岗职工平均工资与恩格尔系数衡量居民生活水平。居民生活水平是一个最能直接体现共享发展的指标，发展的根本目的是满足人民的美好生活需求。根据以往的研究，恩格尔系数与居民生活水平也具有密切的联系，这一联系基于中国数据的实证研究得到了验证。

第五，居民生活压力。本书利用房价收入比与 CPI 指数衡量居民生活压力。单纯依靠收入水平不能充分体现居民的生活水平，地区的物价指数与房价水平也会对居民生活造成一定的负面影响，因此，加入房价收入比与 CPI 指数来衡量居民生活压力。

第六，基础设施建设。本书利用公路密度、民航客运密度、家庭平均每百户移动电话拥有量、互联网普及率、5G 覆盖率来衡量基础设施建设水平。民用基础设施不仅是经济发展的重要促进因素，也能促进民生发展，因为居民生活依赖民用基础设施。公路与民航等传统的基础设施为人们提供了通过汽车或其他交通工具出行的方式。此外，互联网与移动互联网等新型基础设施建设也非常重要。

第三节　中外经济特区质量评价测度方法

（一）熵值法确权

在评估经济特区发展质量之前，需要先为指标分配权重，再通过权重与指标相乘得出具体评价分数。指标权重的确定是综合评价的第一步，可以定量研究指标对评价结果的贡献。指标权重的变化对最终评估结果影响较大，本书采用熵值法计算指标权重，熵值法能够得到评估结果的数据分布。熵首先是在热力学中引入的，然后香农将其引入信息论中，对信息的不确定性进行度量。熵值法是一种客观加权方法，即根据各指标的观测值提供的信息确定指标权重。熵值法与层次分析法相比，确定的权重更为客观，并节省了用于决策的时间。层次分析法需要比较任意两个指标，但是熵值法只需要对每个指标进行评分。

（二）熵值法步骤

利用熵值法计算指标权重的第一步是指标值的归一化过程。

正向指标：

$$x'_{ij} = \frac{x_{ij} - \min\{x_{1j}, x_{2j}, \cdots, x_{nj}\}}{\max\{x_{1j}, x_{2j}, \cdots, x_{nj}\} - \min\{x_{1j}, x_{2j}, \cdots, x_{nj}\}} \quad (1)$$

负向指标：

$$x'_{ij} = \frac{\max\{x_{1j}, x_{2j}, \cdots, x_{nj}\} - x_{ij}}{\max\{x_{1j}, x_{2j}, \cdots, x_{nj}\} - \min\{x_{1j}, x_{2j}, \cdots, x_{nj}\}} \quad (2)$$

其中，x'_{ij} 是第 j 个指标上第 i 年评估对象的标准化值，x_{ij} 是原始值；$\max\{x_{1j}, x_{2j}, \cdots, x_{nj}\}$ 和 $\min\{x_{1j}, x_{2j}, \cdots, x_{nj}\}$ 分别是最大值和最小值。

计算第 i 年评估对象在第 j 个指标上的比例：

$$p_{ij} = \frac{x_{ij}}{\sum_{i=1}^{n} x_{ij}} \qquad (3)$$

计算第 j 项指标的熵值：

$$e_j = -k \sum_{i=1}^{n} p_{ij} \ln(p_{ij}) \qquad (4)$$

其中，$k=1/\ln(n)>0$，满足 $e_j \geq 0$。

计算熵的冗余度：

$$d_j = 1 - e_j \qquad (5)$$

计算评估指标的熵权：

$$w_j = \frac{d_j}{\sum_{j=1}^{m} d_j} \qquad (6)$$

计算综合得分：

$$s_i = \sum_{j=1}^{m} w_j \cdot p_{ij} \qquad (7)$$

由于经济特区在中国以及东亚其他地区取得成功，世界各国纷纷建立各种类型的经济特区，想要在众多经济特区中寻找成功经验，或者是把握经济特区的发展状况，那么对经济特区进行质量评价就非常有必要。对经济特区进行评价的研究并不少见，但鲜见对经济特区进行综合性质量评价的研究。基于此，本书构建了经济特区质量评价指标体系。经济特区质量评价指标体系以习近平新时代中国特色社会主义思想为指导，有五大一级指标，包括创新发展、协调发展、绿色发展、开放发展、共享发展，共44个二级指标，对经济特区高质量发展的内涵进行了充分的刻画。

第十章
中外经济特区建设绩效评估研究

第一节　中外经济特区绩效评估研究综述

政策评价主要是对政策实践结果进行综合性质量评价，政策评估主要探讨政策实施是否达成某一特定预期的效果，其侧重于政策的有效性评估。本书通过研究相关文献讨论了逐步建立经济特区对企业、行业和当地经济的影响。

一　中国经济特区政策有效性评估研究综述

Wei（1993）最早开启了经济特区政策对中国经济增长贡献的评估性研究，该研究以1984年出台特殊政策的沿海城市为样本，使用市级数据发现经济特区所在城市在改革初期的平均增长率明显较高。Démurger等（2002）利用参与国际贸易的能力和优惠政策指数替换地区哑变量，发现地理和政策对沿海经济增长的影响大致相同，同时地理因素对经济增长的影响比政策滞后的时间要长得多，这说明优惠政策在很大程度上是"放松管制政策",使沿海经济体市场化和国际化。Jones 等(2003)利用中国城市层面的数据来估计增长方程,发现授予城市经济特区地位的政策显著促进了经济增长,使经济年增长率提高了 5.5 个百分点,同时沿海开放城市的经济年增长率平均高出 3 个百分点。此外,该研究还发现,城市经济特区政策通过吸引外资推动经济增长。Alder 等(2016)使用 1988~2010 年的中国城市面板数据,并利用双重差分法估计了经济特区建立对城市经济发展的影响。结果发现,经济特区的建立对所在城市的 GDP 和人均 GDP 产生了较大的积极影响。具体而言,经济特区的建立能有效促进当地的 GDP 增长,增长率约为 12%,人均 GDP 的增长率约为 9%。该研究还探讨了建立经济特区推动经济增长的作用机制,包括经济特区吸引了更多的人口、更多的投资,以及全要素生产率(TFP)的更强劲增长。在实证研究中,Simon 等(2016)对经济特区的定义不仅包括 1980 年在深圳、珠海、汕头、厦门以及 1988 年在海南省建立的 5 个国家级综合经济特区,还包括国家级经济技术开发区、经济开发区、保税区与出口加工区。除了评估经济特区对经济增长的影响,Wang(2013)利用中国城市面板数据评估了经济特区对外商直接投资的影响,结果发现,经济特区设立对投资整体具有积极影响。具体而言,经济特区政策的实施平均使人均 FDI 水平显著提高 21.7%,FDI 增长率显著提高 6.9 个百分点。

除了从宏观角度评估经济特区的增长效益,部分学者还从微观的视角探讨经济特区对微观经济主体的影响。Schminke 和 Van Biesebroeck(2013)评估了位于经济特区内对企业生产力和出口行为的影响,结果表明,位于经济技术开发区的企业实现了更高的出口价值、更高的贸易量,人均产出和资本密集度也更高。Zheng 等(2015)使用 1998~2007 年的企业级数据研究经济特区对中国 8 个城市的地方溢出效应。他们发现,经济特区会对经济特区周边地区的生产力和消费产生正向溢出效应。Li 等(2021)利用 1998~2007 年中国工业企业数据,主要从选择效应和集聚效应两个渠道考察企业区位对其绩效的影响。结果表明，经济特区内的企业平均比经济特区外的企业表现更好；生产率较高的企业进入该区域，而生产率较低的企业退出该区域；区内企业和区外企业都从区内获得溢出，前者获得的溢出大于后者。Lu 等（2019）结合丰富的公司和行政数据，考察了中国经济特区政策的发生率和有效性，发现实行区域经济特区政策对资本投资、就业、产出、生产力和工资产生了积极影响，并增加了指定区域内的公司数量。Zheng 等（2017）衡量了在 8 个主要城市建设的 110 个园区对企业生产力、工资和当地制造业、就业增长的局部溢出效应，结果发现，园区的地理溢出效应是园区整体人力资本水平、FDI 份额及其与附近现有企业的"协同效应"（由马歇尔因素衡量）的递增函数，当地就业和工资的增长刺激了附近的住房建设和零售店的开业。

尽管大部分的研究是讨论经济特区对城市经济增长的影响，但也有部分学者讨论了经济特区政策与县级农村发展的关系。Zheng（2021）使用代表 1999~2008 年制造业企业活动的 ASIF 面板数据，根据企业的诞生、搬迁、扩张和关闭来评估经济特区对就业的影响，通过将县与未来经济特区作为比较组进行匹配，发现经济特区由于新企业的创建和现有大企业的扩张而显著增加了农村的就业；相比之下，经济特区既不能促进企业进驻，也不能抑制企业迁出。

二 国外经济特区政策有效性评估研究综述

现有研究中，国内外学者对经济特区政策有效性评估的研究主要集中在中国案例上。一方面，中国实行经济特区政策时间较早，早在 1980 年，中国就在深圳、珠海、汕头、厦门建立了四个典型的经济特区。另一方面，中国经济特区政策取得了巨大的成果，对国家整体经济增长的重要性不言而喻，其中以深圳经济特区的建立最为成功。20世纪70年代末，深圳只是一个拥有约3万人口的小渔村，地区GDP仅为2.7亿元。2020年深圳常住人口为1756.01万人，地区GDP增长超万倍达到2.76万亿元。随着中国经济改革的成功，经济特区的影响引起了学术界和政策制定者的广泛关注，经济特区的数量在全球范围内迅速增加（Aggarwal，2012b）。追踪相关文献，也有部分针对国外经济特区政策评估的研究。

Tantri（2012）通过汇总1986~1987年和2007~2008年七个常规经济特区的数据，得到了印度经济特区政策对出口加工区结构有积极影响的实证证据。研究表明，引入经济特区取代其前身出口加工区，对其总体贸易表现产生了重大而积极的影响。然而，就对国家贸易而言，印度经济特区的贡献远远低于政策制定者的预期。此外，经济特区政策在出口多元化方面似乎并未取得成功，这反过来又影响了经济特区的出口方向。Alkon（2018）利用原始数据集以及包含大量社会和经济发展变量的2001年和2011年人口普查数据，对印度经济特区对当地社会经济发展的影响进行了系统分析，结果表明，印度经济特区未能带动当地的社会经济发展。为了解释经济特区为何缺乏发展溢出效应，该研究提供了一个基于地方政治家面临的政治经济激励结构的关键作用的理论框架。该研究认为，印度政客利用国有开发公司获取租金，破坏经济特区的潜在有效性，并导致其发展失败。Jensen（2018）使用双重差分法，评估了经济特区政策是否能成功实现其主要目标，即维持更可能受到经济转型负面影响的就业。结果发现，该政策对就业产生了显著而积极的影响，但随着区域开始迅速扩大，政策层面会产生一些负面溢出效应。Ciżkowicz等（2017）使用波兰经济特区的独特企业级数据集，估计了2003~2012年379个县的就业和投资面板和空间面板数据模型。结果发现，经济特区对所在县和邻近县的就业产生了显著的正向影响；经济特区对投资的影响较弱，但仍然是积极的——对特定经济特区的投资既不会挤出也不会挤入经济特区以外的投资。Frick 和 Rodriguez-Pose（2019）研究了 22 个新兴国家的 346 个经济特区的经济增长溢出效应。该研究使用夜间灯光数据作为经济特区绩效以及周边地区经济绩效的代理变量，以克服在衡量经济特区绩效时缺乏可靠经济指标的问题。结果表明，经济特区对经济特区周边地区的经济表现有积极影响。然而，经济增长溢出效应在区域上是有限的，并且表现出强烈的距离衰减效应：影响的大小持续减小到 50 公里。Defever 等（2019）对多米尼加共和国经济特区的实证研究发现，经济特区的企业增加，而改革后现有出口商的出口交易平均价值下降。同时，连续出口商不受政策变化的影响，可能是因为这些公司不受出口要求的限制。总体而言，经济特区的出口商数量变得更加重要，而出口价值则没有。调查结果表明，取消绩效要求使公司更容易设在经济特区。Aggarwal（2021）基于 2001~2012 年的年度家庭调查数据集，利用双重差分方法，估计经济特区对家庭人均支出的平均影响，发现经济特区的建立创造了对大片土地的需求，对农村经济造成了较大的外生冲击，对这些经济体的经济和社会环境产生了直接影响，并加剧了农村的贫困。然而，随着时间的推移，经济特区对农村地区的影响减小。

第二节　中外经济特区建设的成效与不足

评估经济特区有效性的常用方法之一是对经济特区内实施的各个项目对市政或居住区发展的影响进行综合评估。这种评估方法显示了实际效果，因为它们不仅衡量财务指标、收到的投资额、税收激励和直接财政补贴造成的收入损失，而且衡量人均收入、就业率、总产值和其他指标。经济特区（包括工业特区）的建立和运营是为了促进各地区的社会和经济发展。

深入研究中外发展中国家经济特区的建设经验，对发展中国家"以经济特区建设推动经济发展"的发展模式具有借鉴意义。

一 非洲经济特区建设中存在的不足

（一）腐败现象严重

透明国际是一个监察贪污腐败的国际非政府组织，同时也是G20的智库成员之一。从1995年起，透明国际每年都会公布腐败感知指数，并提供一个可供比较的国际贪污状况列表。根据透明国际2020年的数据，撒哈拉以南非洲是腐败感知指数排名最低的地区，地区平均得分为32.31分（0分代表最腐败，100分代表最不腐败），不到西欧和欧盟地区得分的一半（见表10-1）。这表明撒哈拉以南非洲地区的腐败问题非常严重，其中腐败问题最小的5个国家是塞舌尔、博茨瓦纳、佛得角、卢旺达和毛里求斯，得分分别为66分、60分、58分、54分和53分（见图10-1）。腐败最严重的5个国家为南苏丹、索马里、苏丹、赤道几内亚、刚果民主共和国，得分分别为12分、12分、16分、16分和18分。腐败给非洲经济特区的发展带来了一系列不良的后果，有证据表明地区腐败会在很大程度上降低投资并阻碍经济增长。一旦存在腐败，企业家在开办企业之前就需要先行贿赂，之后腐败官员可能会索取部分投资收益。因此，企业家将腐败解释为一种税收，这削弱了企业家的投资动力。许多非洲国家，经济特区当前的法律、监管和体制框架要么已经过时，要么根本不存在，即使在经济特区倡议启动之后，或者在某些情况下，在园区开始运营之后也是如此。这种"把车放在马前"的做法造成了很多问题，也让潜在投资者望而却步。在埃塞俄比亚，一家公司需要长达八年的时间才能获得土地租赁证书，在此过程中会存在大量寻租活动。

表 10-1 2020 年全球各地区腐败感知指数描述性统计

单位：个，分

地区	国家数量	平均分	标准差	最小值	最大值
美洲地区	32	43.38	16.38	15	77
亚太地区	31	45.29	19.92	18	88
东欧和中亚	19	35.95	8.872	19	56
中东和北非	18	39.11	17.24	14	71
撒哈拉以南非洲	49	32.31	12.67	12	66
西欧和欧盟	31	65.81	14.47	44	88

资料来源：笔者整理。

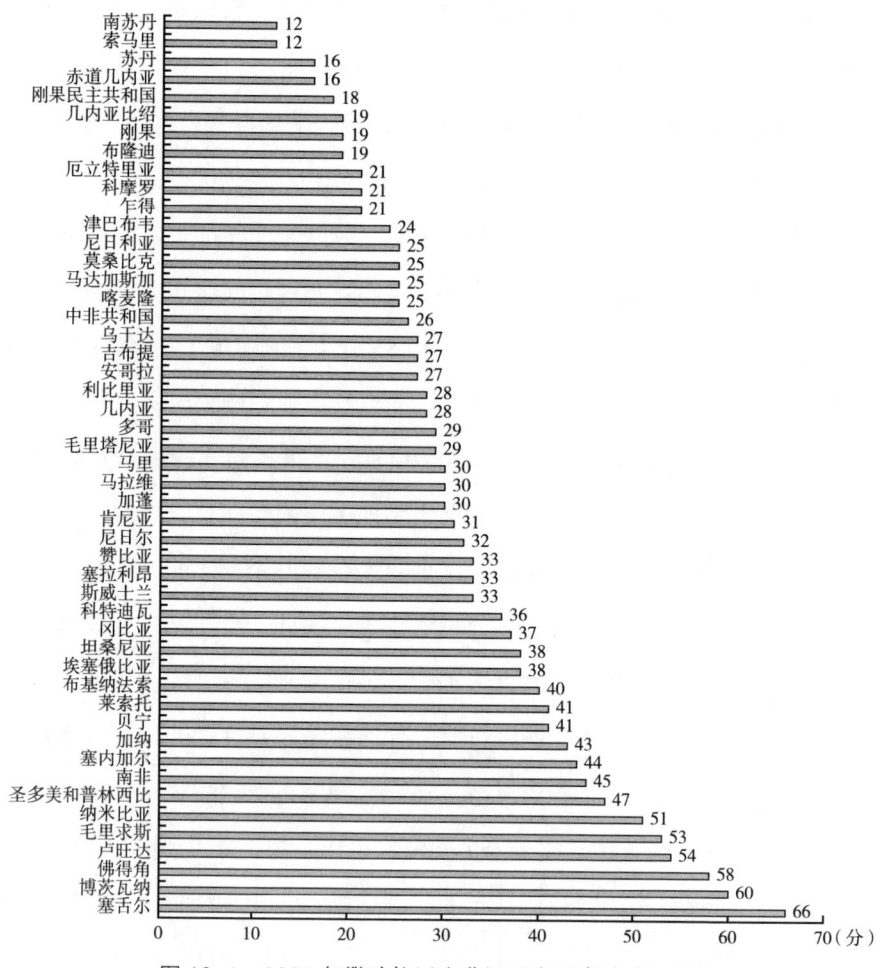

国家	分数
南苏丹	12
索马里	12
苏丹	16
赤道几内亚	16
刚果民主共和国	18
几内亚比绍	19
刚果	19
布隆迪	19
厄立特里亚	21
科摩罗	21
乍得	21
津巴布韦	24
尼日利亚	25
莫桑比克	25
马达加斯加	25
喀麦隆	25
中非共和国	26
乌干达	27
吉布提	27
安哥拉	27
利比里亚	28
几内亚	28
多哥	29
毛里塔尼亚	29
马里	30
马拉维	30
加蓬	30
肯尼亚	31
尼日尔	32
赞比亚	33
塞拉利昂	33
斯威士兰	33
科特迪瓦	36
冈比亚	37
坦桑尼亚	38
埃塞俄比亚	38
布基纳法索	40
莱索托	41
贝宁	41
加纳	43
塞内加尔	44
南非	45
圣多美和普林西比	47
纳米比亚	51
毛里求斯	53
卢旺达	54
佛得角	58
博茨瓦纳	60
塞舌尔	66

图 10-1 2020 年撒哈拉以南非洲国家的腐败感知指数

资料来源：透明国际网址，https://www.transparency.de/en。

在2020年透明国际腐败感知指数中,津巴布韦在180个国家中排第157位,得分仅为24分。非洲腐败给经济特区发展带来了两个方面的重要影响。首先是投资者信心丧失与资本外流。腐败让投资者却步,尤其是国际投资者,因为腐败带来的不确定性随时可能让投资者破产。其次是经济效率的下降与资源的浪费。腐败通常伴随着资源配置的不合理性,让本应用于公共服务和基础设施建设的资金流入私人腰包。这不仅意味着失去了投资机会,还意味着长期的经济增长和发展被拖延或者阻碍。

(二)基础设施严重不足

经济特区典型的作用就是出口加工,对于加工制造业投资者来说,基础设施是企业必须考量的因素。电信、电力、道路、港口、能源、金融和物流等基础设施占GDP比重少于30%,意味着对基础设施投资不足。根据非洲开发银行估算,尽管存在高达1080亿美元的资金缺口,但非洲每年估计需要在基础设施上投资130亿~1700亿美元。非洲大陆大部分地区的实体基础设施对生产力构成挑战。据世界银行估计,道路、电信、水、电力等方面的资金缺乏使非洲大陆的生产力降低约40%。尽管私人投资可以推动基础设施建设,但总体来说,非洲基础设施建设投资回报率低且风险大,大规模的电力、天然气、道路、港口和电信等基础设施建设仍然需要政府牵头发起投资。除了完善基础设施,非洲还应该加强与改善贸易服务。因为跨国企业投资需要考虑当地业务的服务支持能力,例如出口商需要得到海关服务和物流的支持。通常来说,经济特区吸引的企业大部分为进出口企业,这些企业需要高效率的清关服务、出口法律和监管制度。根据全球竞争力指数,非洲地区的道路质量与基础设施质量之间存在相关性。尼日利亚、肯尼亚和加纳的道路质量分别为112、91和76;港口基础设施质量分别为112、84和69(Farole,2011;

World Economic Forum，2009）。

非洲地区电力不足导致的平均停机时间为每月44小时，而非洲经济特区每月仅为4小时。非洲地区的清关时间是其竞争对手的两倍（Farole，2011）。在坦桑尼亚，只有20%的经济特区公司可以进行现场清关，经济特区进口商品的平均清关时间为19天，而整个经济体的清关时间为14天（Newman and Page，2017）。世界银行企业调查和经济特区投资者调查的2009年数据汇编显示，除南亚外，非洲的电力供应正常运行时间最短。在这个地区超过25%的电力依赖于发电机，此外，由于频繁停电，非洲企业额外承担了超过5%的销售损失（Farole，2011）。事实上，根据《2019年非洲能源展望》（IEA，2019），这种情况并没有改变，而是在迅速恶化。肯尼亚、尼日利亚和加纳经济特区停电导致的平均每月停机时间分别为11小时（整个国家为32小时）、136小时（整个国家为206小时）和34小时（整个国家为120小时）。加纳、肯尼亚和尼日利亚经济特区的平均电力连接天数分别为51天（全国24天）、22天（全国41天）和19天（全国8天）（Farole，2011）。

（三）缺乏持续稳定的政治环境

过去几十年来，受到东亚国家成功建设经济特区的鼓舞，非洲国家陆续建立起一批以出口加工区或工业园区为代表的经济特区。从目前来看，除了毛里求斯的出口加工区等极少数经济特区取得了成功外，非洲大多数的经济特区都失败了，没有一个国家成功地利用经济特区来进行结构转型，即使经济特区已经取得了初步成功，非洲地区投资和出口水平也比较低，对创造就业的影响有限。Page和Tarp（2017）认为，位置、规划、监管框架、海关、行政能力和管理等问题不是非洲经济特区普遍失败的根本原因，其根本原因是缺乏稳固的政治环境与战略规划。根据奈特的企业家理论，企业家利润来源于风险。如果非洲地区政治不稳定，那么商业环境将面临巨大的不确定性，经济后果是将严重抑制私人投资。政治不稳定，缺乏政治承诺，将带来两方面的危害。一方面，经济特区政策的持续性缺乏保障，新政府要么没有充分认识到经济特区的潜力，要么不完全承认以前政府的政策。另一方面，在国际社会产生不良的影响，甚至可能会被发达国家取消优惠政策。例如，马达加斯加发生政治危机后，国际社会对其采取减援、停援措施，美国取消其"非洲增长与机遇法案"受益国地位。马达加斯加随后暂停实施《非洲增长与机会法案》（AGOA），在经济特区失去了数万个工作岗位（Staritz and Morris，2013）。

（四）营商环境恶劣

世界银行发布的营商环境报告能显示出一个国家的外部环境对商业经济活动的影响。世界银行收集了大约190个国家的数据，按照10条标准对不同国家进行排名。这些标准包括开办企业、办理建筑许可证、获得许可证、登记财产、获得信贷、保护投资者、纳税、跨境贸易、执行合同以及解决破产问题。在撒哈拉以南非洲地区，创业成本普遍很高。2020年，在营商便利度指数排名的190个国家与地区中，只有毛里求斯与卢旺达两个撒哈拉以南非洲国家进入前50名，进入前100名的国家也很少，包括肯尼亚、南非、赞比亚、博茨瓦纳、多哥、塞舌尔6个国家。其他大多数非洲国家都排在或接近榜单的底部（见表10-2）。中国排在全球第31位，仅低于毛里求斯，中国的排名几乎高于名单上的所有非洲国家。具体数据显示，撒哈拉以南非洲是营商便利度表现不佳的地区之一，平均得分为51.8分（100分为满分），远低于经合组织高收入经济体的平均得分（78.4分）和全球平均得分（63.0分）。与上一年相比，撒哈拉以南非洲经济体在《2020年营商环境报告》中的平均营商便利度得分仅提高了1个百分点。根据《2020年营商环境报告》，营商环境排在前20名的经济体仅有一个来自撒哈拉以南非洲地区，为毛里求斯，得分为 81.5 分，排在全球第 13 位。然而，营商环境排名后 20 中的大多数经济体（12 个）来自撒哈拉以南非洲地区，依次分别为索马里（20 分）、厄立特里亚（21.6 分）、南苏丹（34.6）、中非共和国（35.6 分）、刚果（36.2 分）、乍得（36.9 分）、刚果民主共和国（39.5 分）、赤道几内亚（41.1 分）、安哥拉（41.3 分）、利比里亚（43.2 分）、几内亚比绍（43.2 分）、苏丹（44.8 分）。根据《2020 年营商环境报告》，税务合规流程最烦琐的地区是拉丁美洲和加勒比地区以及撒哈拉以南非洲地区。尽管进行了重大改革，撒哈拉以南非洲地区仍然是信用信息系统最不发达的地区。在高收入经济体中，97% 的经济体使用电子申报或支付，而撒哈拉以南非洲使用此类功能的经济体比例最低（17%）。南亚和撒哈拉以南非洲是冗余成本最高的地区。在赞比亚，任期为 10 年的工人的遣散费相当于 20 个月的工资。

表 10-2　2020 年撒哈拉以南非洲地区营商环境全球排名

国家	全球排名	国家	全球排名
毛里求斯	13	埃斯瓦蒂尼	121
卢旺达	38	莱索托	122
肯尼亚	56	塞内加尔	123
南非	84	尼日利亚	131
赞比亚	85	尼日尔	132
博茨瓦纳	87	佛得角	137
多哥	97	莫桑比克	138
塞舌尔	100	津巴布韦	140
纳米比亚	104	坦桑尼亚	141
马拉维	109	马里	148
科特迪瓦	110	贝宁	149
乌干达	116	布基纳法索	151
加纳	118	毛里塔尼亚	152

续表

国家	全球排名	国家	全球排名
冈比亚	155	几内亚比绍	174
几内亚	156	利比里亚	175
埃塞俄比亚	159	安哥拉	177
科摩罗	160	赤道几内亚	178
马达加斯加	161	刚果民主共和国	180
塞拉利昂	163	乍得	182
布隆迪	166	刚果	183
喀麦隆	167	中非共和国	184
加蓬	169	南苏丹	185
圣多美和普林西比	170	厄立特里亚	189
苏丹	171	索马里	190

资料来源：世界银行发布的《2020年营商环境报告》。

二 印度经济特区建设成效与存在的不足

（一）印度经济特区建设成效

经济特区已成为印度等发展中经济体工业化战略的重要组成部分。经济特区的目标是增加出口收入和就业，同时通过激活前后联系和促进出口多样化，为当地经济的整体发展做出贡献。与中国不同，印度的经济特区依赖于比中国更多的英语人口以及具有技术和管理能力的熟练劳动力。印度在许多以知识为基础的关键行业中具有优势，例如IT和IT支持的服务、工程产品、医疗服务、药物和制药以及农业产业。经济特区的建立是为了吸引外商直接投资、创造就业机会、发展基础设施、促进技术转让和进入全球市场。然而，它们的主要目标是提供一个具有国际竞争力和无忧无虑的环境来鼓励出口。为了克服出口加工区的缺点，加上受中国经济特区取得的巨大成功的鼓舞，印度政府于2000年推出了第一个经济特区，以促进工业发展、建设基础设施、吸引外商直接投资、增加外汇储备、促进出口。

印度经济特区政策于2000年4月启动，从出口加工区向经济特区转变经历了两个阶段——2000~2003年将现有出口加工区转换为经济特区，2003年后设立新的经济特区。经济特区主要特权包括：进口/国内采购用于经济特区企业开发、运营和维护的货物免税；中央和国家批准实行单一窗口许可；根据《所得税法》第10AA条，经济特区企业的出口收入在前5年免除100%的所得税，之后5年免除50%，在接下来的5年免除出口利润的50%；根据IT法案第115 JB节免除最低替代税；经济特区企业可通过认可的银行渠道在一年内无期限限制地借贷不超过5亿美元的对外商业借款；免除中央销售税、服务税、州销售税、股息分配税和各州政府的其他税费。2005年5月，《经济特区法》由印度议会通过，并于2005年6月23日获得总统批准，2006年2月10日生效。经济特区计划的显著特点是：指定免税飞地被视为印度关税区以外的地区，以便在经济特区内进行授权经营；进口无须许可证；允许开展制造业或服务业活动；企业自投产之日起5年内累计实现正净外汇；国内销售须缴纳全额关税；经济特区企业将享有分包的自由；海关当局不对进出口货物进行常规检查；经济特区开发商/共同开发商和企业享有2005年《经济特区法》规定的税收优惠。新政府将重点放在重新审视经济特区模式并使其成为未来印度经济增长的催化剂上。经济特区政策目标包括提供免税的商品和服务、为出口生产创建综合基础设施、启用快速和单一窗口的审批机制，以及提供一揽子吸引国内外投资的激励措施，以促进出口导向型增长。

2015~2020年印度已批准的8个农业和食品加工类经济特区出口额见表10-3。

表 10-3　2015~2020 年印度已批准的 8 个农业和食品加工类经济特区出口额

单位：千万卢比

年份	出口额
2015	2365
2016	4061
2017	4117
2018	4405
2019	5219
2020	5456

资料来源："378 SEZs Are Presently Notified, Out of Which 265 Are Operational", https://pib.gov.in/PressReleasePage.aspx?PRID=1703791。

印度经批准的经济特区的州/联盟领土分布见表 10-4。

表 10-4　印度经批准的经济特区的州/联盟领土分布

单位：个

州/联盟	2005 年《经济特区法》颁布之前设立的中央政府经济特区	2005 年《经济特区法》颁布之前设立的州政府/私营部门经济特区	根据 2005 年《经济特区法》正式批准的经济特区	根据 2005 年《经济特区法》通报的经济特区	经济特区运营总数
安得拉邦	1	0	32	27	24
昌迪加尔	0	0	2	2	2
恰蒂斯加尔邦	0	0	2	1	1
德里	0	0	2	0	0
果阿邦	0	0	7	3	0
古吉拉特邦	1	2	26	22	21
哈里亚纳邦	0	0	25	22	7
贾坎德邦	0	0	2	2	0
卡纳塔克邦	0	0	63	52	34
喀拉拉邦	1	0	29	25	20
中央邦	0	1	12	7	5
马哈拉施特拉邦	1	0	51	45	37

续表

州/联盟	2005年《经济特区法》颁布之前设立的中央政府经济特区	2005年《经济特区法》颁布之前设立的州政府/私营部门经济特区	根据2005年《经济特区法》正式批准的经济特区	根据2005年《经济特区法》通报的经济特区	经济特区运营总数
曼尼普尔邦	0	0	1	1	0
那加兰邦	0	0	2	2	0
奥里萨邦	0	0	7	5	5
本地治里	0	0	1	0	0
旁遮普邦	0	0	5	3	3
拉贾斯坦邦	0	2	5	4	3
锡金	0	0	0	0	0
泰米尔纳德邦	1	4	56	53	48
特兰加纳	0	0	63	56	34
特里普拉邦	0	0	1	1	0
北方邦	1	1	24	21	14
西孟加拉邦	1	2	7	5	7
累计	7	12	425	359	265

资料来源：笔者整理。

印度为鼓励企业进入经济特区，为企业提供优惠政策，例如免税期和所得税豁免。在过去10年中，印度经济特区的外资有所增加，促进了其贸易、就业机会增加，实现了更有效的治理。从出口数据来看，2006年印度经济特区出口总额为22840千万卢比，2020年经济特区的出口额达到759524千万卢比，14年来增加了32倍多，年均增长率高达28.44%。产品出口显著增加的经济特区是法尔塔经济特区、科钦经济特区、维沙卡帕特南港口、坎德拉出口加工区、圣克鲁斯电子产品出口加工区和诺伊达地区。经济特区出口范围较广的产品和服务，包括计算机/电子软件、化学品和药品、宝石和珠宝、纺织品、服装、塑料、橡胶制品等，这表明经济特区建设对出口产生了巨大的推动作用。从投资数据来看，2006年印度经济特区一共增加投资4035.51千万卢比，2020年经济特区的投资额在整个印度达到617499千万卢比，14年来增加了152倍，年均增长率高达43.24%。从就业数据来看，2006年印度经济特区就业人数为134704人，2020年经济特区的就业人数在整个印度增加到2358136人，14年来增加了16.5倍，年均增长率高达22.69%。[①]

（二）印度经济特区建设的不足

在过去几年中，许多东盟国家调整了政策以吸引全球参与者投资于其经济特区，并且还致力于发展一系列技能。印度经济特区在全球范围内失去了部分竞争优势，因此需要有新的政策。许多企业还在别国政府的支持和税收优惠下迁移到其他国家，包括菲律宾、越南、泰国、马来西亚、中国。例如，印度尼西亚和哥斯达黎加的经济特区公司享有12年的所得税豁免，泰国的经济特区免征公司税13年。印度经济特区的这种业务损失导致其外汇收入减少和员工人数减少，需求的进一步下降可能导致经济特区内出现未使用的土地和未使用的建筑物。现有客户的退出将进一步加剧经济特区的空置问题，从而使现有投资处于危险之中。这些闲置资产可能会对经济造成压力并加剧银行业的困境。与中国相比，印度吸引的外商直接投资非常少，原因是中国劳动力流动的相对水平比印度高得多，而且在印度获得土地的难度更大。总的来说，印度经济特区虽然取得了一些成效，但与印度政府最初发展经济特区的设想相比，仍有一些差距，这些表现主要源于印度经济特区建设存在一些不足。

第一，印度政府在管理成本、运营成本、融资成本、有效的物流成本以及财政规则和程序方面完全未能为印度出口商提供公平的竞争环境。首

---

① 印度工商部网站，https://commerce.gov.in/。

先，印度具有封闭发展的传统，民族主义根深蒂固，很难意识到扩大对外开放对经济发展的重要意义，即使是暂时对外资企业表现出友好的一面，随着国际形势或者国内环境发生变化，外资企业也会面临被歧视的局面。中国企业在印度面临的窘迫局面就是一个典型的例子，尽管目前印度政府与民间各界对待欧美企业的态度良好，但是一旦印度经济摆脱疫情的困扰，发展势头回缓，这种态度就会发生变化。其次，政治集团错综复杂，代表各个阶层的利益诉求，矛盾丛生。在政治选举时，对外开放政策被视为以牺牲本国民众利益来发展经济，这将导致对外开放政策被各大在野的政治势力攻击。政客在实施政策时往往优先考虑自身集团利益，导致对外开放政策难以维持，也就是说印度很难在对外开放上做到对外资企业与本土企业一视同仁。跨国公司正在日益复杂的全球价值链中组织生产和贸易，其目的是通过在全球范围内获取廉价的生产要素，及进行高效的生产要素重组，谋取利润最大化，经济特区为各国跨国企业提供了赚取利润的重要平台。然而，政策公平性与稳定性是威胁企业投资获利的重要因素，因此东道国的政策公平性与稳定性是跨国公司进行投资的重要考量因素，其对政策的敏感程度通常也会高于一般的企业。如果没有一个公平的环境，跨国公司通过经济特区来获利不可能会实现。

第二，征地问题困扰印度经济特区发展。印度土地所有权构成非常复杂。由于分配严重不公，农村土地分配的基尼系数较大，农村实际上存在地主与佃农等阶层，但是政府保障佃农的佃权，所以土地即便是私有的，农村土地也很难成为农民的绝对产权。农村土地是当地佃农、农民工住所和传统的生计来源，但是印度州政府可以在不征得当地人民同意的情况下合法征用土地。一方面，经济特区的发展需要土地资源的支持，而经济特区发展短期内很难惠及当地居民；另一方面，强制征地的后果是引发当地居民的暴力抗议，对经济特区发展的排斥。这种矛盾导致印度经济特区建设进度缓慢。征地是经济特区长远发展不可或缺的重要内容，如果处理不当，轻则阻碍经济特区的发展，重则可能导致经济特区彻底失败。因此，征地必须获得当地人民的同意与支持。首先，经济特区规划应该远离肥沃的农业用地，最大限度不破坏当地居民赖以生存的耕地，并将人口流失保持在最低水平。其次，提高征地补偿的标准。为了国家经济发展需要，实施经济特区政策，依法对地主、农民的土地进行征收，按照被征地的原用途给予补偿，并进行妥善的安置。同时应该提倡经济特区发展的优先获利者、经济特区开发商对贫困地区提供慷慨的救济，实现经济发展成果共享。最后，做好被征地拆迁群众的思想工作。农民传统的土地观念根深蒂固，认为土地是生存之本。有必要让农民理解土地征收对当地经济发展的重要性，以及了解迁后的生活并不比迁前的差，有效消除与动迁群众之间的隔阂。

第三，基础设施严重不足。学术研究中大量的证据表明，基础设施建设能够扩大社会总需求、提高国民收入，与经济增长之间存在很强的关联。缺乏基础设施是影响印度经济特区建设进程的另一个主要因素。印度很多农村地区既没有连接电网，也没有连接网络宽带。尽管近年来印度移动互联网迅速发展，很多农村地区的居民也能够负担得起一部廉价的移动智能手机，但是进行可靠的电子商务或移动货币交易还远远不够。企业开展电子商务仍然需要较快的数据传输速度和下载速度。尤其是疫情发生时，许多企业需要通过视频会议办公与开展贸易，这需要良好的数字经济基础设施。此外，工业发展也需要良好的基础设施，尤其是电力、公路、机场、港口等设施，如果基础设施发展不足，很难吸引国外投资。基础设施发展需要强大的资金支持，但是基础设施投资回报率较低，同时印度仍属于落后的发展中国家，依靠其财政收入不足以为基础设施开发提供资金。因此需要通过金融发展来吸引私人资金，同时鼓励私人企业参与基础设施建设。然而，私人或私人企业通过金融或者直接投资参与基础设施建设受到政府监管的限制。

第四，地方官员缺乏激励效应。印度官员对经济特区的选址是以自身利益为指导，而不是考虑增长和发展。地方政客经常通过国有工业发展公司获取土地、谋取私利。因此，经济特区的选址是基于房地产投机而不是一个经济特区的发展潜力以及其对周边地区经济的溢出效应。地方政客也会利用经济特区的选址针对特定的种族和种姓群体谋取选票，或者通过土地交易牟利。印度的州政府存在"在职劣势"，即任期较短，这阻碍了他们谋求地区长期发展。相比之下，中国地方官员更有动力开发更具生产力的经济特区。中国地方官员的晋升通常基于其管辖范围内的 GDP 增长等参数，这意味着他们更有动力追求本地发展。周黎安（2007）提出，中国官员晋升锦标赛作为中国政府官员的一种激励机制，被认为与近年来中国经济持续的、快速的发展有一定的关系。相反，印度地方官员缺乏这种激励机制，提高经济特区的经济发展水平未必符合印度地方官员的短期利益。

本章首先对中外经济特区政策有效性评估的研究进行梳理，接着对非洲与印度两个具有代表性的地区和国家的经济特区建设成效与不足进行分析。在撒哈拉以南的非洲地区，腐败问题严重、基础设施严重不足、缺乏持续稳定的政治环境、营商环境恶劣等因素制约了当地经济特区的发展。自 2005 年印度特区法颁布以来，经过十几年的发展印度经济特区取得了一定的成效，但是远不如预期，主要原因是印度缺乏强有力的领导，无法保持特区政策的一致性，无法给出口商提供公平的竞争环境，土地征用也是一个严重的问题，地方官员也缺乏激励效应。

第十一章
中外经济特区政策支持体系研究

本章主要从政策支持体系角度出发，通过对比研究中外经济特区在税收、财政、金融管理、产业等领域的政策异同，突出政策保障在经济特区发展中的作用。政策支持体系是维护经济特区运行的重要保障，中外经济特区在历史发展过程中形成了各具特色的政策支持体系，其中各项政策都与其自身的经济发展基础、民族传统、文化条件和政治体制息息相关。政策支持体系需要处理好问题导向政策和目标导向政策、中央支持政策和地方支持政策、综合性支持政策和专门性支持政策、政策设计和政策落地、政策实施和政策评估等的关系。经济特区的政策只能强化，不能削弱（周文彰，1997）。构建完善的政策支持体系，是经济特区新时代立足新发展格局实现经济高质量发展的关键所在。

中国经济特区的政策支持体系注重产业政策、贸易政策、人才政策、科技创新政策以及生态保护政策等方面的优化调整（任保平、巩羽浩，2021）。国外的经济特区起步较早，由于有自由市场经济体制的加持，其政策支持体系较完善。随着世界经济一体化进程的推进，经济特区在各国经济发展中扮演着重要的角色。很多国家以其为试验场，检验相关经济政策的可行性。无论是欧美发达国家的经济特区，比如新加坡自由港、爱尔兰香农经济特区，还是发展中国家的经济特区，比如智利科隆经济特区、迪拜自由港、巴西玛瑙斯自贸区，都为本国经济发展以及政策有效性检验做出了巨大贡献。一系列政策所构成的政策支持体系，奠定了经济特区发展的基础。因此，吸收借鉴国外先进经验对完善中国经济特区政策支持体系至关重要。

第一节 税收优惠政策支持体系

税收优惠政策是中外经济特区政策支持体系的重要组成部分。从最早确立的4个经济特区，到2010年确立的喀什、霍尔果斯经济开发区，再到后来陆续建立的自由贸易区和自由贸易港等，中央都给予了一定的税收优惠政策支持，并通过一系列的法规文件将这些优惠政策制度化常态化。税收优惠政策的出台，降低了经济特区外商投资企业的投资成本，吸引了更多的外商投资者进入，提高了经济特区的竞争力，主要的手段包括对特别进口产品减免税收、允许企业特定业务减免税费、延缓税收缴纳期限等。发达国家和发展中国家都设立了经济特区并有针对性地出台了相应的税收优惠政策。

一 国内经济特区税收优惠政策

（一）深圳、珠海、厦门、汕头和海南经济特区税收优惠政策

1980年，中共中央、国务院决定在深圳、珠海、厦门和汕头设立经济特区，1988年决定在海南省设立经济特区，一系列的税收优惠政策随之推行。经济特区通过构建科学合理的税收优惠政策支持体系，吸引外商投资，

为我国经济体制改革注入活力。随着经济技术开发区、自由贸易区和自由贸易港等新型经济功能区的兴起，税收优惠政策支持体系不断完善。

税收减免是税收优惠政策支持体系的重要内容。1984年，《国务院关于经济特区和沿海十四个港口城市减征、免征企业所得税和工商统一税的暂行规定》发布，推行针对深圳、珠海、厦门和汕头四个经济特区的税收优惠政策。具体包括：①针对中外合资经营、中外合作经营、外商独立经营企业，减按15%的税率征收企业所得税；②支持特区地方政府对区内企业减征或免征地方所得税；③对特区内中外合资经营企业的客商从企业分得的利润汇出境外部分免征所得税；④外商在中国境内没有设立机构而有来源于特区的股息、利息、租金、特许权使用费和其他所得，除依法免征所得税的以外，征收所得税时享受按10%征收的优惠政策。

拓展免税场所，分行业和环节给予税收优惠是另一个关键步骤。1988年，《国务院办公厅关于汕头经济特区试办国营外币免税商场的复函》发布，同意在汕头经济特区内试办国营外币免税商场。2020年，中共中央、国务院印发《海南自由贸易港建设总体方案》，针对海南经济特区未来发展为自由贸易港，提出按照零关税、低税率、简税制、强法治、分阶段的原则，逐步建立与高水平自由贸易港相适应的税收制度，并出台以下税收优惠政策：①个人所得税方面，高端及紧缺人才最高按15%征收个人所得税；②企业所得税方面，鼓励按15%征收企业所得税；旅游业、现代服务业和高新技术产业企业2025年前新增境外直接投资所得均免征；③进口关税、进口环节增值税和消费税方面，企业进口自用生产设备、进口营运用交通工具及游艇、进口生产原辅料、岛内居民购买入境商品等均免征。

2021年，珠海经济特区结合国家粤港澳大湾区战略，出台《珠海市实施粤港澳大湾区个人所得税优惠政策财政补贴管理办法》，主要针对个人所得税出台税收优惠政策。对在珠海工作的境外高端人才和紧缺人才，已缴纳个人所得税超过15%部分给予补贴。

（二）喀什、霍尔果斯经济开发区的税收优惠政策

改革开放以来，我国对外开放的战略重点集中于东部沿海地区，中西部特别是西北边疆地区的对外开放力度明显与东部存在一定差距。为促进区域经济协调发展，进而缩小贫富差距实现共同富裕，我国经济特区的试点逐步从沿海地区向西北内陆地区扩展。2010年，中共中央、国务院出台《关于推进新疆跨越式发展和长治久安的意见》，彰显了党和国家大力建设新疆、扩大内地开放的决心。2011年，《国务院关于支持喀什霍尔果斯经济开发区建设的若干意见》发布，宣布支持喀什、霍尔果斯经济开发区建设，以扩大两地区位优势，进一步提高中国对外开放水平。喀什、霍尔果斯经济开发区作为中国最新设立的两个经济特区，是中国全面深化改革、扩大开放的重要体现。多项税收优惠政策的出台，构建了上述两地的税收优惠政策支持体系。喀什、霍尔果斯两地在我国处于内陆地区，对外开放时间相对较晚，开放程度相对较低，主要税收优惠政策支持体系具有一定的内地特色。

首先，上述两地的税收优惠政策更倾向于企业所得税的优惠减免，对于经济特区内新成立的业务范围属于重点鼓励发展产业的企业，自取得收入起给予5年的免征企业所得税优惠[①]；对公司制股权投资类企业，符合创业投资企业条件的，享受企业所得税"两免三减半"优惠政策，即享受企业所得税定期减免税政策的企业，在减半期内，按照企业所得税25%的法定税率计算的应纳税额减半征税；特区内困难地区新办企业依旧享受企业所得税"两免三减半"优惠政策[②]。

---

① 《关于在喀什、霍尔果斯经济开发区试行特别机制和特殊政策的意见》，新疆·霍尔果斯市人民政府网，http://www.xjhegs.gov.cn/xjhegs/c114511/202003/123a973e75744049afabd6494c5164d2.shtml。

② 《财政部 国家税务总局关于新疆困难地区新办企业所得税优惠政策的通知》，国家税务总局网站，http://www.chinatax.gov.cn/chinatax/n362/c156807/content.html。

其次，相对于其他特区，上述两地的税收优惠力度更大，分类更详细。在行政事业性收费方面，规划、消防、施工审批等领域被减免；在地方财政收入方面，对新增部分全额返还留用；土地出让金、城市建设配套费、养路费等领域的费用全额留用；对经济特区新开办的涉及金融保险、物流服务、交通运输、文化体育、风险投资等领域的企业，实行免征营业税5年的优惠政策；对于跨国企业从低税率的国家取得的收入，已缴纳企业所得税的不再征税，从高税率国家和地区取得收入，已缴纳的企业所得税全额抵免（李俊秀，2013）。

（三）天津滨海新区针对总部经济的税收优惠政策

作为促进京津冀协调发展的重要战略部署，天津滨海新区是天津市的国家级新区、国务院批准的第一个国家综合改革创新区，同时也是我国经济特区在新时代的表现形式之一。其税收优惠政策支持体系的构建，更多地以发展总部经济为原则。

发展总部经济对于经济特区的发展有重要战略意义。总部经济是指，一些区域由于特有的优势资源吸引企业总部集群布局，形成总部集聚效应，通过"总部—制造基地"功能链条辐射带动生产制造基地所在区域发展，由此实现不同区域分工协作、资源优化配置的一种经济形态。①经济特区通过发展总部经济，更好地吸引外商投资，带动成片工业产业区发展，提升特区内自主创新能力，推动城市经济转型升级，加快区域经济协调发展，提升其在全球产业链中的地位。

天津滨海新区的税收优惠政策在发展总部经济方面有独特建树，主要通过资金补助补贴和相关税收减免等方式给予政策支持。主要内容如下：①对在天津市新设立的总部或地区总部，给予一次性资金补助，按不同注

---

① 《"第五届中国总部经济高层论坛"18日在武汉举行》，中国政府网，http://www.gov.cn/jrzg/2009-10/18/content_1442864.htm。

册资本，补助200万元到1000万元；②对在天津市已设立的总部或地区总部，按不同增资金额，补助200万元到1000万元；③对在天津市新设立的总部或地区总部，新购建的自用办公用房，按每平方米1000元给予补助，租赁的自用办公用房，三年内每年按房屋租金的30%给予补贴，自开业年度起，由同级财政部门前两年全额补助其缴纳的营业税，后三年减半补助其缴纳的营业税，对新购建的自用办公房产免征契税，并免征房产税三年；④对在天津市新设立的总部或地区总部，聘任的境外高级管理人员按规定缴纳的个人所得税，由同级财政部门按其缴纳的个人所得税地方分享部分的50%给予奖励，奖励期限不超过五年。① 天津市滨海新区针对总部经济的税收优惠政策，吸引了部分大企业来天津设立总部，激发了当地的经济活力。

（四）深圳前海自贸区针对现代服务业的税收优惠政策

现代服务业作为第三产业的重要组成部分，在经济新常态下对实现经济高质量发展发挥着重要的作用。现代服务业是以现代科学技术特别是信息网络技术为主要支撑，建立在新的商业模式、服务方式和管理方法基础上的服务产业。② 随着新一代信息技术的发展，现代服务业扮演着越来越重要的角色。深圳作为我国经济发展水平最高的经济特区之一，产业结构中的第三产业占比最高。深圳前海自贸区通过相关税收优惠政策，支持现代服务业发展，为数字经济和服务贸易的发展提供更为广阔的空间。

深圳前海自贸区针对发展现代服务业构建的税收优惠政策支持体系

---

① 《天津市财政局 天津市发展和改革委员会 天津市地方税务局关于印发〈天津市促进现代服务业发展财税优惠政策〉的通知》，天津市财政局网站，https://cz.tj.gov.cn/zwgk_53713/zcwjx/zcwjst/202012/t20201211_4848112.html。

② 《关于印发现代服务业科技发展"十二五"专项规划的通知》，中国政府网，http://www.gov.cn/zwgk/2012-02/22/content_2073617.htm。

包含以下几个方面的内容。①在企业所得税方面,深圳前海自贸区针对现代物流业、信息服务业、科技服务业、文化创意产业和商务服务业等现代服务业企业给予一定税收优惠。[①]对设立在前海深港现代服务业合作区或者在该合作区营业收入达 60% 以上的企业,减按 15% 的税率征收企业所得税。②对于软件和集成电路企业,自 2008 年 1 月 1 日起,中国境内新办软件生产企业经认定后,自获利年度起,第一年和第二年免征企业所得税,第三年至第五年减半征收企业所得税。③对于国家重点软件企业,如当年未享受免税优惠的,减按 10% 的税率征收企业所得税。④对于金融类企业,对证券投资基金从证券市场中取得的收入、对投资者从证券投资基金分配中取得的收入、对证券投资基金管理人运用基金买卖股票和债券的差价收入皆不收企业所得税。⑤在个人所得税方面,对外籍人士、港澳籍居民和归国留学人才,在前海企业或机构任职工作满 90 天,实行 15% 的个人所得税标准。⑥在印花税和营业税方面,对前海自由贸易区企业不征收印花税和差额征收营业税。⑦向自贸区内企业提供国际航运保险业务取得的收入、从事离岸服务外包业务取得的收入免征营业税,符合规定条件的现代物流企业享受试点物流企业按差额征收营业税的政策。

(五)重庆市两江新区减税降费鼓励新产业

随着新一轮信息技术的发展,数字经济、新能源和人工智能等高新技术产业迅速发展。经济特区为了适应经济发展新常态,实现经济高质量发展,通过相关税收优惠政策鼓励支持新产业发展,推动经济特区在新时代发挥更积极的示范带头作用。

2010 年 5 月 5 日,国务院正式印发《关于同意设立重庆两江新区的批

[①] 《深圳市前海深港现代服务业合作区企业所得税优惠产业认定操作指引(试行)》,前海深港现代服务业合作区、深圳前海蛇口自贸片区网站,http://qh.sz.gov.cn/sygnan/qhzx/zthd_1/qhqysdsyhcyrdczzyzcjd/。

复》，批准设立重庆两江新区。重庆两江新区是国家级新区，也是中国内陆第一个国家级开发开放新区，是经济特区在新时代的形式之一，象征着我国全方位对外开放的完善以及经济体制改革的深入。重庆两江新区通过对特定行业减税免税，激发企业发展新动能，为信息技术产业发展奠定扎实的基础。其税收优惠政策主要通过减免税费等方式实现。

为了推动新产业新业态发展，重庆两江新区出台相关税收优惠政策，具体包括：企业研发新产品、新技术、新工艺所发生的费用据实列支，其中增幅在10%以上的企业，按实际发生额的50%抵扣应税所得额；企业购置的专用试制设备和测试仪器，可一次或分次摊入成本；属于国家鼓励类产业的企业，新办的交通、电力、水利、邮政、广播电视等内资企业，自获利年度起，企业所得税"两免三减半"；对于国家批准的在重庆设立的产业投资基金，优先引导新区产业重点发展；对于高新技术产业，产值加技术性收入达到年产值60%以上的，所得税按10%征收。

2019年，重庆零壹空间科技集团有限公司通过两江新区的减税免税政策，享受研发费用加计扣除，减税400余万元。通过减税降费，重庆零壹空间科技集团有限公司有更加充足的留存资金维持企业运转，为科研经费的增加提供了条件。2018年，该公司成功设计出我国首枚民营自研亚轨道火箭——重庆两江之星。

上汽依维柯红岩公司也是两江新区相关的税收优惠政策的受益者。2019年，上汽依维柯红岩公司收获7000余万元减税红利，研发费用加计扣除为公司减税190余万元。其减免的税收资金为该公司科研经费的增加做出了重大贡献。① 税费减免减轻了企业财务压力，推动其产品研发向更

---

① 《重庆两江新区税务：税收优惠为企业创新增动能》，国家税务总局官网，http://www.chinatax.gov.cn/chinatax/n810219/n810744/n4016641/n4172765/n4172775/c5142986/content.html。

智能、更节能、更高端方向发展。重庆两江新区通过对特定类型的企业提供税收减免，激发了企业的积极性，降低了企业运营成本，使区内企业有更多留存资金投入科研项目。

二 国外经济特区税收优惠政策

（一）美国经济特区税收减免政策

美国是世界上经济特区数量最多、类型最丰富的国家，也是发达国家的代表。经济特区、自由贸易区和自由贸易港等在美国都有充分的发展空间。其经济特区分为内陆地区的经济特区和靠近海岸地带的对外贸易区两大类。两大类经济特区分别结合本地情况，构建了独具特色的税收优惠政策支持体系。

美国内陆地区的经济特区中，丹佛经济特区是代表之一。丹佛市是科罗拉多州的首府，地处高原地区，相比于东北部五大湖地区以及西海岸地区经济发展优势不明显。因此，美国政府设立丹佛经济特区，推动该地经济发展。

丹佛经济特区设立的最重要目的之一就是增加就业，其税收优惠政策主要通过税费减免和核定减免税项目执行，主要内容有：①对新开办的公司，首年每雇用一名新员工就可享受500美元税收减免优惠；②已营业的企业，一年内用于设备购置的费用若超过100万美元，也可享受10名新雇用员工工资税务减免；③为鼓励特区内企业扩大经营规模，企业购买计算机、家电、车辆等固定资产，使用超过一年可享受投资总额3%的税额减免；④被特区认可的企业职工培训计划，可享受职工培训投入10%的税收优惠；⑤生产型企业购置机器设备、工具及零部件用于区内生产的，价格超过500美元，可减免全部零售税；⑥实施雇主支持的医疗保险税收优惠、研发投资税收优惠、农产品加工设备生产税收优惠，以及特设项目捐款税收优惠等多项政策。①

美国在靠近海岸地带建立的经济特区为对外贸易区，是自由贸易区的重要形式，主要是在沿海地带划出一定区域，区域中其他国家和美国的产品不受美国海关法的制约，免除关税。其主要的税收优惠政策如下：①关税优惠，对区内大多数产品，以及区内企业对进口原材料进行加工后再出口到美国境外的产品免除关税；②关税延期，对于进口货物的关税和消费税，采取延期征收的优惠政策。另外，进口货物在区内转移以及在不同对外贸易区转移时不征收关税（赵淼磊等，2019）。

（二）俄罗斯经济特区对税收优惠政策的支持力度也越来越大

俄罗斯作为发展中国家，随着市场经济转型与体制机制改革的推进，需要通过相关的经济特区进行协调发展。其支持经济特区发展的税收优惠政策对其他发展中国家特别是苏联加盟国的经济特区建设有重要参考意义。2005年7月，俄罗斯政府签署《俄罗斯联邦经济特区法》，并于次年1月1日起正式生效。俄罗斯已批准成立工业生产型、技术推广型、旅游休闲型、港口型4种类型共24个经济特区。

俄罗斯政府出台一系列措施促进本国经济特区发展，其中税收优惠政策是政策支持体系的重要组成部分。其税收优惠政策如下：①特区内的海关、税务和移民注册采取"一站式"服务，利润税由20%降到16%；②特区内的科研费用，税率统一从26%降到14%；③对于财政税、土地税和交通运输税，给予五年到十年的免征优惠；④企业员工退休金缴纳比例从34%降至14%；⑤高新技术企业税率降至14%；⑥提供租赁土地、办公场地和技术驻地的优惠政策。

此外，特区还规定：免除商品出口时的销售税和关税；建立保税区制

---

① 《丹佛经济特区向外资敞开大门》，新浪财经网，https://finance.sina.com.cn/roll/20110820/072810350027.shtml。

度，在关税和增值税方面，对区内的设备、原料等给予免征优惠；产品本地化程度达到一定规模的，可以免税进入俄罗斯、白俄罗斯、哈萨克斯坦关税同盟市场（佚名，2011）。

俄罗斯之前长期实行高度集中的计划经济体制，加上20世纪90年代对经济的"休克疗法"，以及2014年由于克里米亚事件遭遇西方世界的经济封锁，经济发展水平在近年来不尽如人意，以石化资源出口为主。随着国际油价下跌以及新能源技术的推进，其未来经济转型升级显得至关重要。因此，俄罗斯应给予经济特区更多的优惠政策，激活经济发展动力。

（三）爱尔兰香农自贸区是世界上税率最低的出口加工区

随着世界经济的关联性加强，以及区域性自贸协定的签订，大量跨国公司会寻求低税率的国家进行投资，以阻止高税率带来的经营成本上升，规避投资风险。爱尔兰通过划定特定区域建设经济特区，在特区内通过低税率吸引跨国资本。

高税率一直是影响跨国公司业务选址的重要因素，爱尔兰作为欧盟国家中税率相对较低的国家，近年来吸引了不少跨国公司投资设址。爱尔兰香农自贸区设立于1959年，因依托香农国际机场而得名。香农国际机场是世界闻名的国际机场，是欧洲和美洲之间重要的交通枢纽。近年来，香农自贸区不断调整其发展战略和制度政策，有针对性地基于其优势构建了与飞机租赁产业相关的税收优惠体系，使其在航空业的各个领域继续占据着重要的位置。

香农自贸区的税收优惠政策主要体现在其关税、企业所得税、增值税和离岸税制安排等方面。①关税方面，由于爱尔兰是欧盟成员国，所以其对欧盟国家免征关税。其税收优惠政策体现在，对非欧盟国家采取相对较低的共同关税税率。②企业所得税方面，香农自贸区很长时间执行的是低至 10% 的企业所得税税率，1998 年经过调整改为 12.5%。设置了两档税率，12.5% 的主动性交易收入税率和 25% 的被动性非交易收入税率。对于大多数企业来说，只要有主动的交易活动都可以按 12.5% 的税率缴纳，是目前世界上最低的在岸法定公司所得税率之一。对工厂、建筑和设备给予折旧补贴，对研发开支予以减税以及作为费用直接税前减免，对符合条件的专利产品免征所得税等。③增值税方面，爱尔兰标准税率为 23%，但在香农自贸区内，对部分燃料、建筑服务、维修清洁服务、艺术品等征收 13.5% 的优惠税率；对部分食品饮料、酒店出租、展览服务、艺术表演、印刷品等征收 9% 的二次优惠税率；对牲畜征收 4.8% 的优惠税率；对出口产品、欧共体内供给货物、某些食品饮料、药物、书、童装童鞋等免征增值税；对在香农自贸区内注册的公司进口物品免征增值税。④离岸税制方面，爱尔兰实行的是全球税收管辖型的税收体系，只要注册地为爱尔兰的公司就要为它的全球收入和资本收益纳税。从事在岸贸易或者从事离岸贸易的企业均须缴纳企业所得税。但其企业所得税税率为 12.5%，属于世界低水平。除此之外，爱尔兰还与很多国家签署了避免双重征税协议，规定双边税收方面的扣除、减免、抵扣等政策。因此，许多外国企业因为低税率愿意来香农自贸区进行投资。

科学合理的税收优惠政策支持体系有利于带动地方经济发展，增加就业，推动规模经济发展。爱尔兰香农自贸区通过低税率，吸引了大量外国资本在此注册投资；发展空港经济，通过航空产业带动一系列产业发展，带动多种出口加工工业，同时完善了相关基础设施。香农自贸区由最初的 2.43 平方公里扩展至中西部 5 个郡，总面积约 1 万平方公里，拥有全国最大的多样化企业园。截至 2014 年，共入驻 130 多家公司，提供 7000 多个工作岗位，年销售额超 30 亿欧元，年产值超 6 亿欧元。①

---

① 《爱尔兰香农自由贸易区发展经验探析》，海南省科学技术协会网站，http://www.hainanast.org.cn/z_v_zx.asp?id=5110。

（四）新加坡自由港的税收优惠政策

新加坡是全世界开放水平最高、经济最发达的国家之一。由于其国土面积较小，所以长期将全境视为自由贸易区。新加坡长期被国际投资界视为营商环境和税赋水平极具竞争力的国家，奉行简税制和低税率政策。其税收优惠政策主要集中在关税、企业所得税、货物与服务税、个人所得税和离岸税制安排等方面。①关税方面，绝大多数产品进出口时零关税，进口产品除烟草、酒、汽车以及石油四类商品外，其他产品均免税。②企业所得税方面，企业所得税从1999年的20%下降到2010年的17%，且无资本利得税；在17%的所得税基础上，区内企业可享受前30万新加坡元免税的优惠政策；对于新成立的公司，3年内可享受免税30万新加坡元的政策；对于新兴工业和新兴服务业，凡未在新加坡经营过的，是新加坡经济发展所需的工业企业或者产品，凭新兴企业、新兴产品证书，可享受5~15年免征所得税的优惠；对于扩大投资和扩展企业的优惠，企业为增产而增添的生产设备超过1000万新加坡元的，凭扩产企业证书，对新增产品部分所得享受为期五年减征90%的税收优惠。③货物与服务税方面，对于出口产品和劳务，可以免除货物与服务税，或者申请退税。④个人所得税方面，设定上限为20%，并规定特区内居民和非居民获得境外来源的收入所得均不需要缴纳个人所得税；一年中就业不超过60天的非居民在境内来源的收入也免征个人所得税。⑤离岸税制方面，免征区内金融机构进行离岸贷款业务取得的收入税款；按10%的税率对保险公司从事离岸风险保险和再保险业务的收入征收税款；因经批准的用于生产设备的贷款而支付给非居民的利息收入免征税收；外商在新加坡任何银行汇出利息、利润、分红、提成费及其他投资所得均不受限制，所得利息予以免税。

（五）印度经济特区的税收优惠政策体系

印度作为金砖四国之一，自身拥有庞大的人口基数以及悠久的历史，如今已成为世界上经济发展速度最快的国家之一，在国际舞台上发挥着越来越重要的作用。印度经济特区在建立之初就特别重视政策法规建设，经过60多年的发展逐渐形成了相应的政策支持体系。在税收优惠政策支持体系方面采取多项措施：①允许经济特区内的开发商15年内有10年可免征企业所得税；②经济特区内的厂商前5年免征100%所得税，后5年免征50%所得税；③如果连续5年将利润用于企业生产经营，出口利润可按50%免除税费；④免除企业购买机器设备和原材料的关税、货物税、中央销售税、服务税和电力税等；⑤对2006年3月31日前成立的发电企业，包括发电和配电企业等，减免100%利润和收益税10年；⑥对生产或提炼矿物油的公司等，减免100%利润和收益税7年；⑦2003年3月31日前开始提供电信服务的公司等，前1~5年减免100%所得税，后5~10年减免30%所得税；⑧计算机软件等的出口，可从出口总收入中减免50%出口所得税。

第二节　财政政策支持体系

财政政策是经济特区政策支持体系的又一重要组成部分，是政府进行宏观经济管理的重要工具，具有促进就业、减缓经济波动、防止通货膨胀和促进经济稳定增长的重要功能。我国经济特区自建立之初就重视通过财政政策促进特区经济发展，加大财政资金投入，维护市场秩序稳定。本节通过列举国内的深圳经济特区和喀什、霍尔果斯经济开发区，介绍我国经济特区的财政政策支持体系。国外方面则以美国对外贸易区和墨西哥经济特区为例，介绍国外经济特区财政政策支持体系。学习借鉴国外的成功经验以推动我国在未来实现更高质量的发展。

一 深圳经济特区的财政政策支持体系

在特区设立之初，党中央、国务院就通过出台相关财政政策支持特区经济发展。我国财政政策的主要手段有国家预算、税收、财政投资、财政补贴、财政信用、财政立法执法和财政检查等。长期以来奉行积极的财政政策和稳健的货币政策相结合的模式。

深圳是中国经济特区中建设最成功、发展最好的特区。党中央、国务院将深圳定位为中国特色社会主义先行示范区以及粤港澳大湾区核心城市，其政策制定方向对我国其他经济特区具有引领作用。深圳的财政政策支持体系，首先体现在财政支持基础设施建设方面。传统基础设施包含公路、铁路、港口等方面的硬件设施。经过40多年的发展，深圳的传统基础设施在国内乃至全球均属于第一梯队。随着新一轮信息技术的发展，以5G基站建设、特高压、城际高速铁路和城市轨道交通、新能源汽车充电桩、大数据中心、人工智能、工业互联网七大领域为主的新型基础设施建设，为经济特区实现新一轮经济增长和经济高质量发展带来了更多的机遇。

深圳经济特区对于新型基础设施建设，出台了一系列的财政支持政策。深圳市人民政府先后印发《深圳市新型智慧城市建设总体方案》《关于进一步加快发展战略性新兴产业实施方案的通知》《关于加快推进新型基础设施建设的实施意见（2020—2025年）》《深圳市多功能智能杆基础设施管理办法》等文件，并出台了相应的财政政策，完善新型基础设施建设，促进战略性新兴产业发展。深圳经济特区的财政支持政策主要侧重于政策新基建、新一代信息技术、数字经济和现代服务业等领域。

深圳经济特区针对发展新型基础设施的财政支持政策包含以下内容：

①市区两级联动谋划，梳理出新基建项目95项，总投资4119亿元；②加强与学校、企业和科研机构的合作，组织实施重点领域核心技术攻关项目，予以每项最高1000万元支持；③重点发展新一代信息技术、高端装备制造、绿色低碳、生物医药、数字经济、新材料、海洋经济等战略性新兴产业[①]；④下达专项资金建设智慧城市运行管理中心和城市大数据中心；⑤在应用工程建设方面，推进公共服务、公共安全、城市治理、智慧产业四大领域发展；⑥在网络安全保障体系方面，以"防御、监测、打击、治理、评估"五位一体为主进行完善[②]；⑦构建数字经济生态体系，投入财政资金100亿元对创新型科技企业新技术、新产品进行采购；⑧提供财政专项资金，加快深港科技创新合作区、光明科学城、西丽湖国际科教城三地的产业园区建设[③]。

二　喀什、霍尔果斯经济开发区的财政政策支持体系

喀什、霍尔果斯经济开发区是我国经济特区深入内地的新尝试，也是全面深化改革、扩大开放水平、推动区域经济协调发展，实现共同富裕和经济高质量发展的国家重要战略部署。喀什、霍尔果斯经济开发区的财政支持政策主要集中于传统基础设施建设、行政事业费减免、土地出让等方面。

喀什、霍尔果斯经济开发区的财政政策包含如下内容：①中央支持基础设施建设，启动专项资金对两地进行财政补助，并对经济特区内会展中

---

① 《深圳市人民政府关于进一步加快发展战略性新兴产业实施方案的通知》，深圳政府在线网，http://www.sz.gov.cn/zfgb/2018/gb1077/content/post_4968038.html。
② 《深圳市人民政府关于印发新型智慧城市建设总体方案的通知》，深圳政府在线网，http://www.sz.gov.cn/zfgb/2018/gb1062/content/post_4977617.html。
③ 《深圳市人民政府关于加快推进新型基础设施建设的实施意见（2020—2025年）》，深圳政府在线网，http://www.sz.gov.cn/zfgb/2020/gb1162/content/post_7964518.html。

心、博览中心等土地出让金给予减免；②从 2011 年起分 10 年每年给予 2 亿元以上的基础设施建设补贴；③以 10 年为限，中央财政对基础设施建设贷款给予贴息补助；④对于重点项目发展，对高新技术产业、资源综合利用、节能环保产业以及重点骨干企业给予税收优惠支持；⑤对于规划、消防和施工审批过程中的地方性行政事业性收费给予减免；⑥全额返还留用新增地方财政收入，全额留用土地出让金、城市建设配套费和养路费等各种行政事业性收费；⑦财政体制方面，将增值税 100% 留给开发区，用于基础设施、民生工程；出口退税由中央政府全额负担（李俊秀，2013）；⑧ 2011~2015 年，中央财政给予上述两地一定数额的财政补助，对开发区内用于基础设施建设的银行贷款给予贴息支持；⑨国家编制土地利用年度计划时，新疆的计划指标给予适当倾斜，鼓励使用戈壁荒漠开发经济特区，引进产业项目；⑩中央财政加大基础设施投资，积极推动中吉乌和中巴铁路建设，改善口岸查验设施条件，加快口岸铁路及喀什机场建设。

三　美国对外贸易区的财政政策支持体系

美国的经济特区建设是全球经济特区建设的风向标，其财政政策支持体系是引领其经济特区发展的关键。对外贸易区是美国经济特区的重要形式之一，其财政支持政策注重基础设施、海关监管和金融机构等领域，主要通过以下政策，构建对外贸易区财政政策支持体系。①基础设施方面，政府大力投入甚至超前投入建设基础设施，对口岸、公路以及展区进行大力改造。园区内提供完备的展示配套设施以保障进口商将产品展示给批发商，且不限时间，无须缴纳保证金和关税。②海关监管方面，简化海关监管环节，货物经海关批准可以直接运往对外贸易区，降低物流成本（赵淼磊等，2019）。③设置主区和辅区，主区中建立小型金融组织，辅区中设置加工制造业带动就业。④设立专项资金支持对外贸易区的港口建设，季度拨款进行维护修缮。⑤联邦政府和州政府提供资金建设公路和铁路等设施，改善交通条件。

四 墨西哥经济特区的财政支持政策

墨西哥是地处拉丁美洲的发展中国家，在加入美加墨贸易协定后，在世界舞台上扮演着越来越重要的角色。其经济特区的财政支持政策主要集中于基础设施建设、对口支援、专项资金支持、减免企业和个人所得税方面。墨西哥经济特区的财政支持政策主要有如下内容：①大力投资基础设施建设，确定了95个运输、通信、物流、能源和水利设施等领域的基础设施项目，预计未来增加50亿美元以上的投资；②特区内的基础设施建设采取公私合营方式，前期采取政府主导，后期总价达140亿美元的89个项目由私营部门完成；③设立专项资金，对口负责一系列的财政项目；④制定相关协调机制，成立跨部门委员会统筹协调社会发展部等10余个部门；⑤出台优惠力度巨大的税收政策，允许经济特区内设厂投资的企业和个人前10年免交企业所得税和个人所得税，后5年仅需缴纳50%的所得税，以25%的比例减免区内企业员工职业技能培训所产生的费用，免征本土生产产品增值税；⑥设立专项资金兴建联结主要城市和港口的公路、铁路、地铁（寇春鹤，2019）。

第三节 金融管理政策支持体系

金融管理政策是现代经济活动中政府宏观调控的重要手段，主要包括货币和信用政策，也是我国经济特区政策支持体系的重要组成部分。我国经济特区，始于东部沿海地区，后拓展至内地。本节以深圳经济特区和喀什、霍尔果斯经济开发区为例，介绍我国经济特区金融政策支持体系的情况。深圳拥有深圳证券交易所，是我国金融中心之一。喀什、霍尔果斯经济开发区自设立之初就将金融产业作为重点发展的特色产业之一。本节还介绍了美国、中国香港、新加坡和迪拜等国家和地区的经济特区的金融管理政策。

一 深圳经济特区金融管理政策

1990年12月1日，深圳证券交易所正式成立。深圳成为我国经济特区中唯一拥有证券交易所的特区，也是除了上海外全国唯二拥有证券交易所的城市，是我国金融中心之一，在建设中国特色社会主义过程中发挥重要的作用。改革开放40多年来，深圳经济特区的金融发展取得巨大成就。2010年，在全球金融中心指数排名中，深圳经济特区排第九。截至2019年，深圳证券交易所有上市公司2205家，上市股票2242只，上市公司市值总价为237414.87亿元，上市公司流通市值182206.74亿元，全年证券市场总成交金额1007862.50亿元。[①]

深圳市人民政府发布了《深圳市支持金融业发展若干规定实施细则补充规定》《关于加强和改善金融服务支持实体经济发展的若干意见》《关于支持互联网金融创新发展的指导意见》《关于印发扶持金融业发展若干措施的通知》《深圳市外商投资股权投资企业试点办法》《关于强化中小微企业金融服务的若干措施》《深圳市推进普惠金融发展实施方案（2016—2020年）》等政策文件，构建完善深圳经济特区金融管理政策支持体系。

深圳经济特区金融管理政策关注成立专项基金、设立金融奖项、发展总部经济、助力中小企业融资等。深圳经济特区的金融管理政策大概有如

---

① 《深圳市2019年国民经济和社会发展统计公报》，深圳统计网，http://tjj.sz.gov.cn/zwgk/zfxxgkml/tjsj/tjgb/content/post_7294577.html。

下几个：①成立深圳市金融专项发展基金，以吸引优秀金融人才，引进金融企业，鼓励和支持金融企业开展业务和进行产品创新；②拨付财政资金设立金融创新奖和金融科技专项奖，对金融产品和服务创新活动成绩显著的单位和个人进行奖励；③鼓励发展金融总部经济，对特区内新注册成立的企业，按实收资本2亿元、5亿元和10亿元的企业落户分别给予800万元、1000万元和2000万元的奖励；④鼓励大型集团成立财务公司规范资金运作，支持金融机构和民间资本向中小微企业提供贷款；⑤以并购金额50亿元、30亿元和10亿元为界，对金融企业跨地区并购和资产重组分别给予1000万元、500万元和200万元的奖励；⑥在特区内金融企业总部购置或租赁办公用房的，由市政府按购房价10%给予一次性补助，最高不超5000万元。①

深圳作为我国互联网经济最发达的城市之一，针对互联网金融出台了一系列相应的管理政策，主要政策如下：①对互联网金融企业注册登记给予政策支持；②加大对互联网金融企业的奖励力度；③启动专项资金支持互联网金融项目；④创新财政资金对互联网金融的投入方式，设立互联网金融创投基金；⑤重点扶持处于初创期、成长期的互联网金融企业，通过贷款贴息、科技保险、股权投资引导社会资本和金融资源与互联网金融企业相结合；⑥构建良好的互联网金融支撑体系，建立健全互联网金融信用体系；⑦完善互联网金融风险防控体系，完善行业自律组织，打击互联网金融违法犯罪行为，加强投资者风险教育等。

二 喀什、霍尔果斯经济开发区金融管理政策

喀什、霍尔果斯经济开发区是我国西北内陆地区的经济特区。由于地

---

① 《深圳市人民政府关于印发扶持金融业发展若干措施的通知》，深圳政府在线网，http://www.sz.gov.cn/zfgb/2019/gb1084/content/post_5000131.html。

理位置相对偏僻,且自身经济发展基础薄弱,适当给予一定的金融政策支持至关重要。2011年,国务院决定成立喀什、霍尔果斯经济开发区后,一系列金融支持政策文件相应出台(张栋、张梦,2016)。

首先,以"一会三行"为主。2013年8月,经中国人民银行总行批复,中国人民银行乌鲁木齐中心支行印发《中哈霍尔果斯国际边境合作中心跨境人民币创新业务试点管理办法》,将中哈霍尔果斯国际边境合作中心列为全国首个"境内关外"跨境人民币创新业务试点区。2013年,经过国家外汇管理局授权,国家外汇管理局新疆分局发布《关于外汇管理支持新疆涉外经济跨越式发展的意见》。

其次,以新疆维吾尔自治区人民政府为主体的一系列支持喀什、霍尔果斯经济开发区的金融政策相继出台。2012年12月,中国人民银行乌鲁木齐中心支行牵头新疆银监局、证监局、保监局落实国家之前出台的《关于金融支持喀什霍尔果斯经济开发区建设的意见》,出台贯彻落实意见的实施细则。

2012年4月,新疆维吾尔自治区人民政府发布《关于加快喀什、霍尔果斯经济开发区建设的实施意见》,鼓励自治区内银行、证券、期货、保险、信托、金融租赁机构在以上两地设立分支机构。2013年2月,"一行三局"与伊犁州政府、喀什地区行政公署、新疆生产建设兵团第三师、新疆生产建设兵团第四师签署《金融支持喀什霍尔果斯经济开发区战略合作协议》。2014年4月,新疆维吾尔自治区党委办公厅、新疆维吾尔自治区人民政府办公厅印发了《关于在喀什、霍尔果斯经济开发区试行特别机制和特殊政策的意见》。新疆金融业相关机构也出台一系列政策支持喀什、霍尔果斯经济开发区金融发展。

喀什、霍尔果斯经济开发区的金融管理政策如下:①采取倾斜性的扶持政策,进一步加大两地的信贷支持力度;②加大对两地基础设施、民生领域和重点产业信贷的支持力度,为区内企业拓宽融资渠道;③鼓励保险资金参与区内基础设施建设；④拓宽私募基金、产业投资基金、创业投资基金、风险投资基金、民间资金等资金来源渠道；⑤加强区内金融贸易区和金融功能区规划建设；⑥强化现代支付体系建设，建立健全金融监管协调机制；⑦创新融资担保方式，扩大相关资金的担保范围，健全财产评估、管理和处置机制①；⑧中央鼓励引导各类金融机构在区内设置分支机构，中央和地方统筹协调金融政策，推进金融创新试点建设②。

三 美国对外贸易区金融管理政策

美国对外贸易区是美国经济特区的重要形式，广泛分布于全国各地。作为西方资本主义的重要代表，美国经济特区的金融管理政策自由度高，关注货币自由流动。美国对对外贸易区的金融支持政策包括：金融监管政策上，对外贸易区有更大的自主权，包括外汇兑换、资金出入和转移、资金投资、国民平等待遇等方面；放宽或取消对银行存款利率的限制；减少或取消对银行贷款规模的直接限制，允许更广泛的业务交叉，允许更多新金融工具的使用和新金融市场的建立；放宽对外国金融机构经营活动的限制及对本国金融机构进入国际市场的限制；减少外汇管制，允许外国货币自由汇兑，放宽货币市场限制；中央银行加大对金融市场秩序的整顿；等等。

四 中国香港自由贸易港金融管理政策

中国香港是全球主要金融中心之一，金融发展基础雄厚。截至 2019 年

---

① 《金融部门发布〈意见〉支持喀什霍尔果斯经济开发区建设》，新华网，http://www.xinhuanet.com/politics/2012-11/07/c_113628130.htm。
② 《国务院关于支持喀什霍尔果斯经济开发区建设的若干意见》，中国政府网，https://www.gov.cn/zwgk/2011-10/08/content_1963929.htm。

底，香港共有银行业机构194家，银行体系认可机构总资产24.5万亿港元，拥有香港交易所这一世界闻名的证券交易所。香港作为国际闻名的自由贸易港，亦通过相关法律政策确保对金融行业的支持。香港金融管理局于1986年通过了《银行业条例》，2006年通过了《银行业（资本）规则》和《银行业（披露）规则》，2015年通过了《银行业（流动性）规则》，2019年通过了《银行业（风险承担限度）规则》。香港的金融管理机构是香港金融管理局，负责制定执行香港金融政策，履行类似中央银行的职能。

由于香港全境为自由贸易港，因此其金融管理政策也适用于自由贸易港政策。一系列的法规构成香港金融管理政策支持体系，主要包括三方面：完全不干预政策、直接干预政策和临时性干预政策。①政府对外汇自由汇兑采取完全不干预政策，对关键金融活动采取直接干预政策，对特殊非常态问题采取临时性干预政策；②给予金融企业相对的自由，取消对外资银行的特殊限制；③对关键金融活动进行干预，保障金融市场安全；④对于外汇和黄金市场取消进出口管理限制，允许离岸基金、在岸基金以及各种货币自由兑换；⑤进行分业管理，执行国际金融标准；⑥重点关注风险防控，实施"监管沙盒"机制，实时监测金融科技创新产品是否合规合格；⑦营造开放自由的金融市场，形成完全市场化的管理方式，保证金融市场质量；⑧平等对待不同资金来源和所有制形式的外商企业，使其与香港本土企业享受相同待遇；⑨除少数公共部分外，绝大多数领域不限制外来资本的投资，给予市场充分的资金自由（常燕军、赖柳柳，2021）。

五　新加坡自由港金融管理政策

根据2018年全球金融中心指数排名，新加坡是全球第四大金融中心。新加坡证券交易所是全球第五大证券交易所。新加坡自由港通过一系列法律条规支撑金融管理政策体系，其中包括1966年通过的《自由贸易区法》、

1967 年通过的《公司法》和 2004 年通过的《竞争法》。新加坡的金融监管主体为新加坡金管局（MAS），它同时具有中央银行金融调控和金融混业监管两种职能。新加坡政府长期坚持极低的公司税率，是亚洲各国中的最低水平。

新加坡自由港的金融管理政策内容如下：①简化金融审批手续，各项政策支持"一体化"办公；②对外资银行颁发有差别的执照，确保外资银行在本地存款和支付体系方面的市场份额不超过 50%，同时保证本地银行有一定生存发展空间；③2020 年 9 月开始，新加坡政府提供综合数字化服务平台——壹企欣；④出台政策支持数字化战略，大数据、区块链、云计算等数据技术，推动"自贸港+数字金融"融合发展；⑤创建"一人一策"制度，吸引全球高端人才，发挥人才集聚效应；⑥给予外商投资者本国国民待遇，外商投资企业也可享受与新加坡企业同等的待遇；⑦营造高度自由的金融市场环境，所有支付形式和资金转移均免受外汇监管；⑧外资企业向新加坡银行及金融机构申请资金援助时仅需金融监管自身同意即可（常燕军、赖柳柳，2021）。

六　迪拜自贸港金融管理政策

迪拜自贸港是阿拉伯国家中开放程度最高、最为国际化和全球化的自由贸易港。迪拜自贸港由两个自贸港组成，分别是拉什德港区和杰贝阿里港区，是中东地区最大的自由贸易港。

迪拜自贸港实行"1+N"的产城融合发展模式，1 个自贸区（杰贝阿里自贸区）结合 N 个特色产业城（迪拜金融城、迪拜互联网城、迪拜媒体城等）。迪拜自贸港形成了合理的金融管理政策支持体系，主要通过三大管理机构——迪拜国际金融中心管理局、迪拜金融服务管理局和迪拜国际金融中心司法管理局执行，规定在迪拜国际金融中心内外资允许持股 100%，对中心内个人和机构的收入和利润均免税至少 50 年；允许多样化资本结构存在，提供"一站式"服务以方便外商投资者办理签证和工作许可证；提供金融个性化服务；取消企业外资持资比例限制，允许资本和利润自由流动；取消外汇管制。迪拜自贸港的优势在于优越的地理位置、高效的政府管理、低税收、宽松自由的政策与投资环境、产城融合特色发展模式等。

第四节 产业政策支持体系

改革开放前中国的生产力水平与西方发达国家相比还比较低，科学技术水平存在较大差距。因此，设立经济特区以引进外资和国外先进技术是力争实现"弯道超车"的重要战略部署。本节以深圳、珠海、汕头、厦门和海南为例论证了我国经济特区的产业政策支持体系。我国第一批经济特区一开始采取的产业政策是，发展以劳动密集型产业为主的粗加工型产业。此后，重点发展以出口加工为主的轻工业，并形成具有工贸型、外向型、城市型特征的产业结构，确定往知识密集型和技术密集型产业方向发展。本节还以中国香港和巴西玛瑙斯为例，介绍了国（境）外经济特区产业政策的相关内容。

一 我国五大经济特区的产业政策

中国经济特区确立的产业政策如下：①采取产业倾斜发展政策，深圳、珠海、汕头、厦门四地要加快科技创新，产业结构调整与规模扩大有机结合；②深圳、珠海、汕头、厦门产业结构要从"二、三、一"向"三、二、一"发展，海南则致力于从以第一产业为主向以第二产业为主转变；③把发展拳头产品和优势产品作为产业结构调整的突破口，特区政府在投资、贷款、税收、用汇、建设用地等方面进行资源倾斜；④以税收优惠为手段，对技术先进型、产品出口型的三资企业实行税收优惠和市场优惠；⑤将经济特区高新技术产业的发展与国家高新技术产业布局相结合，得到国家人才、资金和技术的支持；⑥在相关基础设施上进行超前投入，大力扶持金融保险和信息咨询行业；⑦海南省应注重生态环境保护，适当扩充工业规模和门类，利用好本土资源发展特色工业，坚持"生态立省"和"绿色崛起"政策，实现可持续发展。

经过40多年的发展，中国经济特区产业结构转型有了明显成效，第三产业占比大幅增加，科技创新能力显著提高。在《全球城市竞争力报告（2020—2021）》中深圳排名第九，厦门、珠海和汕头的经济水平也大幅度提高，产业结构逐渐合理，研发和创新能力逐年增强。海南被国家设定为自由贸易港，成为中国开放水平最高的区域。良好的产业政策使我国的经济特区发展前景乐观，各经济特区力争在新时代实现高质量发展。

二　中国香港自由贸易港的产业政策

中国香港自由贸易港的产业政策，是先通过制造业完成资本积累，再将资本用于发展第三产业。香港一开始作为全球贸易链的重要转口贸易点，在20世纪50年代大力发展以纺织业为主的轻工业。依靠低廉的劳动力价格承接西方的劳动密集型产业，形成了以服装、玩具、钟表、电子组装与加工等行业为主的出口加工型产业结构。20世纪70年代开始调整产业政策，高效配置初期积累的资本，努力出台相应产业政策发展金融、保险、房地产、旅游、运输、生产性服务业与商业服务业等行业（陈庭翰、谢志岿，2020），并积极吸收国外先进技术与管理经验，出台产业结构转型政策，推动第三产业发展，打造以服务业为主的自由贸易港。如今中国香港自由贸易港已经是世界开放程度最高、经济最发达的地区之一。

三 巴西玛瑙斯自由贸易区的产业政策

巴西玛瑙斯自由贸易区位于巴西北部的亚马孙州，居内陆地区，是巴西设立的内陆型经济特区。尽管在地理上处于亚马孙的中心地带，但经济地位仍旧不高。1967年，巴西政府颁布法案，宣布正式成立巴西玛瑙斯自由贸易区，并成立相应管理机构——巴西玛瑙斯自贸区管理局理事会。1968年颁布法令，宣布巴西玛瑙斯自由贸易区优惠政策适用于整个西亚马孙地区。经过多年的发展，巴西玛瑙斯自由贸易区已经成为拉丁美洲最大的自由贸易区，国内生产总值较30年前增长了300%，人均GDP增速居全国第一，成为巴西北部的经济中心。

巴西玛瑙斯自由贸易区的成功，关键在于采取了正确的产业政策：①由于工业基础较为薄弱，玛瑙斯自由贸易区一开始采取发展商业的政策，以商业带动农业、工业和旅游业；②完善产业结构，制订合理的经济发展计划，产业结构从以第一产业为主向以第二、第三产业为主发展（祁春节，1994）。

巴西玛瑙斯自由贸易区贯彻工农商业均衡发展的产业政策，将自贸区划分为工业区、免税商业区和农牧区。工业区通过招商引资引进先进技术和管理经验，形成具有国际影响力的电子工业、两轮工业、钟表工业、眼镜工业四大工业支柱，形成拉丁美洲最大的产业园区，全球各大家电企业都在此有生产基地。商业上则成立免税商业区，利用玛瑙斯优越的地理条件，发挥好货物集散地的优势。制定相关政策鼓励发展转港转运、仓储物流、包装分装业。在发展了工商业获得足够的财政资金后，再将财政资金投入农林牧渔业，提高机械化水平和生产率水平（邱书钦，2015）。

本章分别从税收优惠政策支持体系、财政政策支持体系、金融管理政策支持体系、产业政策支持体系四个方面出发，探讨研究了中外经济特区在政策支持体系上的制度成就。新时代，中国大力发展中国特色社会主义市场经济，需要进一步明确政策支持体系在经济特区发展中的重要作用，贯彻新发展理念，构建新发展格局，促进经济特区高质量发展。完善政策支持体系的具体结构，重视发挥有效政策在经济特区发展中的积极作用。

税收优惠政策支持体系主要通过对特定企业减免税收、降低个人所得税和延长税收减免期等措施支持经济特区发展。财政政策支持体系则侧重于通过财政拨款、支持基础设施建设、减少土地出让金、安排财政性资金和支付转移等方式发挥作用。金融管理政策支持体系主要包含优化金融监管程序、放松外国货币兑换限制和金融机构活动限制等措施。产业政策支持体系则集中在产业导向政策、产业布局规划和产业政策倾斜等方面。

外国经济特区在发展过程中也十分重视政策支持体系的作用。世界上著名的经济特区都通过出台相关法律以及政策文件构建完备的政策支持体系，其政策支持体系往往更全面、更系统，涉及经济、法律和文化等方面。外国经济特区类型更多，因此其政策支持体系与中国相比更全面。学习借鉴成功的国外经济特区经验，可为中国经济特区打造合理科学的政策支持体系奠定一定的基础。无论是欧美发达国家还是新兴国家，在其经济特区建设的过程中构建科学合理的政策支持体系都有重要的意义。

第十二章
中外经济特区制度创新体系研究

本章从中外经济特区的制度研究入手，探讨中外经济特区在制度创新实践中取得的成就。随着改革开放的逐步深入，中国经济特区的制度创新取得了长足进步。除了之前取得一定成就的四个经济特区外，中国逐步开始在自由贸易区和自由贸易港等新型特区上取得进展，从制度创新方面激发经济活力，提升对外开放水平。中国可充分吸收借鉴国外经济特区制度创新的成功经验，进一步完善全方位、多层次、宽领域的对外开放格局。近年来，中国相应出台了一系列大的区域经济发展规划，如粤港澳大湾区建设、京津冀协同发展、长三角区域一体化发展、深圳建设社会主义先行示范区等大政方针。中国经济特区要进一步发挥更大的发展优势，实现高质量发展，就应该努力将自身制度创新与国家大政方针结合起来。

自由贸易区是近年来中国大力发展的一种新型经济特区，是新时代进一步扩大对外开放的重要推动力，促进自由贸易区的制度创新在新时代有重要战略意义。商务部在自贸试验区第四批"最佳实践案例"专题新闻发布会上提出，中国自由贸易区已累计在国家层面推出278项制度创新成果，并将其推广至全国或特定地区。其中涉及投资贸易便利化、金融服务实体经济、国企改革、生态环境保护等多个领域。

外国的经济特区建设比中国早，欧美发达国家长期奉行自由贸易思想，经济特区的制度创新有许多值得我们学习借鉴的地方。世界著名的自由贸易港，如中国香港、新加坡、迪拜，以及美国对外贸易区有着许多成功的制度创新经验。刘伟丽和方晓萌（2020）认为，制度创新是经济可持续高质量发展的保障，制度创新对经济特区的发展也非常重要。

本章从制度创新体系角度，研究中外经济特区在政府管理制度、社会服务制度、经济制度等方面的创新。由于国外经济特区更多指向保税区、自由贸易区、自由贸易港，中国近几年在进一步提高对外开放水平过程中也着重于以上几种类型经济特区的建设。因此，本章对国外经济特区的介绍重点针对自由贸易区、自由贸易港这两种类型的经济特区。

第一节　政府管理制度创新体系

一　行政管理制度创新

（一）国内经济特区行政管理制度创新

中国最早设立的几个经济特区都拥有一定的地方立法自主权，并设立专门管理机构进行管理。自由贸易区作为经济特区的一种新形式，近年来在我国迅速发展，在行政管理制度创新方面有重大进步。广东自贸区列出33项制度创新清单，其中有一项涉及深化审批制度改革。根据最新的《中国（广东）自由贸易试验区发展"十四五"规划》（以下简称

《规划》),"十三五"期间广东自贸区在投资开放、贸易便利、金融创新、粤港澳合作、政府管理体制等领域形成了584项改革创新成果,发布了202个制度创新案例,6个成为全国最佳实践案例(张怀水,2021)。"十三五"期间,广州南沙自贸区、深圳前海自贸区和珠海横琴自贸区在制度创新领域取得了多方面的成就。《规划》中明确指出,"深化投资管理体制改革,探索在CEPA框架下对港澳跨境服务贸易实行负面清单管理模式;深化审批制度改革;深化商事登记确认制改革,探索取消商业特许经营备案"。

我国其他自贸区在制度创新方面也取得了一定成就。江苏自贸区南京片区进行了投资管理制度的创新,放松了先进制造业和现代服务业外资市场准入限制(陈芳,2021)。天津自贸区则计划在"十四五"期间推动政策与产业创新举措、项目相结合。辽宁自贸区沈阳片区在"十三五"期间以完善产权制度和要素市场化配置为重点,在完善产权、市场准入、公平竞争等方面取得了制度性的重大突破(孙连宇,2021)。广西自贸区钦州片区在制度创新方面致力于解决片区决策权和管理权不足、自由化便利化制度壁垒等问题(傅远佳等,2021)。湖北自贸区在行政管理制度方面的创新着眼于优化管理架构与人员配置、推进简政放权、构建事中事后监管体系和加快产业建设等方面(胡晓涵等,2021)。

(二)中国香港和国外经济特区行政管理制度创新

国外经济特区大多数经历过管理混乱、机构重叠、人员冗杂的困境。成功的经济特区则会通过行政管理制度的创新,解决管理中存在的问题,激发人员积极性,促进特区经济更好地发展。如今国际上大多数经济体对于自由贸易区的管理采用了公私部门合营的模式(李莉娜,2014)。自贸区的基本管理模式见表12-1。

表 12-1　自贸区基本管理模式

类型	基础设施	管理机构	代表
地主型管理模式	公营	政府委托特许经营机构	美国纽约－新泽西港、巴尔的摩港、荷兰鹿特丹港、德国汉堡港
公司型管理模式	公营	政府各级部门投资公司	新加坡自由贸易港、日本的自由贸易港
私人企业型管理模式	私营	私人企业	中国香港自由贸易港

资料来源：李莉娜（2014）。

国际上较为著名的自由贸易港，如新加坡自由贸易港、迪拜自由贸易港和中国香港自由贸易港，在行政管理制度领域的制度创新成就明显。新加坡创新性地对自由贸易港的行政管理采取国家统筹协调方式（常燕军、赖柳柳，2021），强调港区自主管理，积极推动"自由贸易港+数字金融"融合发展，减少审批流程，实现工作日高效处理外贸业务。行政管理制度的创新使得新加坡自由贸易港拥有更高的自主性和更强大的发展活力。

国际上，自由贸易港的行政管理模式主要有三种：第一种是统一管理的模式，第二种是专门机构管理模式，第三种是港务管理局直接管理的模式（吕俊玲，2018）。这里以迪拜自由贸易港的行政管理模式为例做说明。迪拜自由贸易港实行政企合一制度，政府负责港口码头建设、空港修建和开发、港口土地出租等基础设施建设。成立迪拜港务局管理拉什德港、杰贝阿里港以及杰贝阿里自贸区，创新性地实行自由港、海关、自贸区"三位一体"管理模式，提高了货物过关效率，节省了过关成本（胡方，2019）。迪拜采用"政企合一"的小政府行政管理方式，形成"1+N"的联动发展模式。政府管理模式的创新减少了行政审批流程，"一体化"的办事方式更有利于外国投资者投资，增强了投资吸引力。中国香港则奉行"大市场、小政府"原则，政府采取不干预政策，给予自由贸易港企业充分的自由，营造优质营商环境。过多的政府干预会影响企业的创新意识，使企业对政府形成依赖。香港创新性地有效结合金融与科技，吸收国际资源的知识和技术溢出。

严妍和罗芳（2020）以新加坡、鹿特丹、纽约、迪拜、中国香港等五个世界著名自贸港为例，从功能定位、管理机构和便利化措施等角度，证明了行政管理创新在其中的作用（见表12-2）。孟广文（2021）指出，世界上成功的自贸区和自由港大多实行既能体现政府行政职能，又能体现商业灵活性的"小政府"管理体制。但也需要一个面对国际不利挑战时积极的"有为政府"。例如，新加坡政府通过各种手段维护马六甲海峡，中国香港在面对1998年亚洲金融危机时得到中央政府的鼎力相助等。

表12-2 世界著名自由贸易港

	新加坡	鹿特丹	纽约	迪拜	中国香港
功能定位	国际中转、仓储、展示、简易加工	仓储、中转、包装、零件装配等	展示、处理、销售，以加工制造仓储物流为主	出口加工、转口贸易	贸易、国际中转
管理机构	新加坡交通部、国际港务局、民航局和裕廊海港管理公司	港口管理局	纽约新泽西港务局	迪拜港务局	机场管理局、民间公司
便利化措施	"一站式"电子通关系统等	储、运、销一条龙	电子化报关	"一站式"服务店	空运货物清关系统等

资料来源：严妍、罗芳（2020）。

综上所述，不同国家的经济特区的行政管理制度各不相同，这与各国的国情息息相关。在业务范围扩大和业务量增加的情况下，大多数经济特区会面临行政管理混乱以及效率低下的问题。成功的经济特区会以此为契机进行制度创新，简化行政管理流程、减少行政审批手续、提高执法效率、兴建基础设施、成立专门管理机构、厘清权责关系、打通政企沟通渠道等都是积极有效的制度创新方向。

二 海关监管制度创新

（一）国内自由贸易区海关监管制度创新

海关监管制度创新是经济特区政府管理制度创新的主要内容。对保税区、自由贸易区、自由贸易港来说，海关监管是行政管理的关键环节。自由贸易区和自由贸易港作为经济特区的两种新形式，近年来在我国迅速发展，在海关监管制度创新方面有重大进步。自由贸易港海关监管主要有两种形式：封闭式的监管和进出口货物有限自由的监管（吕俊玲，2018）。后者包括高科技信息监管、仓库监管和重点有选择性地抽查部分货物等。

安徽自贸区在海关监管制度方面的创新，主要是通过对接国际高标准经贸规则、减少自贸区内海关的审批流程、简化办事手续、形成"一站式"服务等方式实现的。广西自贸区钦州片区则是全面厘清制约"一港两区"建设的制度性问题清单、困难清单、责任清单和路径清单（傅远佳等，2021），并厘顺钦州海关和钦州港海关的隶属关系，给予钦州港海关更大的自主决策权限。湖北自贸区在海关监管制度创新中遵循以便利化、自由化为重点的原则，为国际贸易建立"单一窗口"制度。中国（广东）自由贸易试验区则提出创新贸易监管模式，实施"两步申报""两段准入""货物按状态分类监管"等便利化措施和优化横琴"分线管理"政策（吕俊玲，2018）。

（二）国外自由贸易港海关监管制度创新

荷兰的鹿特丹港和爱尔兰的香农自由贸易区的海关监管制度创新经验值得我们借鉴。鹿特丹港通过打造弹性的保税仓储、运输与加工电子管理系统，简化企业办事流程。企业只需提供一次信息，海关等相关部门就可实现信息共享，协作办理相关手续，海关在工作日 24 小时提供通关服务。香农自由贸易区采取的管理模式是"境内关外"模式。欧洲的经济特区也努力优化海关监管的相关措施（李莉娜，2014）。

爱尔兰香农自由贸易区、美国对外贸易区和新加坡自由贸易港通过创新海关监管制度，大幅度提高了通关效率（吕俊玲，2018），证明了海关监管制度创新的重要性。爱尔兰香农自由贸易区过去存在关税项目不明、标准制定不一、风险评级机制不完善的问题。通过海关监管制度创新，香农自由贸易区制定了除法律规定的部分货物外其他货物均免税的制度，积极协调欧盟建立统一的监管标准，并建立信息共享平台使经营者共享信息，构建以诚信为基础的分类风险管理通关机制，参与欧盟的信用评级标准建设。

国外经济特区海关监管制度的创新更多地注重电子化、平台化和标准化等。美国对外贸易区通过创新海关监管制度，简化办事流程以提高效率。其对国内出口货物进入园区免除报关手续，以减少报关成本；采用电子化申报方式简化相关流程，提高自贸区国际竞争力。新加坡自由贸易港建立"一站式"电子通关系统，方便电子报关和电子审单；连接 35 个政府部门 24 小时办公，大大提高办事效率，方便外国投资者；高效简化检验检疫工作，方便经营者经营。

海港是海关监管的重要目标场所，其监管制度的创新对于海关监管制度创新意义非凡。海港被认为是相互作用的复杂物流链中的关键节点，已从运输中心演变为复杂的物流和工业中心（Huybrechts et al., 2002）。Bosch 和 Hollen（2014）研究了鹿特丹港对于上海自贸区发展的相关参考价值，并强调了制度创新在其中的重要作用。荷兰注重海关监管制度的创新，建设战略互联互通机制。在关税、增值税和消费税方面，进口商品在鹿特丹海关保税仓库内暂存时执行免缴税政策。进口商品如在鹿特丹海关监管下运输，在到达最终消费地前可不缴纳关税和增值税。在海港海关监管下的商品出口到非欧盟国家进行加工、处理后再次进入欧盟，可申请关税减免或零关税。这种创新性的海关监管制度，减少了重复征税的风险，降低了外国出口商的成本，带动自贸港更好地发展。

创新高效便捷的电子化系统对于经济特区海关监管制度创新有重要意义（樊华，2019）。新加坡在数字化电子化海关监管方面走在世界前列，20世纪80年代就推出"一站式"电子通关的贸易管理电子平台，将海关、检验检疫、税务、金融等35个政府部门全部链接到平台上，高效为相关企业办理进出口贸易相关审批、检疫和海关通关等业务。中国香港则取消了货物运输工具进出港以及港口装卸、存储和转运等环节的海关限制，不额外进行专门的检验检疫，豁免过关过境货物、转运货物、除汽车外的私人物品等，推动了贸易便利化、自由化。

主要自由贸易区海关监管模式见表12-3。

表12-3　主要自由贸易区海关监管模式

类型	海关监管
商贸物流型	境内关外封闭型监管
工贸结合型	境内关外封闭型监管
特殊服务型	港中有区复合型封闭监管
复合综合型	港中有区复合型封闭监管

资料来源：笔者整理。

三　法律制度创新

（一）特区立法制度创新

中国目前涉及经济特区的相关法律有《外资企业法》《中外合资经营企业法》《中外合作经营企业法》《台湾同胞投资保护法》等。中国专门针对经济特区的法律还存在不足，以政策及行政法规为主（何勇钦，2012）。在依法治国的思想指导下，中国经济特区法律制度创新应该往制定《经济特区法》的方向发展。全国人大对中国的几个经济特区给予了一定的地方立法自主权和在国内相对较高的法律地位。自由贸易港是新时代中国发展的新型经济特区形式之一，近年来中国经济特区立法取得了较多成就。

2021年6月，全国人大常委会通过的《海南自由贸易港法》第十条规定，海南省人民代表大会及其常务委员会可以根据本法，结合海南自由贸易港建设的具体情况和实际需要，遵循宪法规定和法律、行政法规的基本原则，就贸易、投资及相关管理活动制定法规，在海南自由贸易港范围内实施（谭波，2021）。因为"境内关外"和高标准对外开放的需求，给予海南自由贸易港立法权是解决现有立法困境的最佳选择（臧昊、梁亚荣，2021）。海南经济特区作为中国现在开放程度最高的经济特区之一，在特区立法制度创新方面走在前列。

2021年1月，《最高人民法院关于人民法院为海南自由贸易港建设提供司法服务和保障的意见》发布实施。2021年1月27日，经国务院同意，国家发展改革委、财政部、国家税务总局联合印发了《海南自由贸易港鼓励类产业目录（2020年本）》；2021年6月10日，第十三届全国人民代表大会常务委员会第二十九次会议通过《海南自由贸易港法》，自公布之日起施行。一系列的法律政策的出台实施标志着中国经济特区在立法制度创新方面取得长足的发展。《规划》的制度创新目录清单指出，"建设法制化营商环境，推进全国综合性司法改革示范法院建设，开展涉港澳司法机制综合改革试验"。

国外经济特区在特区立法制度创新方面有很多成功的经验。外国自贸区多采用"先立法，后执行"的模式，稳定投资者信心和特区内企业信心（李莉娜，2014）。美国通过立法创新，制定《对外贸易区法》，消除繁杂的退税流程及海关监管障碍。欧洲议会采纳欧盟海关法典，简化海关程序，扩大集中清关范围。欧美国家以海洋法体系为主，法制建设较为完善，人民的法治意识较高，在国际贸易规则制定中掌握一定话语权。因此，其制度创新从立法制度创新开始，"有法可依"为第一步。

相对独立的法律地位和法律体系是国外经济特区成功发展的经验之一（孟广文，2021）。例如，英属开曼群岛、维尔京群岛、泽西岛、根西岛、马恩岛等地区拥有相对独立的自治权。中国香港、中国澳门也制定了《特别行政区基本法》，拥有相对独立的政治法律地位。中国香港还完善了《公司条例》《税务条例》《银行条例》等法律，优化了法律体系。新加坡则先后制定《海关法》《自由贸易区法》《进出口贸易规则法》《进出口商品管理法》《商业注册法》等法律。迪拜也努力在不违背宗教原则的情况下修改法律，以便更好地促进自由贸易区法律体系完善。

综上所述，中国经济特区立法制度创新起步较晚，但发展速度较快。依法治国是坚持和发展中国特色社会主义的本质要求和重要保障。国外很多比较成功的经济特区重视立法制度的创新，在立法上经常先行一步。"先立法，后执行"是西方发达国家经济特区立法制度创新的普遍原则，并在实践中根据不同的业务积极调整法律具体内容。即使宗教氛围较浓厚的国家也努力在不违背宗教法的情况下进行立法制度创新，为外国投资者提供良好的投资环境。可以预期，中国会进一步完善经济特区的立法制度，完善社会主义法律体系，通过制度创新为中国对外开放增添更多生机和活力。

（二）审批制转变为备案制

1. 中国经济特区审批制转备案制改革历程

中国经济特区缺乏中央层次的统一权威立法，目前以地方制定的相关法规为主。但外国投资者比较看重中央层面的相关法规体系，中国与外国著名经济特区相比仍有差距，且在负面清单管理模式中，中国企业的设立变更仍以传统的审批制为主，与国外的备案制仍有差距。由于新中国成立初期采取高度集中的计划经济体制，社会各项经济活动都受到国家严格控制，审批制的观念渐渐深入各政府部门。

1980年，中国建立了四个经济特区，开始了经济体制改革。经济特区内的企业注册制度逐渐从审批制向核准制方向改革，这是中国进一步完善社会主义市场经济、扩大对外开放的重要表现。1993年3月，《深圳市企业登记管理规则》下发，标志着以深圳为代表的经济特区正式开启了企业注册制度的创新。2013年9月18日，国务院印发《中国（上海）自由贸易试验区总体方案》，提出探索国外的负面清单管理制度。这意味着中国经济特区在企业注册制度创新上又更进一步，从审批制向核准制再向备案制发展，逐步借鉴西方"法无禁止即自由"的思想，以为经济发展带来好处。企业注册制度的创新方便了外国企业在中国注册，为外国投资者营造了良好的投资环境，吸引了更多的外国资金。2020年6月1日，中共中央、国务院印发了《海南自由贸易港建设总体方案》，进一步要求完善跨境服务贸易负面清单制度，从核准制向备案制的改革取得了更大的突破。

2. 国外经济特区审批制转备案制改革历程

西方发达国家由于奉行自由资本主义的经济政策，在企业注册制度方面一直比中国宽松。美国在对外贸易区审批制度创新方面走在了国际前列，通过《对外贸易区法》、《对外贸易区条例》和《海关与边防局条例》等对对外贸易区进行了特别管理。美国对外贸易区针对过去国外货物通关流程长、企业注册审批缓慢的情况，创新负面清单制度，遵循"法无禁止即自由"原则，仅划定部分禁止进出口的商品种类，其他商品种类采取自由政策；对企业的注册制度也是着重于备案制，基本取消审批环节。

菲律宾克拉克经济特区一直致力于审批制转备案制改革，完善负面清单制度。菲律宾通过《外商投资法》第7042号法令，建立负面清单制度以及A、B型负面清单制度。其中，A清单是依据宪法或其他法律限制外资投资比例的领域；B清单是依据国家安全、防卫、健康和道德风险，或者保护中小企业等原则限制外资投资比例的领域。对 A 清单采取登记备案制，B 清单采取审批制。越南的云屯经济特区、北云峰经济特区和富国岛经济特区依据本国的《投资法》和《外商投资法》，建立负面清单制度。三大特区列出附加条件，以金额为标准确定负面清单的相关内容。2000 万美元以下的外商投资项目无须进行审批，直接备案即可。

中国经济特区的企业注册制度创新起步较晚，但发展迅速。近年来，国家高度重视，加大扶持力度，积极学习国外先进经济特区的经验及其相关配套法律体系。中国以自由贸易区和自由贸易港为代表的经济特区正在积极开展制度创新，推动自由贸易区内审批制往核准制最后向备案制发展。积极为外国投资者营造良好的投资环境，吸引越来越多的国际资金，为增强国际竞争力和提升对外开放水平创造条件。以美国为代表的西方发达国家的对外贸易区基本已经具备成熟的外资企业注册机制，尽管部分国家之前出现制度不够完善的情况，但由于现有优势，其备案制发展成熟且完善。

（三）知识产权保护制度创新

1. 中国经济特区知识产权保护制度创新

党的十九大报告提出，倡导创新文化，强化知识产权创造、保护、运用等，加快建设创新型国家。所谓知识产权，是民事主体支配其智力成果、商业标志和其他具有商业价值的信息，并排斥他人干涉的权利（张玉敏，2001）。其具有保护对象非物质性、对世权、支配权、可分授性、专有性、地域性、法定时间性和国家授予性等法律特征。

2016 年 12 月 30 日，国务院办公厅印发《知识产权综合管理改革试点总体方案》，正式拉开了地方知识产权综合管理改革的序幕。中国的经济特区逐渐加大对知识产权的保护力度，2018 年 12 月 27 日，深圳市通过了《深圳经济特区知识产权保护条例》，旨在建立最严格的知识产权保护制度，为深圳创新驱动发展营造良好的法治环境。

自由贸易区作为经济特区在新时代的新形式,在知识产权保护制度创新方面发挥着重要的作用。2018年9月,《中国(海南)自由贸易试验区总体方案》对完善知识产权保护和运用体系做出具体规定。由于知识产权涉及的范围较广,其管理存在多部门重叠、职责不清的情况。各级市场监督部门(知识产权局)、文化委(版权局)、农业农村部等都对其有管辖业务,政出多门现象严重。因此,上海自贸区通过行政管理制度创新,实行自贸区内专利、商标、版权统一管理和综合执法,并提出了加强知识产权司法保护、加强知识产权行政执法、完善知识产权纠纷多元解决机制、健全知识产权信用管理等12项具体措施,解决了政出多门、分散管理的问题。福建自贸区则建立"三合一"的知识产权综合管理模式,以"互联网+知识产权"方式创新知识产权公共服务,建立快维中心提供"一站式"知识产权保护。《中国(广东)自由贸易试验区发展"十四五"规划》中也突出强调了知识产权管理的重要性。该规划强调了深化体制机制改革、创新投资管理制度、探索在知识产权保护领域与国际标准对接等措施。

2. 国外经济特区知识产权保护制度创新

国外对知识产权的保护和管理也很严格。例如,马其顿共和国是一个典型的欧洲发展中国家(Miloshoska,2012),不同于其他传统的议会制民主国家,其政治经济制度并不是特别成熟,因此存在较多侵犯知识产权的案件,尤其在国际贸易领域。为了更好地融入欧洲一体化,马其顿共和国在其自由贸易区开始创新知识产权保护制度,打击跨国盗版行为,以多种方式保护知识产权,并于2005年通过《知识产权海关保护措施法》,构建专门针对知识产权保护的完善法律体系。

国外经济特区对知识产权保护制度的创新对中国有积极的借鉴意义。美国对外贸易区一开始对过境的知识产权产品并未做出明确的规定,在经历了1988年的"U.S. V. Watches"案、1991年的"Ocean Garden"案和2006年的"U.S. V. Intrigue"案后,通过制度创新确立了对知识产权产品的保护原则。该原则强调，在自贸区内的知识产权侵权产品无论是否进入美国市场，均被视为进口和商业活动使用，美国海关可以对该商品进行海关监管。凭借美国较高的国际地位，美国对外贸易区的处理原则逐步推广至双边自贸协定的其他领域。

欧盟根据最新的《海关知识产权保护条例》的规定，拓展边境执法以适用于外部过境货物。但欧盟各成员国在具体实践中使用该条例时出现了分歧。例如，荷兰一开始对自贸区内的知识产权侵权行为并没有特别的规定，认为侵犯知识产权的货物仅在过境阶段就不受海关管辖。在经历了2004年的"Philips.V.Postech c.s"案和2008年的"Sosecal.V.Sisvel"案后，荷兰进一步创新了对知识产权的相关保护制度，在过境阶段也进行监督。英国在经历了"Nokia"案后，也加强了在自贸区内对过境知识产权侵权产品的监管。瑞士的《专利法》则规定，在对侵犯知识产权的过境产品进行监管的同时，要保证合法商品正常过境。

经济特区内知识产权保护制度的创新是一个相对来说较新的研究话题。国外的经济特区知识产权保护制度较中国完善，之前国外自贸区存在的问题大多集中在对进入自贸区但没有入境的知识产权产品缺乏管理上，经过对相关保护制度创新完善后，这些问题被杜绝。中国之前的知识产权保护力度与西方发达国家相比不足，近年来愈加重视，并出台了许多相关法律，其成效在自贸区、自贸港等经济特区尤其明显。

第二节　社会服务制度创新体系

一　教育制度创新

相比于国内的经济特区更多强调经济职能，国外经济特区通常会关注教育制度上的创新。这从迪拜自由贸易区在教育制度领域的创新上可见一斑。迪拜的战略愿景是成为一个真正的国际城市，成为阿拉伯地区的商业中心（Carroll，2010）。但其人口80%为移民，是名副其实的人口国际化城市。2008~2009年，全球金融危机使迪拜出现了外籍劳动力严重流失的问题，住房市场空置率不断上升，基本建设项目停工导致建筑增长率从20%降至13%，以及数千个工作岗位流失。国外移民的涌入增加了对高等教育的需求，因此迪拜建立了两个专门针对外国高等教育机构分支机构的自由区：知识村（成立于2003年）和学术城（成立于2006年）。在这里，选定的外国高等教育机构可以设立分支机构，并以其原来的形式提供学位课程，不需要依据阿联酋标准进行修改。这两个自由区提供了一种机制，将国际高等教育提供者和课程带到迪拜，以确保其学术活动和成果的完整性，为迪拜居民创造了接受国际高等教育的机会。这些课程在保留其国际课程的同时，可以被当地学习和应用，有助于确保毕业生能够有效地为阿联酋持续的经济和文化发展做出贡献。

迪拜自由贸易区目前有35个外国高等教育机构，招收了17000名学生，来自12个不同的国家，包括英国、美国、澳大利亚、法国、黎巴嫩和伊朗等国家。迪拜自由贸易区建立面向国外移民的外国高等教育机构，为其提供大量高等教育资源，创新经济特区教育制度体系，为世界经济特区教育制度创新提供一定借鉴。未来，中国经济特区的建设，可适当借鉴其措施，特别是上海、北京等外籍人口相对较多的城市。

二 旅游服务制度创新

经济特区的首要任务就是发展经济，部分经济特区通过创新自身的出入境旅游服务制度促进旅游业发展。例如，韩国在济州岛建设国际自由城市的过程中，创新了人员及货物的出入境免签制度（何勇钦，2012）。特区拥有立法、财政、司法、人事方面的高度自治权，实行人员、商品和资本的自由流动，人员出入免签证，货物出入免关税，甚至将韩语和英语共同定位为官方语言。此外，还树立环保理念，创新环保制度，重点考虑保护自然环境，发展特殊农业和旅游业。

中国推行的自由贸易区制度为香港旅游业提供了潜在的商机，通过内地与香港的联通，创新旅游服务机制，从而推动旅游服务的市场份额提升（Ji et al.，2015）。旅游服务制度创新在经济特区制度创新中属于比较新颖的研究主题。因为经济特区更多的是承担经济职能，其次才是社会文化职能。优秀的旅游业确实可以为经济特区带来一定的收入以及世界知名度，从而带动经济特区的经济发展。中国的几个经济特区以及自由贸易区和自由贸易港都是旅游城市。学习借鉴国外经济特区旅游服务制度创新经验，有利于中国经济特区旅游服务制度创新少走弯路。

三 生态环保制度创新

（一）中国经济特区生态环保制度创新

生态环境保护是一个国家或地区可持续发展的重要要求，也是节省污染治理成本的主要途径。中国经济特区在发展初期存在不注意生态环境保护的情况，如位于汕头经济特区的贵屿镇，曾被称为"全球最大的电子垃圾处理厂"，土地、空气和水资源遭到不同程度的污染。后来汕头市政府通过创新管理制度、加强行政整治、严格取缔不符合标准的处理厂、建立统一的工业园处理区、出台相关法规等方式有效改善了当地环境，实现了可持续发展。

海南经济特区在生态环境保护制度创新方面取得了显著的成绩。通过出台相关保护制度措施，海南省在经济结构转型的过程中注重生态环境保护，坚持可持续发展路线，率先在全国建设生态省，保住了海南发展的

"最大本钱"。海南省从生态省建设到生态立省,建设国际旅游岛,调整优化三次产业结构;从国际旅游岛到自由贸易区和中国特色自由贸易港,坚持"生态立省"、坚持"绿色发展"(王明初,2019)。

(二)国外经济特区生态环保制度创新

国外的经济特区在发展过程中也遇到了环境污染、生态恶化和资源紧缺的情况。部分国家通过制度创新改善了这种情况,实现了可持续发展。例如,在约旦缺水的经济特区——亚喀巴经济特区,生态环保制度创新的重要性得到彰显(Dweiri and Badran,2003)。约旦当局在认识到淡水资源缺乏对成功打造经济特区的影响后,努力在制度上进行创新,通过提高污染排放标准、引进海水淡化技术、停发高污染企业的营业执照、禁止引进国外高污染企业等方式有效改善了当地的生态环境,使当地实现了可持续发展。

印度的经济特区,在制度上创新农业发展方式,合理规划发展新能源,采取生态环保措施改善了当地生态环境,以更好地吸引外商直接投资和发展农业生产力(Chaudhuri and Yabuuchi,2010)。

巴西玛瑙斯自贸区,是一个成功通过生态环保制度创新实现可持续发展的经济特区。玛瑙斯自贸区是拉丁美洲地区唯一的综合型经济特区,是在全球2000个自贸区中综合评价排前十的成功经济特区,现已成为巴西西北部地区中心城市和地区经济发展引擎。在经济特区成立初期,由于不重视环境保护,玛瑙斯地区环境遭到严重破坏,人民的生活水平大幅下降,政府花在环境治理上的成本日渐增加。2003年,州政府推出"绿色经济特区"计划,并通过国会立法支持。建立相关制度规章,规定国内外企业不得擅自砍伐热带雨林的森林资源,对特区内企业强行施加环保标准要求,控制排污量;对特区内企业工业制成品征收生态税,促进当地生态恢复。2007年6月5日,亚马孙州议会通过《气候变化与环境保护法》,正式以法律方式规定地方政府的环保义务。通过相关生态环境保护制度的创新，玛瑙斯地区经济增长率达13.9%，毁林速度年均下降53%，实现了可持续发展（陈威华，2007）。

中国近年来在经济特区生态环境保护制度的创新方面取得了很大成就。改革开放之初，中国存在"效率第一"的经济发展思想，因此经济发展过程中存在浪费资源、破坏环境的现象。国内的部分经济特区由于不注重生态环境保护，造成资源紧张环境恶化，难以可持续发展，为中国经济特区的发展上了深刻的一堂课。随着环境保护意识加强，中国各经济特区逐渐创新生态环保制度。为了贯彻落实创新、协调、绿色、开放、共享的新发展理念，2021年5月，生态环境部等八部门发布《关于加强自由贸易试验区生态环境保护推动高质量发展的指导意见》，要求自贸区发展落实生态环境保护，全面落实降碳的总要求，实现高质量发展。

四 人才引进制度创新

人才是新时代经济发展极为重要的资源之一，充足的高质量人才是经济特区持续健康发展的必要条件。中国第一批经济特区都配套有不错的高等教育资源，如深圳市的深圳大学、南方科技大学、哈尔滨工业大学深圳校区、香港中文大学深圳校区；厦门市的厦门大学；珠海市的中山大学珠海校区、北京师范大学珠海校区和暨南大学珠海校区；汕头市的汕头大学、广东以色列理工学院。这些高校对经济特区人才的培养起到了至关重要的作用，为当地的经济社会发展提供了大量的人才。

近年来，发展迅速的自贸区和自贸港是我国新时代经济特区发展的新形式，也非常重视人才培养引进工作。截至2020年9月，中国已先后建成21个自贸区（严谋春，2021），考察这些自贸区先后出台的工作方案，发现人才政策比较突出、功能定位明确等。上海自贸区是较早进行人才政策创新探索的，其积极召开人才引进工作会议、试点航运人才"双认证"、设立浦东新区海外人才局等。

福建自贸区则实行引才留才并行、打造两岸人才交流区的政策。人才创新制度体现在充分发挥智囊智库作用，聘请自贸区专业建设顾问与企业创新顾问；实行聘任制公务员制度，柔性引才引智，引进招商专员；针对台湾人才实行专项补贴，完善高层次人才签证及居留政策。福建自贸区厦门片区采取使外国专家局对符合条件的自贸区内外国人申办外国专家证提供绿色通道、多渠道引进人才、专项补助台湾人才、进一步提高办事效率、出台专门具体的人才引进政策的方式创新人才引进制度。

辽宁自贸区在人才引进制度创新方面，实行"盛京优才英才"集聚培育计划，并将其与各种培育工程相结合。其中，主要包括高精尖优才集聚工程、海外优才汇智聚力工程、紧缺急需人才和军民融合人才集聚培育工程、中青年科技英才培养工程、创新型企业家培育工程、大学生留沈倍增工程和"盛京工匠"培养工程。

广东自贸区在人才引进培养方面注重人才集聚和人才发展。其人才制度创新体现在：健全全要素人才服务、构建多层次人才政策支撑体系、建设粤港澳人才合作示范区和开展国际人才管理制度创新。《中国（广东）自由贸易试验区发展"十四五"规划》中明确指出，推进人才自由便利流动，继续实施粤港澳大湾区个人所得税优惠政策，争取开展技术移民试点；允许在建筑、医疗、会计、金融、导游等领域具有港澳执业资格的专业人士经备案后直接在区内执业，支持建筑、医疗等领域港澳专业人士在安全可控范围内按照港澳执业规则提供服务。

在国（境）外，新加坡自贸港、中国香港自贸港和迪拜自贸港也对人才引进制度进行了创新。新加坡拥有新加坡国立大学、新加坡南洋理工大学等世界顶尖大学，本身具备较强的人才培养能力。新加坡的人才引进制度创新主要体现在设立国家猎头公司——"联系新加坡"，通过建立专门的人才数据库，搜索、吸引外籍人才。中国香港有香港大学、香港中文大学、香港科技大学、香港城市大学和香港理工大学等五所世界顶尖大学，能够提供充足的高水平人才。其人才引进制度的创新体现在宽松的人才出入境政策、优越的投资环境以及公平的竞争环境上。迪拜自贸港则在遵守伊斯兰法律的前提下对外籍入境人员实行保人制度。以上三个自贸港都对人才实行低税率制度，减轻了个人所得税的压力，在一定程度上吸引了高素质人才。

中国从一开始设立的经济特区到近来发展起来的自贸区和自贸港，都十分重视人才引进制度的创新。人才是现代经济发展的重要资源，是科技创新的重要驱动力。中国经济特区的人才引进制度创新为经济发展和创新驱动奠定了重要的基础。国外的经济特区人才引进制度创新主要依靠高质量的教育资源以及低税率，再加上较宽松的人才出入境政策。

第三节　经济制度创新体系

一　金融管理制度创新

（一）中国经济特区金融管理制度创新

金融业是服务业的重要行业分支，在一个国家或地区经济发展中具有重要地位。1990年，中国在深圳经济特区设立了深圳证券交易所，为特区经济增添活力，也是进一步提高对外开放水平和完善社会主义市场经济制度的重要表现。改革开放初期，由于社会主义市场经济体制还不够完善，经济特区在金融监管方面存在金融监管体系不完整、地方金融监管不全面且执行力不足、金融监管部门协调效率低下等问题。对此，中国经济特区必须进行制度创新以解决这些影响金融秩序的问题。

第十二章　中外经济特区制度创新体系研究 | 273

研究表明，全球金融危机对国际资本流动格局产生了深远影响，对新兴市场国家产生了冲击。经济增长模式的脆弱性、对外资银行贷款的过度依赖、缺乏对外资银行和潜在金融风险的审慎监管以及僵化的汇率制度都会对一国的金融稳定造成重大影响。因此，以经济特区为代表的国家经济发展中心，应该积极进行金融管理制度创新以应对不同的外部威胁及政治冲击。

中国自贸区金融制度存在金融风险防范压力约束、金融制度创新能力区域发展不平衡、国际经济形势不确定等问题（尹庆伟，2021），应该从深化金融对外开放、加强金融风险防范管理体系建设、完善金融创新的法律体系和信用体系等方面进行创新。上海在金融制度创新方面走在全国前列，具有制度闯关、布局国际金融中心等鲜明特点，最早将自贸区内小额外币存款利率上限放开，以300万美元为界，从而实现外币存款利率的市场化；允许符合条件的企业根据自身的需要自主调配境内外资金，进一步满足跨国企业外汇资金管理便利化、集约化需求；单独设立黄金保税交割仓，为进口和转口黄金提供交割、仓储保管、清算、物流等配套服务。

深圳经济特区作为我国经济特区发展的代表，金融发展水平处于国内第一梯队，金融发展指数在全球城市中排名第九。近年来，深圳经济特区创新金融管理制度，开始注重打造绿色金融。2018年，《深圳市人民政府关于构建绿色金融体系的实施意见》发布，从绿色金融角度对金融管理制度进行创新。鼓励绿色信贷产品和服务创新，优化绿色信贷风险分担机制，健全绿色信贷增信机制；支持鼓励绿色信贷企业上市融资，开展绿色债务试点，推动绿色债券市场双向互动，为中小企业发行绿色债券；创新绿色保险产品和服务，实施绿色保险费。[①]

2020年，深圳市人民代表大会常务委员会通过《深圳经济特区绿色金

---

① 《深圳市人民政府关于构建绿色金融体系的实施意见》，深圳政府在线网，http://www.sz.gov.cn/zfgb/2019/gb1084/content/post_5000165.html。

融条例》，建立绿色金融发展协调机制，联合市地方金融监管部门、中国人民银行驻深机构、国家银行保险监管部门驻深机构以及深圳市各级经济管理部门统筹推进深圳市绿色金融发展。建立健全符合绿色金融发展的法人治理机构和治理体系，完善绿色金融工作领导决策机制；学习借鉴国际先进的绿色信贷管理模式，改善管理制度；鼓励证券金融机构发行绿色债券，保险机构建立保险资金绿色投资制度；鼓励金融机构使用环境压力测试和情景研究工具，在测算评估金融风险时考虑气候变化和环境保护等因素。①

（二）国（境）外经济特区金融管理制度创新

国（境）外经济特区也非常注重金融管理制度的创新。自由贸易港作为经济特区的一种典型形式之一，在金融管理制度创新方面有重要建树。例如，中国香港和新加坡自由贸易港都非常重视金融管理制度创新（胡方，2019）。中国香港实行自由汇兑制度，允许外汇、钻石和黄金自由流动；对于货币市场和资本市场高度开放，允许各国货币自由流动；采取金融自由化政策，外汇和黄金市场执行完全开放政策，取消存款利息税。自由开放的金融政策使得74家全球百强银行在香港开展业务。香港通过专门的法律条例和设立金融监管机构来监管金融体系。新加坡1978年废除了外汇管制条款，允许新加坡元自由流动；取消对支付形式和资金转移的外汇监管审批；推进金融制度改革，为自贸港提供了低融资成本的环境，外企可以轻松向新加坡本地银行、外资银行和其他金融机构申请贷款。

实际上，世界上成功的自贸港都有优秀的金融服务（樊华，2019）。中国香港采取对资本项目全开放的政策，企业和个人在香港证券交易所无限制；不限制资本跨境流动，最大化金融市场运行效率，完善各种金融基础设施；金融监管对标国际先进标准，注意事前风险防范，发挥协会作用。

---

① 《〈深圳经济特区绿色金融条例〉正在实施》，深圳政府在线网，http://www.sz.gov.cn/cn/xxgk/zfxxgj/bmdt/content/post_8577733.html。

纽约则拥有宽松的金融管制政策，注重创新金融产品，鼓励机构设立，给外国金融机构在纽约最大的经营自由。

中国香港和新加坡这两个自由贸易港的税率比中国的自贸区都低，其根本原因在于在金融管理制度上创新性地采取简税制（徐德顺、王豪，2021）。国际资本流动的内在规律之一是利润的驱动性，投资者会把资金流动到税率低的国家或地区以获取更大的经济利益。中国香港和新加坡致力于发展离岸金融，从而成为国际资本钟爱的自由贸易港。这离不开两地长期以来与时俱进的金融制度创新。

香港近年来对金融制度的创新，更多地从绿色和可持续金融、债券市场和补助计划等方面入手。鼓励金融机构开展相关的投融资和认证活动，吸引相关领域的世界一流机构和顶尖人才；发布绿色和可持续金融的相关计划，进一步提升香港在区域内的绿色可持续发展金融中心地位；致力于提升债券基础设施即中央结算系统的效能；财政司司长主持由财库局和银行、证券、保险监管机构，以及交易所运营商组成的督导小组，以期制定促进债券市场多元化发展的路线图；启动绿色和可持续金融资助计划，其中包括政府先前推出的债券资助先导计划和绿色债券资助计划；启动对开放式基金型公司（OFC）的补贴政策；对准备在港上市的房托基金在当地产生的相关专业金融服务费用进行补贴；为香港保险公司或其他发行保险相关证券的机构提供补助支持；对"互联互通计划"进一步优化。基于"互联互通"计划取得阶段性成功，香港下一步将继续扩容，增强香港在连接内地和国际资本市场方面的作用；积极融入国内国际"双循环"新发展格局。

国（境）外经济特区的金融管理侧重于税率调整、完善金融风险预防措施、加强事前预防控制等方面的制度创新。相比之下，中国经济特区的金融管理制度创新随着中国对外开放的深入推进而加强，并结合"一带一路"倡议的实施全面深化。从不断完善金融法规体系、成立专门的金融监管机构、构建合理的金融治理体系和对标金融国际标准等方面入手进行制度创新，完善社会主义市场经济体制。

二 贸易制度创新

（一）以划定区域方式以及法律形式进行制度创新

中国的经济特区一开始也有严格的区域划分。深圳经济特区之前一直有"关内"和"关外"的说法，汕头经济特区一开始的范围也仅是龙湖区的一小部分。按划定区域的方式进行制度创新，有利于更好地发挥试点作用。在一定的历史时期，这种区域划分具有一定的政治性和社会性。国外的经济特区区域划分更多的是依据其经济功能，特别是针对进出口商品以及过境货物的管理，突出其经济职能。中国的经济特区在进行制度创新时所受的约束相对较小，更容易进行彻底的制度创新，这也是中国经济特区可以借鉴他国经验的原因。

国际上，以世界著名自由贸易港（如新加坡、迪拜和中国香港）为代表的经济特区，通过贸易制度创新，建立了自由的资金出入境管理制度（崔凡，2019）。中国香港通过立法将全域作为自由贸易港，长期奉行政府不积极干预市场的原则，打造以服务业为主体的经济体；大力奉行自由贸易原则，发展离岸贸易，降低进出口贸易壁垒；创新贸易制度，实行资金流、货物流、订单流"三流分离"。新加坡则通过《自由贸易区法》，以法律形式确立7个自由贸易区，规定货物在该区域自由流动并简化了很多手续；实行全球贸易商计划以进一步发展总部经济，增强对全球贸易网络的影响力。迪拜在2018年1月10日通过内阁决议，公布在包括杰贝阿里自由贸易区在内的20个指定区域，实行高度的自由贸易制度，赋予了自贸区一定的经济特权。同时，以上三个自由贸易港也通过制度创新进行了反洗钱和反恐怖融资的管理。此外，中国香港、丹麦哥本哈根、韩国釜山以及新加坡等自由港也仅将税收优惠政策应用于特定范围内（赵萍、王雅慧，2019）。

（二）人员自由流动制度创新

人员自由流动是以自贸区或者自贸港为代表的经济特区的重要特征。阿联酋在其经济特区迪拜自贸港进行了人员流动制度的相关创新。例如，迪拜自贸港通过制度创新有效促进了人员自由流动。迪拜作为一座外来人口占80%的国际性城市，不可避免地会面临外籍人口的管理问题。通过管理制度创新以及高科技的加持，迪拜努力打造世界一流的入境审查技术。在数字技术发展以及高科技生物识别设备的加持下，迪拜入境处成功地收集到来自世界各地旅客的生物特征信息数据，对每一个入境人员都进行高效合理的管理。迪拜很早就在机场应用指纹扫描技术，并在近期结合最新科技，在机场、码头和车站等重要入境口岸应用虹膜信息处理技术，该技术最大限度地提高了入境人员的筛选效率。此外，迪拜从2013年开始就积极采用高新技术，推行电子门技术以及智能电子门技术，极大地方便了本国人民出入境以及外国人员在迪拜自贸港自由流动。

迪拜自贸港的成功经验，对中国经济特区人员流动管理具有积极的参考价值。迪拜自贸港之所以能成为全球开放程度最高的自贸港之一，关键在于其通过制度创新很好地解决了外来人员港内自由流动的问题。制度的创新使迪拜积极调整出入境政策，应用高新技术产品，从而成功地完成了对这座国际城市人口流动的有效管控。

三 税收制度创新

（一）中国经济特区税收制度创新

国家的税收制度与本国设立的经济特区、经济技术开发区、自由贸易

区、自由贸易港等的经济发展水平以及自身综合国力关系密切。中国经济特区建立之初，就是为了吸引外商直接投资，鼓励中外合资企业在特区内建厂，因此对外商普遍给予减按15%的税率征收企业所得税的优惠。珠海和汕头等经济特区通过税收优惠吸引了大量"三来一补"和"三资"企业，为其发展外向型经济奠定基础。

1987年，汕头经济特区率先进行税收制度创新，要求公开办税制度，加班加点办理业务；打出"24小时回复"和"特区效率"的口号，通过办税便利化改革营造良好的营商环境。1998年，珠海经济特区推出第一个网上办税系统；2006年，建成全国第一个"24小时"全天候自助办税服务厅；2016年为澳门和香港居民开通珠海横琴办税厅，最大限度地便利港澳居民办理税收业务。珠海横琴税务部门还在全国首创V-Tax远程可视自助办税平台，最大限度地方便纳税人办税。

党的十八大以来，不断出台的自贸区和自贸港的建设纲领文件中，也有关于税收制度创新的相关条例。《中国（广东）自由贸易试验区发展"十四五"规划》重点制度创新事项清单中明确提出，"实施促进投资贸易的税收制度，支持横琴、前海片区、南沙片区进一步完善符合其产业发展需要的税收优惠产业目录，涉及企业减按15%征收企业所得税。支持粤港澳大湾区飞机租赁业务预提所得税改革试点"。

（二）国（境）外经济特区税收制度创新

发达国家资本主义市场经济体制完善，产品的国际竞争力较强，外资依赖度较低，税收优惠政策相对人性化。但近年来贸易保护主义抬头，其普遍建立起关税壁垒以保护本国市场。例如，德国汉堡自由港、韩国自由港以及新加坡自由港的税收制度不断得到创新（赵萍、王雅慧，2019）。

Bondonio和Greenbaum（2007）基于美国的国有工业园区，核算目标地区的新机构、现有机构和消失机构等相关数据，认为税收具有杠杆调节作用，验证了创新税收激励机制有助于工业园区内的生产效率提高、当地经济增长以及对外贸易繁荣发展。陈浪南等（2005）列举了美国对外贸易区、巴拿马科隆自由贸易区和智利伊基克自由贸易区等自由贸易区在税收制度创新方面的成就（见表12-4）。

表12-4 美国、巴拿马和智利自贸区税收优惠政策

贸易区	税收优惠政策
美国对外贸易区	1. 一般货物免关税，但生产设备进区必须缴纳进口税 2. 区内货物免征地方税 3. 区内加工制造产品其增值部分不纳税，进口货物和为出口而保存于区内的货物，无论是处于原始形态还是经一定处理改变形态的，均免征州和当地的从量税
科隆自由贸易区	1. 境外货物进入贸易区或从区内出境，免进出口税，货物销售对巴拿马运河区或过境船只，视为出口，免税 2. 区内公司所得税采用累进制，税率2.5%~8.5%，两年内免利润所得税，若雇用巴籍员工，再给予减免0.5%~1.5%所得税的优惠 3. 源于境外的股息、区内商品销售免税，投资税、地方市政税豁免，但车辆牌照征税
伊基克自由贸易区	1. 关税、经营期间公司所得税、增值税一律豁免 2. 货物（含生活资料）流通免除一切地方税，进口货物仅征收货物价值3%的货物税

资料来源：陈浪南等（2005）。

国内学者从税收征管方式和税收减免抵扣两个方面介绍了以自由贸易区为代表的外国经济特区的税收制度创新（赵萍、王雅慧，2019）。美国对外贸易区、鹿特丹港、日本自贸区通过"境内关外"的保税制度，并结合电子计算机以及电子化管理系统改善了办税流程；美国纽约港、汉堡自由港、中国香港自由港等通过允许延期缴纳关税的政策，减轻了外国投资者的压力；日本冲绳自由贸易区创新性地使用了关税任选制度，让外商自主选择"原料税"或者"成品税"进行申报缴纳；美国对外贸易区采取逆关税减让政策，对进入自由贸易区的零部件组装加工的产成品，按减让的

原则,以低税率征收产成品关税,对德国和日本的汽车制造业企业采取关税倒置的税收制度。

国(境)外经济特区进行税收制度创新,经常是因为在贸易实践中遇到了现实问题,并且大多数会以法律的形式确定。低税率的营商环境对外国投资者经营成本的降低起到了促进作用。以中国香港、新加坡和迪拜为例,分析著名自贸港在税收制度方面的创新进展(崔凡,2019)。中国香港对绝大多数产品实行零税制,商品生产流通过程中也没有关税、增值税、消费税等流转税。新加坡也基本实现了零关税,仅保留税率为7%的货劳税,但规定境内7个自由贸易区无须缴纳货劳税。迪拜则与其他海合会国家建立关税同盟,并对位于自贸区的20个特定区域免征增值税和消费税。世界著名的自贸港往往会着眼于零关税以吸引知名企业和专业人才。低税率和简税制也很重要,例如中国香港和新加坡这两个自贸港的税费均低于世界平均水平(孟广文,2021)。

中国经济特区在税收制度创新方面一直与时俱进,税收制度创新从简化办事流程、提高办事效率以及减轻纳税人负担等大方向入手,积极采用新型数字技术,建立数字化平台和构建信息一体化体系。特别是近年来陆续出台的有关自贸区和自贸港建设的文件中,有很多涉及税收制度创新的条例。国外经济特区的税收制度创新则更多地从建立关税同盟、依据经济发展状况调整税率、简化税制、调整纳税科目等方面入手。经济特区的税收制度创新是提高国际竞争力、吸引高端人才、吸收外商直接投资以及稳定社会秩序的重要手段。

经济特区体制机制的创新,究其原因是为解决经济发展过程中面临的问题而进行的政策调整。中外经济特区的发展根据不同的国情有不同的特点和形式,会遇到不同的问题,因此制度创新的路径也会有所不同。政府管理制度中包含的行政管理制度、海关监管制度、法律制度,社会服务制度中的教育制度、旅游服务制度、生态环保制度、人才引进制度,经济制度中的金融管理制度、贸易制度、税收制度等，都是中外经济特区进行制度创新的重要领域。这些领域的创新在近些年取得了很大成就。

随着自由贸易区和自由贸易港等经济特区新形式的发展，各地先后出台相关政策文件。大多数文件提到了制度创新的重要性，政治、经济和社会等领域都有涉及。国外的经济特区在制度创新方面走在前列，学习借鉴国外的先进经验有助于我们更好地完善经济特区的制度。国外的经济特区制度创新通常更强调法律制度的建设与执行、低税率环境和简易税制、自由人口流动、电子化数字化平台办公和利率政策自由化等。准确深刻地认识制度创新对经济特区发展的作用，学习国外经济特区的制度创新经验，并将其积极运用于中国经济特区制度创新的实践中，对中国经济特区在新时代实现高质量发展具有重要意义。

第十三章
中国特色经济特区的演进机理与路径选择

第一节 中国特色经济特区的演进机理与潜在发展问题

一 经济增长极到均衡发展趋势

中国特色经济特区已具备成为经济增长极的潜力与实力。自1980年深圳、珠海、汕头、厦门四地率先实施经济特区政策以来（海南为1988年），其贸易规模整体呈现上升趋势（见图13-1），特别是在中国加入WTO后，进出口贸易规模开始快速增长。其中，深圳经济特区在初期依托香港发展，利用"前店后厂"模式，积累外资与技术，并且不断发挥自身"先行先试"体制优势，打造较为完备的产业链，为深圳经济特区对外贸易的跨越式发展提供基础。2020年，深圳经济特区进出口总额已超4000亿美元，并且出口总额在1993~2020年均居于全国外贸城市首位。2020年，深圳、珠海、厦门三市人均GDP超过10万元，高于全国平均水平。厦门人均GDP在福建省内排名第1，深圳与珠海两市人均GDP分别位居广东省第 1 和第 2。2020 年，深圳市地区生产总值为 2.77 万亿元，在亚洲城市中排第 5 位。

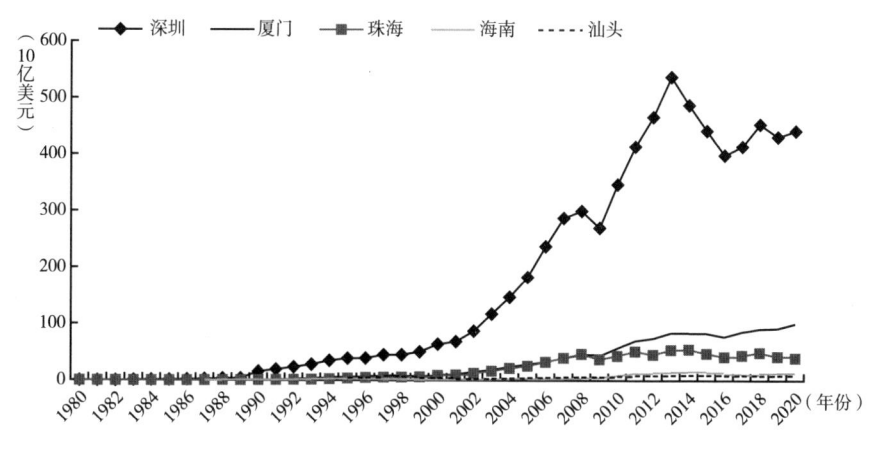

图 13-1　1980~2020 年中国五大经济特区进出口总额

资料来源：根据《中国统计年鉴》、相关省市统计年鉴、当地海关网站数据整理所得。2020 年深圳经济特区与珠海经济特区进出口总额是当地海关网站数据以《中国统计年鉴》公布的 2020 年人民币对美元平均汇率进行换算得出；2019 年和 2020 年厦门经济特区进出口总额以《厦门统计年鉴》公布的数据并以《中国统计年鉴》公布的对应年份人民币对美元平均汇率进行换算得到；海南数据统计范围为 1987~2020 年，汕头数据统计范围为 1995~2020 年，其余三地数据统计范围为 1980~2020 年。

在经济特区发展初期，随着进出口贸易的增加，经济特区与本国其余地区的金融、经济发展水平差距进一步扩大，但随着经济特区在"量"与"质"上达到较为成熟的发展阶段，其扩散效应与示范效应将开始显现，突破倒"U"形的拐点，从而缩小经济差距实现区域的均衡发展（Crane et al.，2018）。世界知识产权组织发布的《2021 年全球创新指数报告》显示，2021 年深圳-香港-广州科技集群在全球科技集群中排名第二，仅次于日本的东京-横滨科技集群（WIPO，2021）。此外，2021 年 7 月，国家发展改革委发布《关于推广借鉴深圳经济特区创新举措和经验做法的通知》，试图鼓励其他地区在自身发展与特色的基础上借鉴深圳经济特区的具体经验，助力本地区经济建设与体制创新，释放改革活力，为实现区域协调发展做出贡献。

二 开放型经济导向

中国特色经济特区的建设发展与开放型经济密不可分。在空间布局上，它是开放活动的场所，维系着开放活动主体之间的契约关系；在开放活动的内容上，它发挥商品、要素、服务流动的"窗口"作用（裴长洪，2016）；在区域合作上，它实现双边投资模式的创新与贸易结构的改善。在中国，"开放型经济"最早出现于1993年中央发布的有关建立市场经济的政策文件中。随后中央于2003年和2020年就经济体制改革进一步出台政策文件。政策的不断出台也带动开放型经济在范围、水平、创新上不断发展演进，由初步探索开放的外向型经济，向实现对外开放水平的整体全面提高努力，再向体制建设上的更高水平的开放型经济迈进。

中国特色经济特区的成功不仅归功于中国整体社会主义现代化建设，还与中国如何与世界其他国家互动紧密相关。在"一带一路"倡议背景下，境外经贸合作区已成为中国企业"走出去"与推动东道国贸易与经济增长的重要平台。当前，中国企业共参与建设80家"一带一路"沿线园区，占商务部纳入统计范围的境外经贸合作区总数的73.39%。如图13-2所示，自2013年"一带一路"倡议提出后，中国企业大型对外投资项目投资总额中"一带一路"沿线地区投资总额整体比重显著提高，2020年达到1/3。其中，中国与东盟10国在共建"21世纪海上丝绸之路"背景下合作越发紧密，近五年，依托中国-东盟自由贸易区，中国企业对东盟地区的大型投资项目的投资比重逐年增长，2020年中国企业在东盟10国中超过1亿美元的投资项目投资总额为56.4亿美元，占中国企业所有大型对外投资项目投资总额的 18.47%。此外，南亚地区这一占比也呈现整体上升趋势，南亚地区涉及"一带一路"6 条经济走廊中的 3 条。其中"中巴经济走廊"成为中巴两国共享"一带一路"红利的建设样本（Albrechts and Tasan-Kok，2020），当前中国已在巴基斯坦境内投资参与建设巴基斯坦海尔-鲁巴经济区和瓜达尔自贸区。

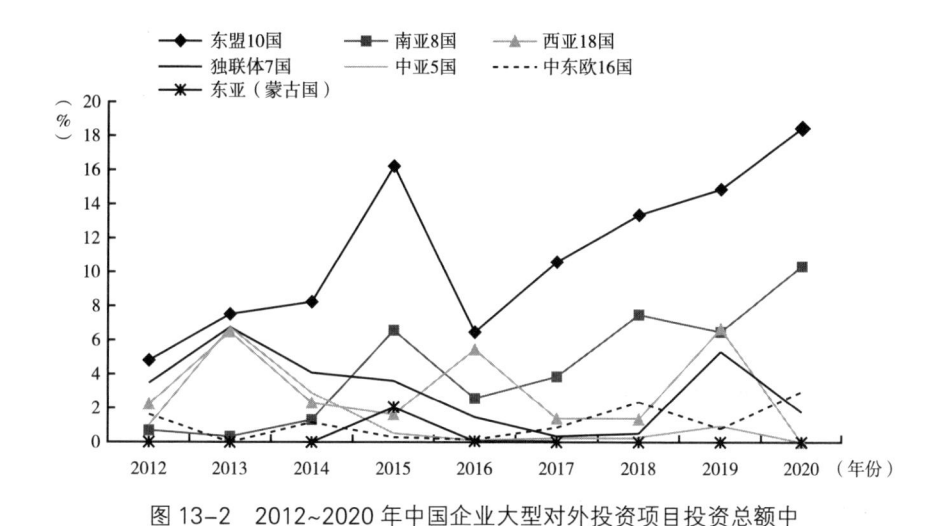

图 13-2　2012~2020 年中国企业大型对外投资项目投资总额中"一带一路"沿线 7 大地区投资总额占比

注：中国企业对外大型投资项目为中国企业 1 亿美元以上的对外直接投资项目。
资料来源：根据美国企业研究所和美国传统基金会的中国全球投资追踪数据整理所得。

三　中国特色经济特区发展的潜在问题

中国经济特区经历 40 多年改革开放，在其建设发展过程中主要面临的潜在问题有以下几个。一是经济特区的资源约束趋紧，影响经济特区建设步伐。不断增加的人口数量、基础设施以及资本发展导致经济特区的水资源、土地空间、能源等资源紧张以及环境承载力降低（刘伟丽、方晓萌，

2020）。深圳市人民政府发布的公开信息显示，深圳经济特区目前陆域开发强度已达 50%，发展空间不足是其面临的重要挑战。二是经济特区外贸依存度较高，面临的风险加大。2020 年，深圳经济特区与厦门经济特区的外贸依存度超过 100%，分别为 110.2% 和 108.3%。两个经济特区的 GDP 增速较 2019 年均明显下降，深圳 GDP 增速下降了 3.6 个百分点，厦门 GDP 增速下降了 2.2 个百分点。三是投资增速与消费增速的差距拉大，消费潜力有待释放。如图 13-3 所示，以深圳经济特区为例，2020 年，其固定资产投资增速与社会消费品零售总额增速放缓，且二者差距较 2019 年变大。此外，近五年来，深圳经济特区投资增速明显高于全国水平，但消费增速与全国水平基本保持一致，经济特区的消费亟须更有效的刺激。

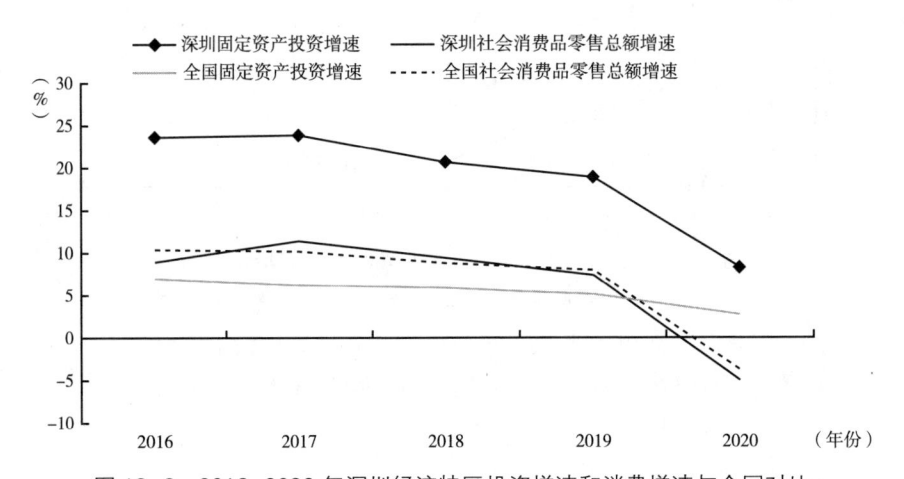

图 13-3　2016~2020 年深圳经济特区投资增速和消费增速与全国对比

资料来源：根据历年《中国统计年鉴》数据与《深圳市 2020 年国民经济和社会发展统计公报》数据整理所得。

第二节　中国特色经济特区的发展路径选择

中国特色经济特区既有世界经济特区诞生、演变的一般规律，也有鲜明的发展特色。虽然中国特色经济特区起步较晚，但却有超常的发展速度。中国特色经济特区能够在世界经济特区中居于优势地位，与其自身独特的演进机理密切相关。随着新工业革命的快速发展，经济特区的传统区域优势的重要性有所减弱，这要求经济特区朝着更加现代化的方向努力。中国特色经济特区的未来发展不仅需要认真借鉴世界经济特区行之有效的经验，更重要的是从解决现实发展难题着手，在实践中发挥改革的"试验田"和对外开放的"窗口"作用。

一 充分发挥经济特区改革开放的竞争优势

主张有效的制度创新与提供足够的改革激励。不能只强调经济特区制度创新的行为，更要重视其制度创新的结果，应给予经济特区更大的改革权和开放权，同时需要建立经济特区改革成效的评估与奖励机制，以及加强对特区改革实施者的知识、信息、决策等能力的培养。此外，以功能定位为抓手持续扩大竞争优势。例如，加快发展上海、广东、福建、海南等21个自由贸易试验区的服务贸易以提高全球影响力；不断营造深圳先行示范区的创新氛围，孕育独特的雁阵型企业梯队，以创造可持续竞争力；依托泰中罗勇工业园、中白工业园、埃及苏伊士经贸合作区等80家"一带一路"沿线境外经贸合作区的建设助力企业抱团出海，打造"一带一路"标杆项目，增强全球竞争力。

二 探索经济特区高质量发展的实践模式

打造经济特区"双循环"引擎，助力经济特区高质量发展。利用经济特区优势反哺"内循环"，例如借助上海自贸区内跨国企业与港口物流优势以及海南自贸港"国际旅游消费中心"定位，发挥进博会、消博会等展会平台产品变商品的功能，持续释放经济增长的内需潜力。同时经济特区已成为内外循环的重要交汇点，应对引入外资的质量与利用效率以及对外直接投资模式的选择等进行评估，助力"引进来"与"走出去"，实现双向发展。坚持创新驱动，发挥经济特区创新人才的集聚与融合效应，进一步由引资向引智发展。提升监管水平，维护产业链的供应安全，妥善应对经贸摩擦，防范化解重大风险，发展与安全两手抓，以此增强经济特区的经济韧性。

三 持续增强经济特区溢出与示范效应

一方面，溢出效应是经济特区绩效评价中的重要一环，研究与经验均显示空间距离与溢出效应强度呈现负相关。持续增强经济特区溢出效应，需要促进与周边地区产业的对接与协同配合，利用自身制度创新优势与技术外溢，带动周边地区提质增速，同时借助周边地区丰富的土地、劳动力资源来弥补特区地域承载力不足问题。

另一方面，在"点—线—面"的经济发展路径中，经济特区是做"点"的最好试验形式，应积极探索可复制的制度内容，总结经济特区在类型模式、优惠政策、创新业态、管理体制、产城融合等方面的成功案例，以"制度+案例"形式为国内其他城市现代化发展提供经验。

发挥经济特区示范效应需要中央以及地方政府部门的进一步宣传带动。从经济特区自身来看，对标深圳经济特区打造先行示范区的主要举措（见表13-1），归纳总结形成经济特区示范效应的主要路径：一是加快创新驱动发展顶层设计和总体布局，加快建设完善创新体系的总体架构、运行机制和监管模式；二是总结发展经验并在创新业态、管理模式、服务模式等方面对标国际标准，提升经济特区的国际竞争力；三是发挥经济特区创新人才的集聚效应，经济特区的示范性更加强调智力层面，应由引资进一步向引智发展。

表13-1　2019-2021年深圳经济特区打造先行示范区的主要举措

聚焦领域	主要案例
科技创新	建设深港科技创新合作区，协同发展 深圳湾实验室以"研究院—研究所—实验室"层级建设模式，为科学家提供自由探索的空间、解决"卡脖子"技术难题、鼓励学科交叉研究，以此加强经济特区基础性研究；光明科学城以科学家为核心，启动中心区城市设计国际咨询规划、科学装置谋划遴选布局规划专项研究，淡化行政管理色彩
自由贸易	自由贸易账户（FT账户）全面落地前海蛇口自贸区，实现外汇汇兑便利化 两个15%所得税的税收优惠延至2025年，吸引境外高端人才与技术先进型服务企业持续入驻前海
港区建设	投资与利用5G技术推动盐田港东港区自动化、数字化建设
飞地经济	深汕特别合作区"总部+基地"模式，促进"港产城融合" 配备完善的公检法机关，实现管理体制创新
实体经济	打造产业集群，例如坂雪岗科技城电子信息产业集群、坪山生物医药产业集群等，促进特区经济增长，提高产业竞争力，增强经济韧性 推动"5G+工业物联网"融合计划实施，助力企业更好地提升流程效率以及更好地实现转型升级
人才支撑	制定外籍人才"高精尖缺"认定标准，提升开放型引才引智水平 建设西丽湖国际科教城，为经济特区发展提供引擎
文明建设	打造"一公里文化圈"，实现文化品质跨越发展 设立生态法制公园与环境资源法庭，将法制文化与自然观光相结合

资料来源：笔者整理。

四　推进经济特区制度创新和营商环境建设制度化

开放是中国特色社会主义制度的重要特征，经济特区作为中国道路的一种必然选择，其制度创新的根本是推动贸易自由化和体制创新。当然，中国经济特区在相对统一开放并且竞争有序的市场体系基础上，需要促进商品、技术、服务等要素开放向制度开放转变。其中，经济特区的制度创新首先需要给予经济特区更大的改革权与开放权，但也要保证制度创新定位明确。另外，需要不断完善涉外经贸法律体系、管理体制政策体系、安全保障体系等支撑体系。

用好经济特区立法，让营商环境走在特区经济发展前面。各经济特区应坚持问题导向，持续完善与规范化执行自身已制定施行的优化营商环境的相关条例，并参考中国缔结或参与的国际条约，构建涉外法律规范体系。此外，在规则标准等制度开放中持续推进经济特区营商环境优化。例如，在一些开放度较高的经济特区（如海南自由港、深圳先行示范区、上海自由贸易试验区）中考察后先行试验或直接落地一些高水平的经贸规则与标准，在合理的经贸规则与标准的政策压力范围内，以倒逼机制促进经济特区打造国际一流的营商环境。

五 打造经济特区"双循环"引擎

一是经济特区与本土企业接轨，促进经济高质量发展。在中美经贸摩擦之下，内需市场的潜力释放尤为重要。例如，积极对接大型电商平台企业，部分出口产品转向国内市场，企业在平台实现批发零售一体化，通过大数据研究受众喜好，有针对性地研发新产品投向市场，实现消费指导生产。此外，强化国内经济特区间的联动，实力较强的经济特区向实力较弱的经济特区在招商引资、引智等方面提供帮助，以及在金融、贸易、科创、人才、总部经济乃至立法层面共同对接国际化标准。

二是经济特区与全球市场接轨，助力高端制造业企业抢抓国际市场，助推企业研发和生产进程，并创新检验模式提高通关效率。此外，借助进博会、中阿博览会、消博会等平台，让产品变商品、展销商变投资商，进一步促进经贸合作。同时产业的转移和市场的扩大还将加快边境贸易的发展。

三是发挥科技创新的优势支撑引领经济特区发展，并在打造经济特区

"双循环"引擎下，提升监管水平，维护产业链的供应安全，妥善地应对经贸摩擦，防范化解重大风险。

六　加强中国特色经济特区文化建设

近年来，以深圳为代表的经济特区，在发展过程中逐渐出现一些问题。在科技创新方面，基础研究以及应用基础研究投入不足导致"卡脖子"现象发生。在经济社会发展方面，存在经济发展过快而社会发展跟不上的问题，例如产品市场与人才市场竞争激烈造成"内卷化"加剧，创新创业生活成本较高，在教育、医疗、住房等方面与先进地区存在差距。经济特区的改革已触及"深水区"，作为现代中国转型的一个重要"窗口"，从"市场经济启蒙"到反思深圳问题，深圳经济特区亟须通过文化传承与填补催生新动能。

在适合本国国情的情况下，可利用、借鉴和吸收其他国家经济特区文化建设的经验。推动我国经济特区文化建设可以从文化品牌与幸福感角度着手。在文化品牌方面，依托经济特区的自身优势与未来定位，打造更具创新力、影响力和体现示范性、包容性的现代文明新地标，并且通过国际交流平台进一步营销经济特区的文化品牌；在幸福感方面，依托"文化+"展示经济特区内涵，深挖经济特区文化故事，以"文化聚才"，并号召区内居民共同参与构建特区文化"朋友圈"。

参考文献

白义霞:《区域经济非均衡发展理论的演变与创新研究——从增长极理论到产业集群》,《经济问题探索》2008年第4期。

蔡宛桦:《台湾加工出口区之研究》,硕士学位论文,台湾大学社会科学院,2018。

常燕军、赖柳柳:《全球三大自由贸易港金融管理政策对上海自贸区的启示》,《秘书》2021年第1期。

陈芳:《多个自贸区发布"十四五"规划 制度创新对外开放将更上层楼》,《上海证券报》2021年8月6日。

陈浪南、童汉飞、谢绵陛:《世界自由贸易区发展模式比较》,《税务研究》2005年第8期。

陈林、袁莎:《全球比较视角下自由贸易港的多维度政策红利:国家治理与经济社会效应》,《产经评论》2019年第6期。

陈凌:《让人民生活幸福是"国之大者"》,《人民日报》2021年5月10日。

陈乔之:《各国经济特区》,江西人民出版社,1994。

陈庭翰、谢志岿:《产业结构高级化演进的国际比较与深圳经验》,《深圳社会科学》2020年第5期。

陈威华：《巴西努力创建绿色经济特区》，《中国信息报》2007年6月11日。

陈伟、叶尔肯·吾扎提、熊韦等：《论海外园区在中国企业对外投资中的作用——以柬埔寨西哈努克港经济特区为例》，《地理学报》2020年第6期。

陈振明、李德国：《国家综合配套改革试验区的实践探索与发展趋势》，《中国行政管理》2008年第11期。

程翔、杨宜、张峰：《中国自贸区金融改革与创新的实践研究——基于四大自贸区的金融创新案例》，《经济体制改革》2019年第3期。

崔凡：《全球三大自由贸易港的发展经验及其启示》，《人民论坛·学术前沿》2019年第22期。

《邓小平文选》（第三卷），人民出版社，1993。

杜亚斌：《财政透明能有效遏制腐败吗？》，《中南财经政法大学学报》2020年第5期。

樊纲、王小鲁主编《中国市场化指数各地区市场化相对进程报告（2000年）》，经济科学出版社，2001。

樊华：《我国建设自由贸易港的国际经验借鉴》，《价格月刊》2019年第11期。

方宇：《欧美自贸区过境货物的知识产权边境执法之借鉴》，http://www.lawyers.org.cn/info/26c9c0dace0e4b79ac0d1375905adcea。

冯建民、刘莉、杨云、林宁：《深圳特区科技创业环境的评价体系设计》，《中国科技产业》2004年第6期。

傅才武、赵苏皖：《区域趋同环境下如何建构城市特色文化发展战略优势？——以"后特区时代"的深圳为例》，《艺术百家》2011年第5期。

傅远佳、梁生、罗茜：《加快自贸试验区钦州港片区制度创新》，《钦日报》2021年4月8日。

高明、齐俊妍、王晓燕:《目的国服务业开放、数字化服务转型与中国企业出口》,《经济体制改革》2021年第4期。

高雅、杨兵:《规划赋能下伦敦东区科创驱动式城市更新实践》,《国际城市规划》2020年第6期。

《关于印发现代服务业科技发展"十二五"专项规划的通知》,中国政府网,http://www.gov.cn/zwgk/2012-02/22/content_2073617.htm。

《关于在喀什霍尔果斯经济开发区试行特别机制和特殊政策的意见》,新疆·霍尔果斯人民政府网,http://www.xjhegs.gov.cn/info/2441/28452.htm。

关利欣、张蕙、洪俊杰:《新加坡海外工业园区建设经验对我国的启示》,《国际贸易》2012年第10期。

郭锐、苏红红:《"朝鲜式特区经济"与中朝边境经济区合作》,《亚太经济》2013年第2期。

郭永航:《建设新时代中国特色社会主义现代化国际化经济特区》,《党建》2021年第3期。

《国务院关于支持喀什霍尔果斯经济开发区建设的若干意见》,中国政府网,http://www.xjhegs.gov.cn/info/2440/28453.htm.http://www.xjhegs.gov.cn/info/2440/28453.htm。

韩世莹:《俄罗斯阿尔泰谷经济特区被裁撤的原因分析》,《西伯利亚研究》2018年第2期。

何勇钦:《中国经济特区的回顾与展望》,硕士学位论文,长江大学,2012。

胡鞍钢:《建立中国、中国香港特区、日本、韩国三国四方自由贸易区设想》,《国际经济评论》2001年第Z2期。

胡方:《国际典型自由贸易港的建设与发展经验梳理——以香港、新加坡、迪拜为例》,《人民论坛·学术前沿》2019年第22期。

胡锦涛:《携手建设持久和平、共同繁荣的和谐世界》,《人民日报》2016年1月1日。

胡晓涵、刘莹莹、王志茹、吴燕豪:《湖北自贸区制度创新的比较研究》,《现代商贸工业》2021年第8期。

胡英华:《摩洛哥:依托港口优势 发展本国经济》,《经济日报》2009年9月9日。

黄光庆:《汕头经济特区龙湖片城市土地评价》,《热带地理》1990年第2期。

寇春鹤:《墨西哥经济特区建设 打开中拉合作新窗口》,《经济》2019年第3期。

雷定坤、赵可金:《多视角浅析印度特殊经济区表现》,《南亚研究》2018年第1期。

李伯惟:《邓小平经济特区思想研究》,硕士学位论文,吉林大学,2012。

李海燕、蔡永浩:《朝鲜罗先经济贸易区企业设立及经营相关法律研究》,《延边大学学报》(社会科学版)2015年第4期。

李俊峰、李广:《碳中和——中国发展转型的机遇与挑战》,《环境与可持续发展》2021年第1期。

李俊秀:《喀什霍尔果斯经济开发区发展财税体系研究》,《知识经济》2013年第14期。

李莉娜:《国外自由贸易区发展的经验及其启示》,《价格月刊》2014年第2期。

李猛:《中国五大经济特区面临的新挑战》,《第六届深圳学术年会——2014中国经济特区论坛经济特区比较与借鉴国际学术研讨会论文集深圳大学中国经济特区研究中心会议论文集》2014年第3期。

李强、徐康宁:《金融发展、实体经济与经济增长——基于省级面板数据的经验分析》,《上海经济研究》2013年第9期。

李韧:《试论创建"海峡西岸经济特区"重大意义与作用》,《福建论坛》(人文社会科学版)2012年第1期。

李云、杨晓春:《对公共开放空间量化评价体系的实证探索——基于深圳特区公共开放空间系统的建立》,《现代城市研究》2007年第2期。

李择仁:《加工出口区对地方乡镇发展之影响——以潭子加工出口区为例》,硕士学位论文,台大建筑与城乡研究所,2003。

刘吉:《硅谷的本质和五要素》,《科学学与科学技术管理》2005年第6期。

刘伟丽、方晓萌:《海南经济特区自由港高质量发展研究》,《中国经济特区研究》2020年第0期。

刘伟丽、杨景院:《收入不公平感对个体创业的影响——基于CGSS 2015数据的实证分析》,《经济与管理研究》2021年第3期。

刘正英:《厦门特区对台优势及在促进祖国统一中的地位和作用》,《党的文献》2000年第6期。

吕俊玲:《国外自由贸易港建设对我国的启示》,《中国商论》2018年第23期。

马勇占:《海南特区大学生身体素质评价标准的制定》,《西安体育学院学报》2000年第2期。

孟广文、杨开忠、朱福林等:《中国海南:从经济特区到综合复合型自由贸易港的嬗变》,《地理研究》2018年第12期。

孟广文:《国际经验对海南自由贸易港规划建设的启示》,《资源科学》2021年第2期。

孟源北:《新时代经济特区创新发展的生成逻辑与推进路径》,《理论视野》2020年第9期。

《墨西哥特区发展局局长谈南部经济特区建设》,商务部中国驻墨西哥使馆网,http://mx.mofcom.gov.cn/article/ztdy/201609/20160901400368.shtml。

穆桂斌、黄敏:《美国硅谷人才集聚规律及对雄安新区的启示》,《河北大学学报》(哲学社会科学版)2018年第4期。

牛旻昱:《印度经济特区的发展历史及其启示》,《技术经济与管理研究》2013年第3期。

裴长洪:《中国特色开放型经济理论研究纲要》,《经济研究》2016年第4期。

蒲公英:《比较视域下俄罗斯经济特区发展探析》,《西伯利亚研究》2014年第3期。

蒲公英:《俄罗斯经济特区与超前发展区政策比较分析》,《特区经济》2018年第6期。

朴贞东:《中韩经济特区比较研究》,中国社会科学出版社,1993。

戚文海:《俄罗斯经济特区在经济转轨中的作用》,《俄罗斯中亚东欧市场》2006年第6期。

祁春节:《试论巴西马瑙斯自由贸易区开发经验及其对我国开放开发的启示》,《荆州师专学报》1994年第3期。

钱志平:《关于经济特区发展模式的比较研究》,《特区经济》1995年第2期。

邱书钦:《巴西玛瑙斯自贸区发展实践与借鉴》,《对外经贸实务》2015年第4期。

权哲男:《朝鲜经济特区和开发区建设的过去、现在和未来》,《世界知识》2018年第15期。

权哲男、李宜珍:《朝鲜经济开发区面临的问题及其开发前景》,《延边大学学报》(社会科学版)2015年第6期。

任保平、巩羽浩:《新发展格局构建中我国新经济发展的政策支持体系构建》,《湘潭大学学报》(哲学社会科学版)2021年第4期。

《深圳市2019年国民经济和社会发展统计公报》,深圳统计网,http://tjj.sz.gov.cn/zwgk/zfxxgkml/tjsj/tjgb/content/post_7294577.html。

《深圳市前海深港现代服务业合作区企业所得税优惠产业认定操作指引(试行)》,前海深港现代服务业合作区、深圳前海蛇口自贸片区网站,http://qh.sz.gov.cn/sygnan/qhzx/zthd_1/qhqysdsyhcyrdczzyzcjd/。

《深圳市人民政府关于构建绿色金融体系的实施意见》,深圳政府在线网,http://www.sz.gov.cn/zfgb/2019/gb1084/content/post_5000165.html。

《深圳市人民政府关于加快推进新型基础设施建设的实施意见(2020—2025年)》,深圳政府在线网,http://www.sz.gov.cn/zfgb/2020/gb1162/content/post_7964518.html。http://www.sz.gov.cn/zfgb/2020/gb1162/content/post_7964518.html。

《深圳市人民政府关于进一步加快发展战略性新兴产业实施方案的通知》,深圳政府在线网,http://www.sz.gov.cn/zfgb/2018/gb1077/content/post_4968038.html。

《深圳市人民政府关于印发扶持金融业发展若干措施的通知》,深圳政府在线网,http://www.sz.gov.cn/zfgb/2019/gb1084/content/post_5000131.html。

《深圳市人民政府关于印发新型智慧城市建设总体方案的通知》,深圳政府在线网,http://www.sz.gov.cn/zfgb/2018/gb1062/content/post_4977617.html。

沈家文、刘中伟:《自由贸易园区的国际经验与启示》,《全球化》2014年第5期。

苏东斌、钟若愚:《中国经济特区导论》,商务印书馆,2010。

孙连宇:《制度性创新需要"击鼓传花"》,《沈阳日报》2021年8月3日。

谭波：《海南自由贸易港法规的体系定位与衔接分析》，《重庆理工大学学报》（社会科学）2021年第5期。

陶一桃：《从经济特区谈中国道路的实质与内涵》，《社会科学战线》2018a年第6期。

陶一桃：《改革开放视域下深圳经济特区的独特地位与路径选择》，《广东党史与文献研究》2020年第5期。

陶一桃：《经济特区与中国道路》，《深圳大学学报》（人文社会科学版）2010年第3期。

陶一桃：《经济特区与中国社会制度变迁演进的内在逻辑》，《深圳社会科学》2018b年第1期。

陶一桃：《经济特区与中国特色"渐进式改革"的绩效》，《广东社会科学》2020年第6期。

陶一桃：《经济特区与中国制度变迁的路径选择》，《中国经济特区研究》2018c年第0期。

汪洋：《推动形成全面开放新格局》，《人民日报》2017年11月10日。

王刚、韦东明、王克明、欧阳帅：《营商环境便利化对"走出去"模式选择的作用机制与影响效应研究——基于中国企业大型投资数据库的经验证据》，《国际经贸探索》2021年第8期。

王家庭、张换兆：《国家综合配套改革试验区与以往改革模式的异同点分析》，《中国科技论坛》2008年第5期。

王明初：《海南建省办经济特区以来的历史演进及启示》，《海南师范大学学报》（社会科学版）2019年第4期。

王喜满、巩效忠、黎亚茹：《新时代中国经济特区的功能与使命》，《江西广播电视大学学报》2020年第2期。

魏成、沈静、范建红：《尺度重组——全球化时代的国家角色转化与区域空间生产策略》，《城市规划》2011年第6期。

吴健生、郎琨、彭建、黄秀兰:《城市防灾避险功能的空间差异性评价——以深圳市经济特区为例》,《城市规划》2015年第6期。

吴蜜:《构建我国经济特区区域创新能力评价指标体系》,《经济师》2019年第7期。

习近平:《在庆祝海南建省办经济特区30周年大会上的讲话》,《人民日报》2018年4月14日。

萧峰雄:《我国产业政策与产业发展》,远东经济研究顾问社,1994。

徐德顺、王豪:《海南自贸港跨境资本管理的国际经验及路径设计》,《对外经贸实务》2021年第1期。

徐莉萍、王静:《国外出口加工区、经济特区、自贸区的效率评价及对中国的借鉴》,《上海经济研究》2015年第11期。

徐胜、He Jing:《爱尔兰香农:世界第一个自由贸易区》,《重庆与世界》2017年第23期。

许军、罗乐宣、赵静波、解亚宁、陈建:《SRHMS V1.0评价深圳特区人群健康状况的信度效度分析》,《中国临床心理学杂志》2006年第4期。

闫振坤、潘凤:《中国经济特区产业转型能力评价研究》,《石家庄经济学院学报》2014年第6期。

严成、林小玲:《基于模糊数学与灰色理论的特区创新能力评价》,《市场论坛》2018年第9期。

严谋春:《我国自贸区建设方案及人才政策分析》,《经营与管理》2021年第10期。

严妍、罗芳:《自由贸易港发展的国际经验及对中国的启示》,《中国水运》(下半月)2020年第1期。

杨文健、李婷婷:《深圳特区内排水管网运营绩效评价研究与应用》,《建筑节能》2016年第3期。

叶尔肯·吾扎提、张薇、刘志高:《我国在"一带一路"沿线海外园区建设模式研究》,《中国科学院院刊》2017 年第 4 期。

佚名:《俄罗斯经济特区实行的优惠政策》,《国际商务财会》2011 年第 5 期。

殷为华、杨荣、杨慧:《美国自由贸易区的实践特点透析及借鉴》,《世界地理研究》2016 年第 2 期。

尹庆伟:《我国自贸试验区金融制度创新的成效、问题及调整策略》,《对外经贸实务》2021 年第 1 期。

《迎潮而立》编委会编著《迎潮而立:外高桥 30 年回忆录》,上海三联书店,2020。

余淼杰、梁庆丰:《全面开放新格局中的粤港澳大湾区建设研究》,《国际贸易》2019 年第 1 期。

袁易明:《中国经济特区建立与发展的三大制度贡献》,《深圳大学学报》(人文社会科学版) 2018 年第 4 期。

原倩:《萨缪尔森之忧、金德尔伯格陷阱与美国贸易保护主义》,《经济学动态》2018 年第 10 期。

臧昊、梁亚荣:《论海南自由贸易港立法权的创设》,《海南大学学报》(人文社会科学版) 2021 年第 5 期。

张栋、张梦:《金融支持喀什霍尔果斯经济开发区建设发展的思考》,《金融发展评论》2016 年第 10 期。

张浩、王祥荣、陈涛、孙达祥:《城市绿地群落结构完善度评价及生态管理对策:以深圳经济特区为例》,《复旦学报》(自然科学版) 2006 年第 6 期。

张怀水:《商务部发布自贸区第四批 18 个"最佳实践案例"》,《每日经济新》2021 年 7 月 7 日。

张岚、魏龙:《中外经济特区演变对武汉新特区建设的启示》,《武汉理工大学学报》2008 年第 10 期。

张雷:《印度经济特区建设的历程及绩效评析》,《亚非纵横》2011年第2期。

张培刚、张建华:《发展经济学》,北京大学出版社,2018。

张艳:《国家经开区与高新区的政策渊源探究及反思》,《城市规划学刊》2011年第3期。

张玉敏:《知识产权的概念和法律特征》,《现代法学》2001年第5期。

赵蓓文、李丹:《从举借外债、吸收外资到双向投资:新中国70年"引进来"与"走出去"的政策与经验回顾》,《世界经济研究》2019年第8期。

赵景来:《综合配套改革与区域经济发展若干问题研究述略》,《经济社会体制比较》2008年第3期。

赵淼磊、曾韬绪、谭开明:《促进自贸区发展的财政政策选择:美国经验借鉴》,《内蒙古科技与经济》2019年第10期。

赵萍、王雅慧:《世界各国自由贸易区税收制度创新》,《国际税收》2019年第2期。

赵胜文:《中国特色社会主义经济特区建设研究》,博士学位论文,东北师范大学,2015。

中共广东省委办公厅编印《中央对广东工作指示汇编》(1983—1985年),1986,第123、124页。

《中共中央国务院关于支持深圳建设中国特色社会主义先行示范区的意见》,《人民日报》2019年8月19日。

中共中央文献研究室编《邓小平年谱(1975—1997)》(上卷),中央文献出版社,2004。

钟坚:《俄罗斯设立经济特区历史进程与经验教训》,《当代财经》2006年第8期。

钟坚:《经济特区的酝酿、创办与发展》,《特区实践与理论》2010年第5期。

钟坚:《世界经济特区的发展态势及其经验》,《华中师范大学学报》(哲学社会科学版)1994年第6期。

《重庆两江新区税务：税收优惠为企业创新增动能》,国家税务总局官网, http://www.chinatax.gov.cn/chinatax/n810219/n810744/n4016641/n4172765/n4172775/c5142986/content.html。

周黎安:《中国地方官员的晋升锦标赛模式研究》,《经济研究》2007年第7期。

周密、寇春鹤:《墨西哥经济特区建设与中墨特区合作的机遇和挑战》,《拉丁美洲研究》2019年第3期。

周文彰:《关于强化经济特区政策体系的思考》,《琼州大学学报》1997年第3期。

朱禄珍:《我国举办经济特区、形成全方位开放格局的背景分析》,《平原大学学报》1997年第2期。

Adam, B., "Special Economic Zone. Investopedia," https://www.investopedia.com/terms/s/sez.asp.

Aggarwal, A., "Economic Impacts of SEZs: Theoretical Approaches and Analysis of Newly Notified SEZs in India," MPRA Paper, No. 20902, 2010.

Aggarwal, A., "Impact of Special Economic Zones on Employment, Poverty and Human Development," Development Economics Working Papers, 2007.

Aggarwal, A., "Special Economic Zones: Revisiting the Policy Debate," *Economic and Political Weekly* 41（43）(2006): 4533-4536.

Aggarwal, A., Kokko, A., "SEZs and Poverty Reduction: Evidence from Andhra Pradesh, India," *International Journal of Emerging Markets*, 2021.

Aggarwal, A., "SEZ-Led Growth in Taiwan, Korea, and India: Implementing a Successful Strategy," *Asian Survey* 52（5）(2012a): 872-899.

Aggarwal, A., *Social and Economic Impact of SEZs in India*（Oxford University Press, 2012b）.

Aiyer, S., "Potential Products and Activities - ScienceDirect," *Capital Market Integration in South Asia*（2017）:37-113.

Akinci, G., Crittle, J., "Special Economic Zones: Performance, Lessons Learned, and Implications for Zone Development," Washington DC: The World Bank, 2008.

Albrechts, L., Tasan-Kok,T., "Corridor and Axis Development," in Audrey Kobayashi, ed., *International Encyclopedia of Human Geography*（Second Edition）（Elsevier, 2020）, pp.411-417.

Alder, S., Shao, L., Zilibotti, F., "Economic Reforms and Industrial Policy in a Panel of Chinese Cities," *Journal of Economic Growth* 21（4）（2016）: 305-349.

Alkon, M., "Do special Economic Zones Induce Developmental Spillovers? Evidence from India's States," *World Development* 107（2018）: 396-409.

Anwar, M.A., "New Modes of Industrial Manufacturing: India's Experience with Special Economic Zones," *Bulletin of Geography. Socio-economic Series*（2014）.

Asian Development Bank, "Asian Economic Integration Report 2015. How Can Special Economic Zones Catalyze Economic Development?" Manilla, Philippines: Asian Development Bank, 2015.

Barone A., "Special Economic Zone (SEZ) Meaning and Relation to FDI," *Investopedia*, 2020.

Bai, X.J., Yan, W.K., Chiu, Y.H., "Performance Evaluation of China's Hi-Tech Zones in the Post Financial Crisis Era—Analysis Based on the Dynamic

Network SBM Model," *China Economic Review* 34（2015）: 122-134.

Baissac, C., "Brief History of SEZs and Overview of Policy Debates," In Farole, T., ed., *Special Economic Zones in Africa: Comparing Performance and Learning from Global Experience*（Washington, DC: World Bank, 2011）.

Baldwin, R., "Global Supply Chains: Why They Emerged, Why They Matter, and Where They Are Going," in Deborah, K.E. and Patrick, L., eds., *Global Value Chains in a Changing World*（Switzerland: Fung Global Institute, Nanyang Technological University, and World Trade Organization Secretariat, 2013）.

Ban, Y.U., "Eco-industrial Park Strategies in Korea," Regulatory Reform for Green Growth Conference, Seoul, Korea, November 4-5, 2010.

Bang H., Park K., *Factors to Be Considered for Improving Free Economic Zone in Korea*（Publisher: Chung-ang University, 2005）.

Bélanger, L., "Governing the North American Free Trade Area: International Rule Making and Delegation in NAFTA, the SPP, and Beyond," *Latin American Policy* 1（1）（2010）:22-51.

Bell, T. W., *Special Economic Zones in the United States: From Colonial Charters, to Foreign-Trade Zones, Toward USSEZs*（Social Science Electronic Publishing, 2016）.

Bendell, J., Miller, A., Weber, J., et al., "Enhancing the Contribution of Export Processing Zones to Sustainable Development Goals: An Analysis of 100 EPZs and a Framework for Sustainable Economic Zones," UNCTAD, 2015.

Böhmer, A., Farid, N., "Stocktaking of Good Practices for Economic Zone Development MENA-OECD Good Practice," MENA-OECD Investment Programme, 2009.

Boarnet, M. G., Bogart, W. T., "Enterprise Zones and Employment: Evidence from New Jersey," *Journal of Urban Economics* 40（2）（1996）：198-215.

Bondonio, D., Greenbaum, R.T., "Do Local Tax Incentives Affect Economic Growth? What Mean Impact Miss in the Analysis of Enterprise Zone Policies," *Regional Science and Urban Economics* 37（1）（2007）:121-136.

Bondonio, D., Engberg J., "Enterprise Zones and Local Employment: Evidence from the States' Programs," *Regional Science and Urban Economics* 30（5）（2000）: 519-549.

Bosch, F., Hollen, R., "Insights from Strategic Management Research into the Port of Rotterdam for Increasing the Strategic Value of Shanghai Port for China: The Levers of Strategic Connectivity and Institutional Innovation," Shanghai Forum on Free Trade Zones, 2014.

Bräutigam, D., Tang, X., "'Going Global in Groups': Structural Transformation and China's Special Economic Zones Overseas," *World Development* 63（2014）:78-91.

Brutigam, D., Tang, T., "African Shenzhen: China's Special Economic Zones in Africa," *The Journal of Modern African Studies*, 49（1）（2011）:27–54.

Carroll, M., "Dubai's Free Zone Model for Leadership in the External Quality Assurance of Higher Education," 2010.

Castilhos, G.V., "A Special Economic Zone in Brazil: The Manaus Free Trade Zone," *SSRN Electronic Journal*, 2016.

Chaudhuri, S., Yabuuchi, S., "Formation of Special Economic Zone, Liberalized FDI Policy and Agricultural Productivity," *International Review of Economics & Finance* 19（4）（2010）:779-788.

Cheesman, A., "Special Economic Zones & Development: Geography and Linkages in the Indian EOU Scheme," DPU Working Paper, No. 145, 2012.

Chen, J., "Social Cost-Benefit Analysis of China's Shenzhen Special Economic Zone," *Development Policy Review* 11（3）（1993）: 261-271.

Chhachhi, A., "Gender, Flexibility, Skill and Industrial Restructuring: The Electronics Industry in India," *Gender, Technology and Development* 3（3）（1999）: 330-60.

Ciżkowicz, P., Ciżkowicz-Pękała, M. Pękała, P., et al., "The Effects of Special Economic Zones on Employment and Investment: A Spatial Panel Modeling Perspective," *Journal of Economic Geography* 17（3）（2017）: 571-605.

Cling, J.P., Letilly, G., "Export Processing Zones: A Threatened Instrument for Global Economy Insertion?" Working Papers, DIAL (Développement, Institutions et Mondialisation), 2001.

Cling, J.P., Razafindrakoto, M., Roubaud, F., "Export Processing Zones in Madagascar: A Success Story under Threat?" *World Development* 33（5）（2005）:785-803.

Crane, B., Albrecht, C., Duffin, K. M., et al., "China's Special Economic Zones: An Analysis of Policy to Reduce Regional Disparities," *Regional Studies, Regional Science* 5（1）（2018）: 98-107.

Cross, J., "From Dreams to Discontent: Educated Young Men and the Politics of Work at a Special Economic Zone in Andhra Pradesh," *Contributions to Indian Sociology* 43（3）（2009）: 351-379.

Defever, F., Reyes, J. D., Riaño, A., et al., "Special Economic Zones and WTO Compliance: Evidence from the Dominican Republic," *Economica* 86（343）（2019）: 532-568.

Demurger, S., Sachs, J.D., Woo, W.T., et al., "The Relative Contributions of Location and Preferential Policies in China's Regional Development: Being in the Right Place and Having the Right Incentives," *China Economic Review* 13（4）（2002）: 444-465.

Devereux, J., Chen, L. L., "Export Zones and Welfare: Another Look," *Oxford Economic Papers* 47（1995）: 704-713.

Dhingra, T., Singh, T., Sinha, A., "Location Strategy for Competitiveness of Special Economic Zones: A Generic Framework for India," *Competitiveness Review* 19（4）（2009）: 272-289.

Din, M., "Export Processing Zones and Backward Linkages," *Journal of Development Economics* 43（1994）: 369-385.

Dinh, H. T., Palmade, V., Chandra, V., Cossar, F., "Light Manufacturing in Africa: Targeted Policies to Enhance Private Investment and Create Jobs," Africa Development Forum, World Bank, 2012.

Dorożyński, T., Świerkocki, J., Urbaniak, W., "Determinants of Investment Attractiveness of Polish Special Economic Zones," *Entrepreneurial Business and Economics Review* 6（2018）: 161-180.

Dweiri, S.F., Badran, M.I., "Desalination: An Imminent Solution for the Future Water Needs in the Aqaba Special Economic Zone（ASEZ）," *Desalination* 152（1-3）（2003）: 27-39.

Easterling, K., "Zone: The Spatial Softwares of Extrastatecraft," *Places Journal* 2012.

Farole, T., Akinci, G., "Special Economic Zones: Progress, Emerging Challenges, and Future Directions," Washington DC: The World Bank, 2011.

Farole, T., "Special Economic Zones in Africa: Comparing Performance and Learning from Global Experiences," Washington, DC: World Bank, 2011.

Fei, D., "Worlding Developmentalism:China's Economic Zones Within and Beyond Its Border," *Journal of International Development* 29（2017）: 825-850.

Findlay, M., Preston, F., *Low Carbon Zones: A Transformational Agenda for China and Europe*（London: Chatham House and E3G, 2008）.

Fingar, C., "Global Free Zones of the Future 2012/13," FDI Intelligence, 2013.

Frick, S. A., Rodríguez-Pose, A., Wong M. D., "Toward Economically Dynamic Special Economic Zones in Emerging Countries," *Economic Geography* 95（1）（2019）: 30-64.

Frick, S.A., Rodríguez-Pose, A., "Are Special Economic Zones in Emerging Countries a Catalyst for the Growth of Surrounding Areas?" *Transnational Corporations Journal* 26（2）（2019）:75-94.

Frick, S.A., Rodríguez-Pose, A., "Special Economic Zones and Sourcing Linkages with the Local Economy: Reality or Pipedream?" *European Journal of Development Research*（4）（2021）:655-676.

Fu, X., "Limited Linkages from Growth Engines and Regional Disparities in China," *Journal of Comparative Economics* 32（1）（2004）:148-164.

Ge, W., "Special Economic Zones and the Opening of the Chinese Economy: Some Lessons for Economic Liberalization," *World Development* 27（7）（1999）: 1267-1285.

Graham, E. M., "Do Export Processing Zones Attract FDI and Its Benefits," *International Economics and Economic Policy*（2004）: 87–103.

Grant, M., "Why Special Economic Zones? Using Trade Policy to Discriminate across Importers," *American Economic Review*（2020）: 1540-1571.

Guilherme, C., "A Special Economic Zone in Brazil: The Manaus Free

Trade Zone," (June 29, 2016) SSRN, http://dx.doi.org/10.2139/ssrn.2801920.

Hamada, K., "An Economic Analysis of the Duty Free Zone," *Journal of International Economics* 4 (1974): 225-241.

Hamilton, C., Svennson, L., "On the Welfare Effects of a 'Duty-Free Zone'," *Journal of International Economics* 13 (1982): 45-64.

Hazakis, K.J., "The Rationale of Special Economic Zones (SEZs): An Institutional Approach," *Regional Science Policy & Practice* 6 (1) (2014).

He, B., "The Status and Roles of Special Economic Zones in China's Unbalanced Development," In Yuan Y. (eds) *Studies on China's Special Economic Zones 2. Research Series on the Chinese Dream and China's Development Path* (Springer, Singapore, 2019).

Heilmann, S., "Policy Experimentation in China's Economic Rise," *Studies in Comparative International Development* 43 (1) (2008): 1-26.

Hirschman, A. O., *The Strategy of Economic Developmen* (Yale University Press, New Haven, 1958).

Huybrechts, M., Meersman, H., Van, D., et al., *Port Competitiveness: An Economic and Legal Analysis of the Factors Determining the Competitiveness of Seaports* (De Boeck, 2002).

IEA, "Africa Energy Outlook 2019," Paris: IEA, 2019.

Janjua, S., Khan, A., Asif, N., "Sustainable Urban Development and SEZs Consideration for China Pakistan Economic Corridor," Working Paper, No. 014, 2017.

Jankowska, B., "Clusters on the Road to Internationalization—Evidence from a CEE Economy," *Competitiveness Review* 26 (2016): 395-414.

Jensen, C., "The Employment Impact of Poland's Special Economic Zones Policy," *Regional Studies* 52 (7) (2018): 877-889.

Ji, M., Li, M., King, B., "The Impacts of China's New Free-Trade Zones on Hong Kong Tourism," *Journal of Destination Marketing & Management* (2015): 203-205.

Jin, W., "The Economic Impact of Special Economic Zones: Evidence from Chinese Municipalities," *Journal of Development Economics* 101 (1) (2013): 133-147.

Johansson H., Nilsson, L., "Export Processing Zones as Catalysts," World Development 25 (12) (1997): 115-128.

Johansson, H., "The Economics of Export Processing Zones Revisited," *Development Policy Review* 12 (1994): 387-402.

Johnson, R. C., "Measuring Global Value Chains," NBER Working Paper 24027, 2017.

Jones, D.C., Li, C., Owen, A.L., "Growth and Regional Inequality in China during the Reform Era," *China Economic Review* 14 (2) (2003): 186-200.

Kechichian, E., Jeong, M.H., "Mainstreaming Eco-Industrial Parks," The World Bank: Washington, DC, USA. 2016.

Khan, K., Anwar, S., "Special Economic Zones (SEZs) and CPEC: Background, Challenges and Strategies," *The Pakistan Development Review* 16 (2017): 142-163.

Klenow, H.P.J., "Misallocation and Manufacturing TFP in China and India," *Quarterly Journal of Economics* (4) (2009): 1403-1448.

KPMG, 20 Years of Special Economic Zones in Poland, 2014, Warsaw.

Krainara, C., Routray, J. K., "Cross-Border Trades and Commerce between Thailand and Neighboring Countries: Policy Implications for Establishing Special Border Economic Zones," *Journal of Borderlands Studies*

30（2015）:345-363

Kuznetsov, A., Kuznetsova, O., "The Success and Failure of Russian SEZs: Some Policy Lessons," *Transnational corporations. United Nation*s 26（2）（2019）:117-139.

Lam, J.S.L., Notteboom, T., "The Greening of Ports: A Comparison of Port Management Tools Used by Leading Ports in Asia and Europe," *Transport Reviews* 34(2)（2014）: 169-189.

Lefebvre, H., Enders, M.J., "Reflections on the Politics of Space," *Antipode* 8（2）（2006）:30-37.

Leong, C.K., "Special Economic Zones and Growth in China and India: an Empirical Investigation," *International Economics and Economic Policy* 10（2013）:549-567.

Levien, M., "Special Economic Zones and Accumulation by Dispossession in India," *Journal of Agrarian Change* 11（4）（2011）:454-483.

Li, X., Wu, X., Tan, Y., "Impact of Special Economic Zones On Firm Performance," *Research in International Business and Finance*（2021）: 101463.

Lichota, W., "The Financial Effectiveness of Special Economic Zones," Gospodarka Narodowa, 2016, No.281.

Lim, S.H., Lim, K.T., "Special Economic Zones as Survival Strategy of North Korea," *North Korean Review* 2（2）（2006): 47-61.

Lin, J. Y., "From Flying Geese to Leading Dragons," The World Bank, 2011.

Litwack, J. M., Qian, Y., "Balanced of Unbalanced Development: Special Economic Zones as Catalysts for Transition," *Journal of Comparative Economics* 26（1998）: 117-141.

Liu, W.,Shi, H.B., Zhang, Z., et al., "The Development Evaluation of Economic Zones in China," *International Journal of Environmental Research and Public Health* 15(1)（2018）: 56.

Liuhto K, Kaartemo V., *Special Economic Zones in Russia*（Palgrave Macmillan UK, 2011）.

Liuhto K., "Kaliningrad 2020: Its Future Competitiveness and Role in the Baltic Sea Economic Region," Pan-European Institute, 2005.

Liuhto, K., "Special Economic Zones in Russia: What Do the Zones Offer for Foreign Firms?" *Economic Policy*（2009）: 5.

Lu, Y., Wang, J., Zhu, L., "Place-Based Policies, Creation, and Agglomeration Economies: Evidence from China's Economic Zone Program," *American Economic Journal: Economic Policy* 11（3）（2019）: 325-360.

Little, A. D., Incorporated, "Perspective on Industrial Investment in Taiwan," Report No. 5 for the Council for International Economic Cooperation and Development, 1973.

Maciejewska, M., "Tired Bodies and Priceless Products. Working Conditions of Women in the Special Economic Zone of the Electronics Industry," Feminist Think Thank, 2012, Warsaw.

Madani, D. A., "Review of the Role /and Impact of Export Processing Zones," World Bank Policy Research Paper, No. 2238, The World Bank. Washington DC, 1999.

Madsen, J.B., "Technology Spillover through Trade and TFP Convergence: 120 Years of Evidence for the OECD Countries," *EPRU Working Paper Series* 72（2）（2005）:464-480.

Mahmood, Z., "Strategic Transformation of the Pakistan Economy through SEZS-A Pragmatic Approach," *Green Book*（2019）: 78-90.

Maurice, S., "Foreign Trade," in Walter Galenson, ed., *Economic Growth and Structural Change in Taiwan*（Ithaca: Cornell University Press,1979）.

McMillan, M., Rodrik, D., "Globalizaion,Structural Change, and Productivity Growth,"ILO-WTO, 2011.

Mikhaylov, A. S., Mikhaylova, A. A., Savchina, O. V., 2018., "Innovation Security of Cross-border Innovative Milieu," *Entrepreneurship and Sustainability Issues* 6(2): 754-766.

Miloshoska, D., "Measures of the Customs Administration of the Republic of Macedonia for the Protection of the Intellectual Property Rights as Part of the Contemporary Trends in Customs - ScienceDirect," *Procedia - Social and Behavioral Sciences* 44（2012）:341-346.

Miyagiwa, K., "A Reconsideration of the Welfare Economics of the Free Trade Zone," *Journal of International Economics* 21（1986）: 337-350.

Neumark, D.; Kolko, J., "Do Enterprise Zones Create Jobs? Evidence from California's Enterprise Zone Program," *Journal of Urban Economics* 68（1）（2010）: 1-19.

Newman, C., Page, J.M., "Industrial Clusters: The Case for Special Economic Zones in Africa," Wider Working Paper, 2017.

Ng, M. K., "Strategic Planning of China's First Special Economic Zone: Shenzhen City Master Plan（2010-2020），" Planning Theory & Practice, 2011, 12（4）: 638-642.

Nigar, N., "Special Economic Zones for Growth and Competitiveness in Pakistan's Economy: Learning from Global Experiences," *Journal of Strategic Studies* 40（4）（2021）:42.

Nishitateno, S., "China's Special Economic Zones: Experimental Units for Economic Reform," *The International and Comparative Law Quarterly* 32

（1）（1983）：175-185.

O'Flaherty, D. D., "Understanding Dynamic Linkages and Technology Spillover from Korea's Masan Free Export Zone," Master's Thesis, Department of Globalization and International Development, University of Ottawa, 2008.

Omar, K., Stoever, W.A., "The Role of Technology and Human Capital in the EPZ Life-cycle," *Transnational Corporations* 17（1）（2008）: 135-159

Ong, A., *Neoliberalism as Exception: Mutations in Citizenship and Sovereignty*（London: Duke University Press, 2006）.

Page, J, Tarp, F., *The Practice of Industrial Policy: Government—Business Coordination in Africa and East Asia*（Oxford University Press, 2017）.

Pakdeenurit, P., Suthikarnnarunai, N., Rattanawong, W., "Location and Key Success Factors of Special Economic Zone in Thailand," *Mark. Brand. Res.* 4（2017）: 169-178.

Pakdeenurit, P., Suthikarnnarunai, N., Rattanawong, W., "Special Economic Zone: Facts, Roles, and Opportunities of Investment," *Lecture Notes in Engineering & Computer Science* 2210（1）（2014）:67-71.

Piersiala, L., "Influence of Special Economic Zones on the Investment Activities of Enterprises," Management and Organization Review 2(2018): 41–49.

Reyes, R.R., *Latin American Special Economic Zones and Their Impacts on Regional Security*（Reprint Edition, 2011）.

Romer, P., "Idea Gaps and Object Gaps in Economic Development," *Journal of Monetary Economics* 32（3）（1993）: 543-573.

Sakr D., Baas L., El-Haggar S., et al., "Critical Success and Limiting Factors for Eco-Industrial Parks: Global Trends and Egyptian Context,"

*Journal of Cleaner Production*19（11）（2011）:1158-1169.

Sawkut, R., Vinesh, S., Sooraj, F., "The Net Contribution of the Mauritian Export Processing Zone using Benefit-Cost Analysis," *Journal of International Development* 21（2009）: 379-392.

Schminke, A., Van Biesebroeck, J., "Using Export Market Performance to Evaluate Regional Preferential Policies in China," *Review of World Economics* 149（2）（2013）: 343-367.

Schweinberger, A. G., "Special Economic Zones in Developing and/or Transition Economies: A Policy Proposal," *Review of International Economics* 11（4）（2003）: 619-629.

Shah, D., "Special Economic Zones in India: A Review of Investment, Trade, Employment Generation and Impact Assessment," *Indian Journal of Agricultural Economics* 64（3）（2009）: 431-441.

Sharma, N.K., "Special Economic Zones: Socio-Economic Implications," *Economic and Political Weekly* 44（20）（2009）: 18-21.

Sigler, T.J., "Panama's Special Economic Zones: Balancing Growth and Development," *Bulletin of Latin American Research* 33（1）（2013）:1-15.

Simon, A., Shao, L., Zilibotti, F., "Economic Reforms and Industrial Policy in a Panel of Chinese Cities," *Journal of Economic Growth* 21（4）（2016）: 305-49.

Sosnovskikh S., "Industrial Clusters in Russia: The Development of Special Economic Zones and Industrial Parks," *Russian Journal of Economics* 3(2)(2017): 174-199.

Staritz, C., Morris, M., "Local Embeddedness and Economic and Social Upgrading in Madagascar's Export Apparel Industry," *SSRN Electronic Journal*, 2013.

Stawicka, M., "Special Economic Zones in the European Union," *Research Papers of Wrocaw University of Economics* 14（246）（2012）:10.

Tantri, M.L., "Effectiveness of the Special Economic Zone Policy over the Export Processing Zone Structure in India: Trade Performance at the Aggregate Level," *Journal of Asian Public Policy* 5（1）（2012）: 23-40.

Tatsuo, H., "Assessing Japan's Growth Strategy: Breaking Apart 'Bedrock'-Like Regulations with the Establishment of Special Economic Zones," *Newspapers & Magazines*, 2012.

Teangsompong, T., Sirisunhirun, S., "Multi-level Structural Equation Modeling for City Development Based on the Expectations of the Local Population in a Special Border Economic Zone in Western Thailand," *Kasetsart Journal of Social Sciences* 39（3）（2018）: 534-541.

UNCTAD, "World Investment Report 2019: Special Economic Zones," New York: United Nations Publications, 2019.

Wang, J., "The Economic Impact of Special Economic Zones: Evidence from Chinese Municipalities," *Journal of Development Economics*（2013）:133-147.

Wang, J., Bradbury, J.H., "The Changing Industrial Geography of the Chinese Special Economic Zones," *Economic Geography* 62（4）（1986）: 307-320.

Wei, S. J., "Open Door Policy and China's Rapid Growth: Evidence from City-Level Data," NBER Working Paper, No. 4602, National Bureau of Economic Research, 1993.

Weingast, B. R., "Second Generation Fiscal Federalism: The Implications of Fiscal Incentives," *Journal of Urban Economics* 65（3）（2009）: 279-293.

WIPO, "The Global Innovation Index 2021: Tracking Innovation through the COVID-19 Crisis," Geneva: World Intellectual Property Organization, 2021.

Wong, K.Y., Chu, D.K.Y., "Export Processing Zones and Special Economic Zones as Generators of Economic Development: The Asian Experience," *Geografiska Annaler: Series B, Human Geography* 66（1）(1984): 1-16.

Woolfrey, S., "Special Economic Zones and Regional Integration in Africa," Trade Law Centre Working Paper, No. S13WP10/2013.

World Bank, "Doing Business 2020: Comparing Business Regulation in 190 Economies," Washington, DC: World Bank, 2020.

World Economic Forum, "The Global Competitive Report 2009," Geneva: World Economic Forum, 2009.

Yashiro, N., "Japan's New Special Zones for Regulatory Reform," *International Tax & Public Finance* 12(4)（2005）:561-574.

Yuan, J.D., Eden,L., "Export Processing Zones in Asia: A Comparative Study," *Asian Survey* 32（11）（1992）: 1026-1045.

Zeng, D. Z., "How Do Special Economic Zones and Industrial Clusters Drive China's Rapid Development?" Policy Research Working Paper, No. WPS 5583, World Bank, 2011.

Zeng, D. Z., *Building Engines for Growth and Competitiveness in China: Experience with Special Economic Zones and Industrial Clusters*（Washington, D.C: World Bank Publications, 2010）.

Zeng, D. Z., "Global Experiences with Special Economic Zones with a Focus on China and Africa," The World Bank, 2017.

Zeng, D.Z., "China's Special Economic Zones and Industrial Clusters: Special Economic Zones in China," Lincoln Institute of Land Policy, 2012.

Zeng, D.Z., "Global Experiences of Special Economic Zones with Focus on China and Africa: Policy Insights," *Journal of International Commerce, Economics and Policy* 7（3）（2016）: 1650018.

Zheng, S., Sun, W., Wu, J., Kahn, M. E., "The Birth of Edge Cities in China: Measuring the Spillover Effects of Industrial Parks," NBER Working Paper, No. 21378, National Bureau of Economic Research, 2015.

Zheng, Y., "Institutions, Labor Mobility, and Foreign Direct Investment in China and India," *Studies in Comparative International Development*（2015）: 1-22.

Zheng, L., "Job Creation or Job Relocation? Identifying the Impact of China's Special Economic Zones on Local Employment and Industrial Agglomeration," *China Economic Review*（2021）: 101651.

Zheng, S., Sun, W., Wu, J., et al., "The Birth of Edge Cities in China: Measuring the Effects of Industrial Parks Policy," *Journal of Urban Economics* 100（2017）: 80-103.

后　记

期待本书能帮助读者更好地了解中外经济特区发展现状，总结中外经济特区的优势，厘清中国特色经济特区的演进脉络。感谢参与本书撰写、资料收集整理以及书稿校对工作的团队成员，期待未来能携手并进，在经济特区研究领域有更进一步的研究。本书主要的协助撰写者：深圳大学博士研究生方晓萌协助撰写第一章、第二章和第三章内容，厦门大学博士研究生李楚童协助撰写第四章、第六章和第七章内容，广东海洋大学讲师刘宏楠协助撰写第五章和第八章内容，广东海洋大学讲师杨景院协助撰写第九章和第十章内容，深圳大学博士研究生陈腾鹏协助撰写第十一章、第十二章和第十三章内容。

刘伟丽
2023 年 9 月 18 日于深圳大学丽湖校区

图书在版编目(CIP)数据

中外经济特区比较研究 / 刘伟丽著. -- 北京：社会科学文献出版社, 2024.1
ISBN 978-7-5228-2215-0

Ⅰ.①中… Ⅱ.①刘… Ⅲ.①经济特区-对比研究-中国、国外 Ⅳ.①F127.9②F119.9

中国国家版本馆CIP数据核字（2023）第141154号

中外经济特区比较研究

著　　者 / 刘伟丽
出 版 人 / 冀祥德
组稿编辑 / 周　丽
责任编辑 / 王玉山
文稿编辑 / 赵亚汝
责任印制 / 王京美

出　　版 / 社会科学文献出版社·城市和绿色发展分社（010）59367143
　　　　　　地址：北京市北三环中路甲29号院华龙大厦　邮编：100029
　　　　　　网址：www.ssap.com.cn

发　　行 / 社会科学文献出版社（010）59367028
印　　装 / 三河市尚艺印装有限公司

规　　格 / 开　本：787mm×1092mm　1/16
　　　　　　印　张：20.75　字　数：285千字
版　　次 / 2024年1月第1版　2024年1月第1次印刷
书　　号 / ISBN 978-7-5228-2215-0
定　　价 / 128.00元

读者服务电话：4008918866

版权所有　翻印必究